JN040827

想像力

生きる力の源をさぐる

内田伸子

春秋社

まえがき――いま、ふたたび創造の泉に佇《たたず》みて

私が想像力に興味を持つようになったのは、心理学徒として人間の心の不思議をさぐりたいと思い始めたころのことです。学部の原典購読のゼミで読んだロシア（旧ソビエト）の心理学者ヴィゴツキーの著作『思考と言語』（原著一九三四年／柴田義松訳、明治図書、一九六二年）に啓発されました。この著作には、ことば（speech）と認識の関係について脳活動と関係づけて精緻な論考が展開されていました。同じ時期にヴィクトール・フランクルの著作『夜と霧――ドイツ強制収容所の体験記録』（原著一九四六年／霜山徳爾訳、みすず書房、一九五六年）に出逢いました。

オーストリアの精神医学者のフランクルは、第二次世界大戦中、アウシュビッツの強制収容所に囚われ、奇跡的にも生き延びることができました。人間は極限状況の中では残忍で、忌まわしい人間性、原始性を示します。しかしそんな極限状況にあってもなお、人は未来を意識し、想像力を働かせることができます。未来を意識したとき、直接感覚に訴えてくる現在から離れるような精神活動が活発になります。またそうできたものだけが、精神の浄福を保ち続け、生きる力が与えられたというのです。

フランクルは一九九二年六月に日本実存分析学会の招きで来日し、日本医科大学講堂で基調講演

を行いました。フランクルは当時九一歳で、白内障を患い、戦争中の無理がたたって膝を痛めた後遺症のため、照明を暗くした会場で椅子に腰掛けて講演されました。スライドを見せながら収容所での体験を語り聞かせてくれました。講演の中では、こんなエピソードも語られました。

あるとき収容所の人々に、自分たちは一二月二四日のクリスマスに解放されるという話が伝えられました。この話を聞いたとたん、病人の頬には赤みが射し、お年寄りもせいいっぱい丸まった背を伸ばし、若者たちも懸命に労働に従事しました。子どもたちからは笑い声が聞こえましたし、若い女性たちにも笑顔が戻りました。こうして人々は、クリスマスがくるのを指折り数えて待ち望んだのです。やがて……その日はやってきました！　が、しかし、自分たちが自由にしてもらえるというのはデマだったのです。人々の中から落胆と悲鳴のような声が聞こえてきました。からだに何の故障もない若者たちが突然倒れて息絶えたのです。それは恐ろしい、信じられないような光景でした。

クリスマスに解放されることを頼みにして生きていた人たちは、デマとわかるといっぺんに精神が弱り、次々と死んでしまったのでした。一方、生き延びた人たちは一体どんな人たちだったでしょうか。決して身体的に丈夫な人々ではなく、想像力に富んだ人たちだったのです。

〔筆者の講演メモより〕

「なぜ、このようなことが起こったのでしょうか？」と、フランクルは静かにことばをつなげました。「人はパンのみにて生きるにあらず。自由意志の力、想像力の豊かな人は、極限状況にあってもなお、生きる意味を見いだせる。想像力によって、人は生きることができるのだ」と。

フランクルの著作にこのことを端的に表現している節があります。

人間が強制収容所において、外的にのみならず、その内的生活においても陥って行くあらゆる原始性にも拘わらず、たとえ稀ではあれ著しい内面化への傾向があったということが述べられねばならない。元来精神的に高い生活をしていた感じ易い人間は、ある場合には、その比較的繊細な感情素質にも拘わらず、収容所生活のかくも困難な、外的状況を苦痛ではあるにせよ彼等の精神生活にとってそれほど破壊的には体験しなかった。なぜならば彼等にとっては、恐ろしい周囲の世界から精神の自由と内的な豊かさへと逃れる道が開かれていたからである。かくして、そしてかくしてのみ繊細な性質の人間がしばしば頑丈な身体の人々よりも、収容所生活をよりよく耐え得たというパラドックスが理解され得るのである。

〔V・E・フランクル／霜山徳爾訳（一九五六）『夜と霧——ドイツ強制収容所の体験記録』みすず書房、一二一—一二二頁より〕

人はパンのみにて生きるのではありません。厳しい収容所生活で生きる目標と希望とをフランクルに与えたのは、パンではなくて、人間の精神の基本的な営みである想像力であったのです。しかし想像力は、生きる力を与えるばかりでなく、想像力を働かせた結果、未来を破壊し、人間の生命を脅かすという否定的側面もあります。この否定的な面を予測し、評価し、ある決断をくだすのも、省察する力、すなわち「メタ的想像力」が関わっています。想像を働かせた結果どうなるかをも視座に入れて未来を思い浮かべることができるかどうかが、問われるのです。

収容所を生きぬいたフランクルは、その体験を通して、人間の精神の偉大さに気づいていきます。人間は自らの自由意志にもとづいて人生の意味や価値を追求する存在です。どんな人生にも意味があります。そして人は、意味への意志を発動することにより、その人生にイエスと言う答えに到達するというのです。

この著作に出逢い、極限状況にある人々に生きる力（レジリエンス――精神的回復力）を与えてくれる想像力とはいったいどんなものだろうという思いにとらわれるようになりました。心理学分野では、「創造力」の研究は一九世紀から行われていました。しかし「想像力」については正面から取り組んだ先行知見はみあたりませんでした。どこから手をつけようかと迷いながら想像力をさぐる旅へ一歩を踏み出しました。

最初に職に就いたのは一橋大学社会学部社会心理学研究室の助手でした。社会心理学者の南博教授の研究室にある書籍や論文を次々読むうちに、社会心理学はもちろん、演劇心理学や文化心理学まで関心を広げることができました。そのころ出会った二冊が想像力をさぐる旅を進める方法論に着想を与えてくれました。

一冊は、実験社会心理学者F・C・バートレットの著作 “*Remembering: A study in experimental and social psychology.*”（原著一九三二年、のちに宇津木保・辻正三訳『想起の心理学――実験的社会的心理学における一研究』誠信書房、一九八三年）でした。この著作は、巧みな実験心理学の手法を駆使して、文化が人から人へと伝播するとき、受け手の生きる文化・社会・歴史の制約を受けることを解明した名著です。もう一冊は、ロシアの心理学者ヴィゴツキーの『芸術心理学』（原著一九六五年、のちに柴田義松訳、学文社、二〇〇六年）でした。この著作はシェークスピアの『ハムレット』の脚本の内容分析を行い、ことばと認識、ことばと感情の関係を明らかにした博士論文で、その原典を読むことができました。この二つの原典を読んで、語り、世間話、噂話、都市伝説、会話行動、演劇の脚本、作文の推敲、描画活動などを手がかりにして想像力をさぐろうと考えました。

そうして最初にまとめたのが『想像力――創造の泉をさぐる』（講談社新書、一九九四年）でした。この小著はすでに絶版となり手元に残る一冊のみ。心の不思議をさぐる旅のおわりに、今、ふたたび、創造の泉に佇んで、想像力についてあらためて考えてみたいと思います。

想像力——生きる力の源をさぐる　目次

想像力——生きる力の源をさぐる

第1章　想像力とは何か

想像力とはいったいどんな力をさすのでしょうか？　私は、見えるものから見えないものを推測し、ものごとの含蓄をさぐりあて、全体から部分を判断できる力、そして逆に、部分から全体を構築する力ではないかと考えています。想像力が豊かであれば、身の回りの出来事の断片からでも、テレビ画面に映し出される人の表情からでも、その人に起こったことがなにかを捉えることができるでしょう。想像力によって人生のかすかな暗示さえも捉え、絶望の中にも生きる希望が見えてくるでしょう。

さあ、想像力——生きる力の源をさぐる旅をはじめましょう。

1　明日に希望をもつ

目に見えないものを思い浮かべる

想像力（イマジネーション）とは目には見えないものを思い浮かべる能力のことです。人は目で見、耳で聞き、手で触れる現実の他に、想像力でつくりだした世界を自分の「現実」にすることができます。私たちは生きて、目覚めているかぎり、いたるところでこの想像力を働かせているのです。

今、目の前で起こっていることは、見たり聞いたりすることによって、また過去の出来事も記憶を呼び起こすことによって知ることができます。しかし、まだ見ぬ明日は、たんに五官を働かせて、感覚体験を再現するだけでは思い描くことはできません。現在から未来へ自分の心身を移そうとしたその瞬間から、私たちは想像力に頼らざるを得なくなります。想像力を働かせ、未来を思い描くことによって、現在から未来への一歩を踏み出すことができるのです。

人はあらゆる未来を創造的な想像の助けを借りて理解しようとします。未来の事態を予測し、予測した未来から現在の行動を決めることは想像活動*のもっとも重要なはたらきではないかと思います。

生きる力を与える

いやな現在をふりきろうとするときも想像力が必要になります。コロナ禍に苦しめられて、よもやの三年目に入りました。一歩玄関から出ればマスクははずせません。人々とマスクなしで会話できる日を夢見て、「三密」（密閉・密集・密接）を避ける生活が続いています。

二〇二二年二月二四日から、ウクライナのキーウ侵攻が始まりました。ロシアの独裁者プーチンは核兵器や生物兵器までちらつかせながらウクライナ各地へ、病院や学校までも破壊し続けています。どんなに恐ろしい状況か、報道記事やSNS（ソーシャルネットワーキング・サービス）の発信からも想像をめぐらせています。

戦禍の極限状況に生きるときも想像活動が活発になります。第二次大戦中、アドルフ・ヒットラー総督に率いられたナチス・ドイツはユダヤ人迫害と東ヨーロッパへの領土拡大論を掲げて、ポーランドをはじめヨーロッパ各地にユダヤ人捕虜収容所を作り、ユダヤ人たちを収容し虐殺しました。ナチス・ドイツに虐殺されたユダヤ人は一一〇万人を超えるということです。

オーストリアの精神医学者・心理学者、ヴィクトール・フランクルの平和な暮らしはナチスのオーストリア併合によって破られてしまいました。ユダヤ人であるという理由のみで、集団殺人の組織と機構をもつアウシュビッツに送られてしまいます。ここで彼の両親も妻も子どもたちも毒ガスで殺されてしまいます。彼だけが凄惨な生活を経て、奇跡的に生き延びることができたのです。フランクルは、ウィーン大学医学部の精神科医として復帰しました。彼は、復帰してもなお、たえま

＊本書では、「活動」（activity）は脳活動と行動を架橋する概念として用いる。想像活動とは、頭の中に表象（イメージ）を構築してことばや身体運動で表現する過程の全体を指している。

なく襲ってくるフラッシュバック（収容所での体験が鮮明に蘇《よみがえ》る症状）に悩まされます。彼は、収容所での体験を想起し、記録し可視化しました。凄惨な体験を可視化したことで彼はフラッシュバックから解放されたのです。また、この内観の記録が、『夜と霧――ドイツ強制収容所の体験記録』として公刊され、心理学者霜山徳爾博士の翻訳により日本語で読むことができるようになりました。

この書は、人間が極限状況の中ではどんなに残忍で、忌まわしい人間性を示すものかを説き、平静にはとても読み進められません。それでもなお、私はこの書にひきつけられてしまうのです。なぜでしょうか？　それは、同書が何よりも、人間性の豊かさを示してくれるからなのです。人間の醜さ、原始性が、とても正視できないほどに描かれているがゆえに、かえって、その現実においてもなお、人は精神の豊かさを失わず、浄福を保ち続けることができる！　同書を読むと、人間性の豊かさがいっそう輝きを増して実感できるのです。

お茶の水女子大学では一年生から専門科目のゼミが開かれます。私は春学期の心理学ゼミのテキストとして、フランクルの『夜と霧』とヘッブの『行動学入門』の二冊を選び、新入生を心の不思議をさぐる旅に誘いました。フランクルを読み終えた後、学生たちの多くが心に残った箇所としてまえがきiiiページに引用した一節をあげました。

ユダヤ人たちに厳しい収容所生活で生きる目標と希望とを与えたのは、パンではなくて、人間の精神の基本的な営みである想像力であったというくだりに、学生たちは感銘を受けたと述べています。

内面的なよりどころ――レジリエンス

フランクルは苦悩に耐えるために、しばしば妻を思い出し「精神的な対話」を交わしたと述べています。心の中で交わす対話から、人は「自分の中にもっている愛する人間の精神的な像を想像して自らを充たすことができる」のです。妻が生きているかどうか、目の前にいるかどうかは問題ではなく、妻とのささやかな日常を思い出し、妻と対話することによって、しばしば、精神の浄福を取り戻すことができたというのです。

想像力を働かせ、想像世界を「現実」として心に思い描くことによって、収容所生活の厳しい現実を感覚体験として直接心身に受けとめずにすんだという記述も注目されます。

「直接受けとめない」?――これは厳しい現実から逃避することを意味しているのではありません。私たちが「現実を認識する」ということは、物理的存在をそのまま受け取っているのではないのです。私たちは「事前に対象を形づくる想像力」（コッブ　一九八六）のはたらきによって物理的存在を自分の経験と結びつけて創り変え、改作した表象（representation, 日常語の「イメージ」）を見ているのです。対象を知るためには、人は、事前にその対象がどのようなものかの大枠をつくりださねばならないのです。

事前に対象を形づくるためには、そのもの、あるいはそれと類似したことに以前に出会っていなくてはなりません。私たちは目の前のものを手がかりにして、以前にとった行動や、そのとき感じた印象の痕跡を再現します。その印象の痕跡を過去の体験と比較対照することによって、目の前の過酷な状況を「心的なモデル」へとつくりかえるのです。五官を働かせて得た「直接体験」から抽象化された「経験」へと昇華する過程で、レジリエンス（ストレスを克服する精神的回復力）が高まってゆきます。

フランクルが収容所である若い女性と会ったときのことを記した一節「苦悩の冠」から、レジリエンスが高まってゆく過程を読み取ることができます。

この若い女性は自分が近いうちに死ぬであろうことを知っていた。それにも拘わらず、私と語った時、彼女は快活であった。「私をこんなひどい目に遭わせてくれた運命に対して私は感謝していますわ。」と言葉どおりに彼女は私に言った。「なぜかと言いますと、以前のブルジョア的生活で私は甘やかされていましたし、本当に真剣に精神的な望みを追ってはいなかったからですの。」

〔前掲書、一七〇―一七一頁より〕

女性は穏やかな表情で語りました。そして、窓から見える花盛りのカスタニエン（ライラック）の樹を指差し、その樹が自分の友であるとフランクルに告げたのです。

「この樹とよくお話しますの。」と彼女は言った。私は一寸まごついて彼女の言葉の意味が判らなかった。彼女は譫妄*状態で幻覚を起しているのだろうか？　不思議に思って私は彼女に訊いた。「樹はあなたに何か返事をしましたか？――しましたって！――では何て樹は言ったのですか？」彼女は答えた。「あの樹はこう申しましたの。私はここにいる――私は――ここに――いる。私はいるのだ。永遠のいのちだ……。」

〔前掲書、一七一頁より〕

このエピソードから、記憶の中の愛する人と対話したり、芽ぶき、一輪一輪と花をつけていく命の営みにふれたりして、人は生きるよりどころを与えられ、レジリエンスが高まるということが読み取れます。

死の淵にあっても、人は内面的なよりどころを支えに生き続けることができるのです。現実のあまりの厳しさゆえに無気力に陥り、生ける屍と化していく人々の中で、内面生活の崩壊を免れ得た人のみがこの過酷な状況を耐え、自分自身を生きぬくことができたのでしょう。

サルトル（一九五五）は現実の制約から意識が自由になるためには、想像力が不可欠であることを指摘しています。

想像力とは、意識の、経験による後から付加された能力の謂ではない。それは意識が己の自由を実現する場合の意識の全幅である。この世界内にある意識の具体的で現実的な一切の状況は、意識がつねに現実界を超越するものとしてあらわれるかぎり、つねに想像的なものを孕《はら》んでいる。

＊譫妄《せんもう》（英：delirium）は、意識混濁に加えて奇妙で脅迫的な思考や幻覚や錯覚が見られるような精神状態を指している。

〔サルトル／平井啓之訳（一九五五）『想像力の問題――想像力の現象学的心理学』人文書院、二五九頁より〕

サルトルは、想像力こそが己の自由を実現するものであり、現実の制約から離れることを可能にすると述べています。では、どのようにして想像力が己の自由を実現し、意識は現実の制約を離れることができるのでしょうか。

2　想像から創造へ

新しいものの創造

現実から逃れ、未来を思い描く素材として、私たちは経験を利用します。想像は経験を素材にして始まるのです。しかし、想像は経験にもとづいてはいても、経験そのものではありません。経験が複合され、脈絡をつけられるときに必ず何か新しいものが付け加わります。経験は再現される文脈に合うように再構成され、姿を変えてゆきます。経験は、かつての姿とは異なった形で再現されるのです。ここに、創造――何か新しいものが生み出される可能性が拓かれるのです。

想像力は、経験を「不正確に」再現し、再構成するために働きます。しかも、そのときどきの現実にあわせて、まとまりのある表象（イメージ）に書き換えられるのです。この書き換えの過程で新たな創造の可能性がもたらされるのです。

もし人が経験を古いものと同じ形で再生・再現させるだけなら、人間は過去に向かって生きているにすぎません。新しい未来に向かって前進し、現状をより高いものへと変えることができるのは、人間の特質である想像力を働かせ、以前になかったものをつくりだすという認識の仕組みにおうているのです。

イメージや行動の創造

意識が現実を超えるときに想像力の発現をもっともはっきりと捉えることができます。それだけでなく、現実を認識するときにも、やはり想像的なものが含まれるのです。先に述べたように、私たちが見ているものは現実そのものではありません。目の前のものを手がかりにして、以前に実行した行動や態度を再生し、その行動にともなう印象の痕跡を再現して、現実世界と関係づけているのです。同じ物理的実在物も個々人によって認識されるイメージは違うのです。

現実を認識するということは、たんに、以前の経験を想起するだけではありません。また、現実そのものをそのまま知覚するのでもないのです。あくまでも現実を目にしたときに、自分の経験、既有知識や枠組みを呼び出して、関係づけ、ある形として構成したものを「見て」「聴いて」いるのです。そのためには個々人の「事前に対象を形づくる想像力」（コッブ　一九八六）のはたらきが不可欠になります。

しかも、事前に対象を形づくるためには、そのもの、あるいはそれと類似したことに以前に出会ったという経験が必要です。想像の素材としての「経験」は自分が実際に体験したことにかぎらず、小説で読んだり、人から話を聞いたり、あるいは、人々の暮らしを見て感じ取ったことなどが含まれます。次の詩はその点をよく物語っています。

〈まだ　おさないころ〉

まだ　おさないころ　五才の時
よく本の中の
星の王子さまにあこがれました
中学生になったころ　十三才の時
たくさんの恋に　きぼうをもちました

年ごろだねといわれるころ　十七才の時
たしか三つ年上のあの人に
初恋を感じました

みちがえたよといわれるころ　二十才の時

いまの主人と
愛しあったことをおもい出しました

いまではもう三十をすぎましたが
ふと思いだすむかしのことです

そう　わたしの前を　足音もたてずに
すぎていった思い出です
とおいとおい　なつかしいなつかしい思いでです

〔河田宣世（一九九七）『あこがれはマンガ家――14歳のある少女のノートから』偕成社、二七―二八頁より〕

「この詩は何歳くらいの人が創ったのでしょうか？」……と問われたら、少なくとも三〇歳はこえているだろう。いやもっと高い年齢の人ではないか、なぜなら、ここで語られている「記憶」が、すでに、「とおい」「なつかしい」思い出になっているような高齢者の作品かもしれない……などと考える人が多いかもしれません。

種明かしをしましょう――ところが、この詩は、河田宣世《かわたのぶよ》さんが、小学校四年生（一〇歳）のときに創った詩です。宣世さんは、まだ来ぬ年齢で起こりうることを想像し、すでに「体験した」かのように語っています。子どもでもこのような想像世界を描くことができるのです。宣世さんは一四歳で急逝されたのですが、彼女の想像力によって、三〇歳すぎまで、あるいはもっと後の年齢までも「生きる」ことができたのです。

実際に体験していない未来の情景を頭に描くとき、たとえばプーチン大統領率いるロシア軍がウクライナに侵攻、連日爆撃を続けている先に核戦争の危機がどうなるかを思い浮かべるとき、あるいは遠く隔たった過去の生活や先史時代の人間の生活の様を思い描くときは、前に経験したことを再現しようとしても再現することはできません。

しかし、実際には、歴史上の類似した出来事を思い起こせば、また新聞やテレビ、映画やSNSなどのメディアを通じて、自分がまったく経験したことのない未来や過去について頭の中にイメージを浮かべることはできます。この場合の人間の活動の結果は、過去の経験の印象や行動のたんなる再現ではありません。日々つくられている新しい形象や行動の発現は、創造的で複合的な行動と言ってよいでしょう。

3　想像と経験の互恵

想像と経験

この創造的で複合的な行動はどのようにして起こるのでしょうか。無からは生じません。人は何もないところから新しいものを創り出すことはできないのです。想像力が発揮される前提には、過去の経験が必要です。

旧ソビエトの心理学者L・S・ヴィゴツキー（一九七四）は、想像と経験とは相互に依存する関係にあると述べています。想像が経験にもとづくだけではなく、経験も想像によって豊かになるのです。私たちは他人の経験やはるか昔の歴史上の出来事も想像力の助けを借りて思い描き、理解することができます。自分で直接経験しなくても、フランクルの著作を読み、ワシントンのホロコースト・ミュージアムの展示やアウシュビッツ強制収容所の遺品類を見、あるいは、スティーブン・スピルバーグ監督の『シンドラーのリスト』（一九九四年公開）やロマン・ポランスキー監督の『戦場のピアニスト』（二〇〇三年）、アリ・フォルマン監督の『アンネ・フランクと旅する日記』（二〇二二年）などの映画を観て、収容所での生活を疑似的に体験することができます。収容所に囚われたユダヤ人たちの苦しみを共感的に受けとめることができるのです。そういう意味で、経験は想像に依存していると言えるのです。

そうすると人が創り出す想像世界が豊かなものか、あるいは、貧弱かは、その人の経験の中身や量によって左右されることになります。大人であれば、本で読んだり、映画で観たり、人から聞いた話も想像の素材にし、想像力による創造過程を経て、経験を豊かにすることはできるでしょう。先ほど紹介した河田宣世さんも、おそらくこうしたメディアを手段に疑似体験をつくり、過去の体験にさかのぼる「カットバック技法」（内田　一九九六）を使って人生を回顧するような形式の詩をつむぎ出したのでしょう。

しかし、もっと幼い子どもの場合は、少し違うようです。特に子ども時代の想像の素材となるのは、ただたんに子どもをとりまく環境なのではなく、自然世界であれ、人がつくったものであれ、子どもがそれと創造的な相互作用を起こすようなものでなくてはなりません。人も子どもの近くにいるだけならば、路傍の石と変わりません。近くにいて子どもと実際にやりとりしてくれなくては、子どもの心に想像活動を引き起こすことはできないのです。幼いうちほど、心やからだをせいいっぱい働かせ、実物を扱うことによってはじめて「体験」できるのです。ごっこ遊びや延滞模倣などの想像遊びをしながら、「体験」を「経験」へと書き換える活動と言ってよいでしょう。

想像遊びの出現

満一歳を過ぎたころから、子どもが想像遊びといえるような遊びに従事する姿が観察されるようになります。たとえば、積み木をもって「ブーブー」と言いながら、床をすべらせたりしています。ときにはドレッサーの前で、自分の顔を両手でなでたりポンポンと頰をたたくしぐさをしたりしているのもよく目にする光景ですね。

このとき、子どもは積み木を扱っていても、積み木そのものを動かすつもりではなく、どうも積み木を車に見立てているようです。積み木を扱っていても頭の中には自動車が見えているはずです。積み木に、自動車のイメージを重ねる、見立て遊びの一種です。このことは、実物とは別物を頭の中で思い描けるようになったことの徴表といってもよいでしょう。

ドレッサーの前のしぐさも、そのしぐさの意味やしぐさをすること自体が目的ではないようです。

自分のからだで、いつもよく目にしている母親のしぐさを思い出してまねているのです。これは過去に母親が鏡に向かってお化粧をしているのを見ていたのです。しばらく後、ドレッサーを手がかりにして母親の姿を思い出してまねしたのです。このとき、この子どもの頭の中にはドレッサーの前でお化粧している母親の姿のイメージが浮かんでいるはずです。

目の前のモデルの行動をまねて自分でも同じような行動をする場合を「即時模倣」と呼びます。一方、母親が目の前にいないにもかかわらず、ドレッサーの前で母親の手の動きそっくりに自分の髪をとかすようなしぐさをすることを「延滞模倣」と呼びます。

「即時模倣」は、動作や表情の共鳴として、出生直後から観察されますが、「延滞模倣」は、生後一〇カ月ごろから観察されるようになります。これは記憶を頭の中に再現して、頭の中のイメージをモデルに自分の動作を合わせる遊びです。見立て遊びと同様に、目で見たり、手で触れる知覚世界とは別の世界を頭の中に作り出すことができるようになった証と言えましょう。

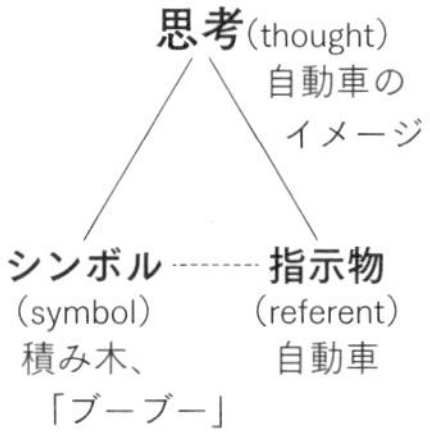

図1-1　意味の三角形

象徴機能

積み木を自動車に見立てているとき、積み木は自動車の代用品です。積み木や手の動きにともなって発せられる「ブーブー」という音声は、自動車を指示しており、これも自動車を代表するものです。このように積み木や音声が別の対象を表すとき、これらは「シンボル」または「象徴」――能記《シニフィアン》である――と呼ばれます。一方、自動車のほうは、積み木によって指示され、表されているので「指示対象」——所記《シニフィエ》である——なのです。

図1―1に示すように、シンボルと指示対象とは、直接結びついているのではなく、イメージをつくりだす精神作用によって媒介され、間接的に結びつけられています。正確にいうと、シンボルは指示対象そのものを表わしているというよりも、その対象についての心の表象を表しているのです。

このように、指示対象とは似ても似つかぬシンボルによって指示対象を代表するはたらきが「象徴機能」と呼ばれる精神機能なのです。生後一〇カ月ごろよく見られる見立て遊びや延滞模倣は、あるものを他のものの代用として使えるようになったこと、つまり、モデルが目の前になくても、そのイメージを頭の中で描くことができるようになったことを意味しています。まさに、子どもの心の内で象徴機能が働きはじめた表徴なのです。

シンボルとは何か

象徴機能の基礎となるシンボル（象徴）とはどのようなものでしょうか。シンボルは他のなにかを代表するものですが、「他のなにか」は実在物でなくてもよいのです。「鳩は平和の象徴である」というときの「鳩」はシンボルですが、「平和」という抽象概念を指示しているのです。

ことばも、シンボルの一種です。シンボルのなかでももっとも洗練され、特殊化されたシンボルなのです。「ブーブー」という音声が自動車を示していたように、言語で事物や事象を表現するということは、象徴機能の働き方を典型的に示してくれます。「ニュートン」と言えば、誰もがあの

「万有引力を発見した人」のことを思い浮かべるでしょう。「テレビゲーム」と言えば、それを聞いた人は、「テレビゲーム」の音響がなにを表すかについて明確な知識をもっています。

さらに、記号、事物や動作もシンボルです。小石をアメ玉に見立てたり、自分がお風呂場で洗ってもらうのとそっくりのしぐさで、お人形を洗面器で水浴させるまねをするときの「小石」や「しぐさ」もシンボルです。

シンボルを扱う機能、すなわち、象徴機能は人間のいくつかの心理機能を動物のそれと区別する主要な特徴であり、想像力の基盤となります。動物にも、学習、記憶、知能のような機能を含む認知機能があることが知られています。彼らは刺激に特別な仕方で反応し、特定のカテゴリーに属するすべての刺激に対して、その反応を一般化することもできます。しかし、動物の反応は、完全に、彼らの知覚、つまり直接感覚に訴える世界に依存しているところに人間のシンボルとの本質的な違いがあります。

シンボルの大きな特徴は、「自由」ということです。シンボルは現前する状況の束縛を抜け出し、自ら意味をつくり出し、新しい自分を築いていこうとする精神の所産なのです。シンボルを自由に操れるということは、意識内容が「現在」に拘束されずにすむということを意味しています。人は、知覚世界、つまり、目で見、耳で聞き、手で触れる現実のかわりにシンボルを使って描き出した世界を自分の現実にすることができるようになります。象徴機能のはたらきにより、フランクルが「内面化」と呼んだ認識機能が出現し、人は内面生活をもつようになります。これによって人は、「今」「ここ」を超え、意味の世界に生きることができるようになるのです。

想像力は生きる力（レジリエンス）を与える

宇宙船から地球におりたった星の王子さま（サン＝テグジュペリ『星の王子さま』岩波書店）に小さな狐が言いました。「一番大切なものは目に見えないんだよ」と。

私たちは見えない世界——虚構をどうやって見ることができるのでしょうか。私たちが現実には存在しないものを見ることができるのは、頭の中に現実世界の物理的実在についての像（イメージ＝表象）をつくりだすことができるからです。

表象形成作用は表象をつくりだして経験する過程の全体を指しています。想像力は言語的なもの、非言語的なものを含めて、多種多様なシンボルを、文脈にあわせて、まとめあげるはたらきを指しています。

アメリカの精神医学者アリエティにしたがって定義しておくと、「想像力は、いくつかの象徴機能を、意識の覚醒状態で、ことさらこれらの機能を統合しようとせずに産出したりする精神の能力」（アリエティ 一九八〇、三〇頁より）です。つまり、想像力は象徴機能のはたらきを統合し、複合するはたらきだととらえることができるでしょう（内田 一九八六：一九九〇：一九九四）。

想像力は認識の営みのすべて——知覚、表象の構成、想起、思考、推理——の過程に絡む、重要な人間の能力なのです。何よりも、想像力は、人に「生きる力」、すなわち「レジリエンス（精神的回復力）」を与えてくれます。人は、想像力を働かせて意味の世界に生きるようになるのです。

次章では、想像力の発生過程を神経学的基盤と関わらせて考えてみましょう。

第2章 想像の神経学的基盤

三つの認知革命

乳児期の終わりごろイメージが誕生し、子どもは見えない世界を頭の中に描き出します。子どもは見える世界とイメージの世界を行き来しながらごっこ遊びを楽しむようになります。過去に見聞きしたことを思い出して語ります。人に伝えるようになります。子どもの想像は「今」、「ここ」を超えて広がっていくのです。想像活動を支える神経学的基盤はどのようなものでしょうか？

1　第一次認知革命――イメージの誕生

イメージの誕生

一〇カ月になったころにイメージが誕生します。積み木を車に見立てて、「ブーブー」「ウーウー」などのことばをつぶやきながら、じゅうたんの端っこにそって積み木をすべらせたり、丸いお盆を回すように動かし、運転しているつもりで遊ぶ姿が見られるようになります。こんな遊びをしている子どもの頭の中をのぞいてみると？――この子の頭の中には車のイメージが浮かんでいるでしょう。丸いお盆を回しているときは、パパの運転中のハンドル操作を思い出しているのかもしれません。

「見立て遊び」や「延滞模倣」は、子どもの頭にイメージが誕生したあかしです。積み木や丸いお盆は、車やハンドルを思い浮かべる小道具なのです。子どもは積み木に本物の自動車を、お盆にハンドルを「見ている」「運転している」つもりで遊んでいるのです。

イメージが誕生するのを境にして子どもは世界への関わり方を根こそぎ変えてしまいます。目に見える世界だけでなく、過去に体験したことを思い出し、世界と関わるようになります。この変化を支える神経活動を整理してみましょう。

脳は、主体が積極的、能動的に自己から環境対象に働きかける仕組みを持っています。脳は外部信号への受動的反応システムでもありますが、固有の機能をもち自律活動をするシステムも同時に成熟していきます。大脳皮質の神経コラム（神経細胞のネットワーク）は、環境に対する「内部モデル」を構築しながら、外界に能動的に働きかける「予測器」としての機能を果たすようになります（仁木 二〇二二）。この「内部モデル」を構築し予測する機能が、人間を生物学的存在から社会的・文化的存在へと飛躍させ、言語獲得や社会環境的地位の形成に関与し、人間の社会的行為を発達させる原動力になると考えられます。

脳が発達する過程では、環境の影響を特に受けやすい「感受性期」や「敏感期」と呼ばれる時期があります。たとえば、大脳皮質にある「聴覚野」は胎児期から体内環境の影響を受けはじめ、誕生後から幼児期の終わりごろまでが感受性期です。「視覚野」は誕生から幼児期の終わりまでが感受性期です。子どもが外界に主体的・能動的に働きかけ、親の養育行動を引き出し、環境からの刺激を受け取ることによって、脳内に環境に対する内部モデルが形成されます。この内部モデルにもとづき外界に能動的に働きかけ、環境刺激を受け取って内部モデルを修正します。子どもは生きる環境に適応的にふるまえるようになります。こうした外界との相互作用の結果、脳は自律的な予測器の役割を果たせるようになります。受容器と予測器の連動により、人は社会・文化的存在へと飛躍するのです。これらの飛躍的な進化の過程で、劇的な変化が起こる段階があります。

第一次認知革命

生後一〇カ月ごろに起こる認知発達や感情発達の劇的な変化にともなう飛躍を、私は「第一次認知革命」と呼んでいます（内田二〇一七ａ）。誕生後、乳児は親に養育されながら、外界に働きかけ、さまざまな経験をするようになります。経験するとき、楽しい、うれしい、珍しい、悲しい、怖いなどの感覚もわいてきます。こうやって経験と感情が連動するようになり、大脳辺縁系《だいのうへんえんけい》の「海馬」と「扁桃体」（図２―１）がネットワーク化――神経回路網が形成――されます。「海馬」は体験の記憶情報を概念や知識として蓄えるはたらきをしています。「扁桃体」は快感情や不快感情が呼び覚まされ、快・不快感や好き嫌いの感情をわきあがらせます。環境に変化が起こると、海馬が刺激され、この変化に関連した体験の記憶が呼び起こされるようになります。第一次認知革命によって、

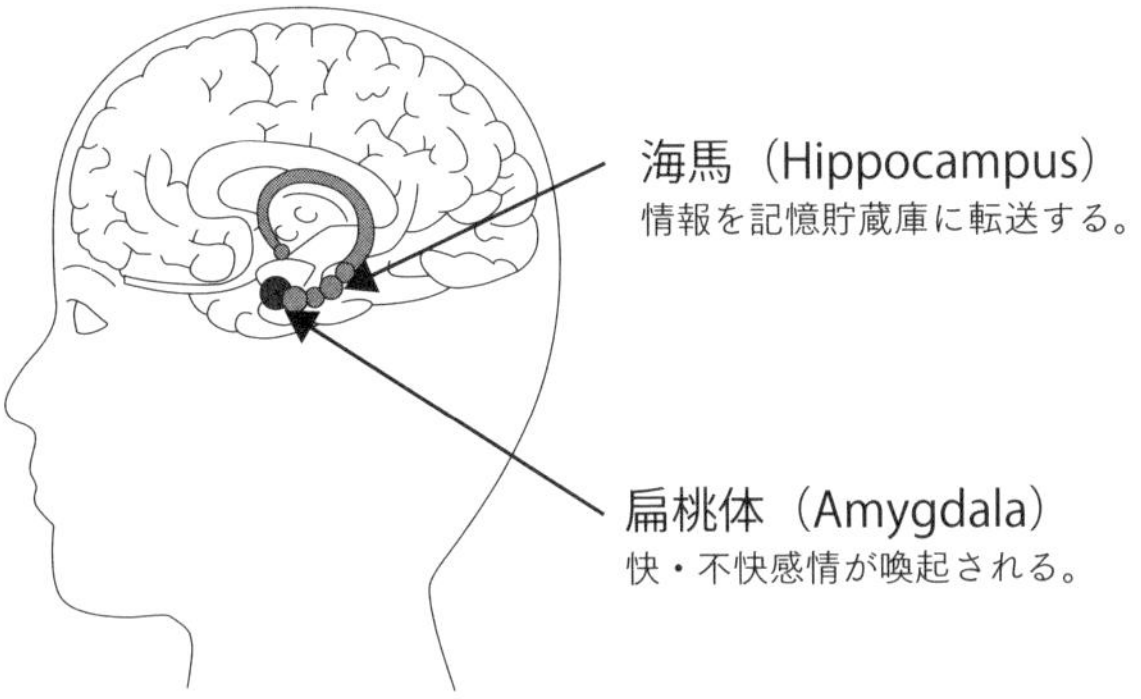
海馬（Hippocampus）
情報を記憶貯蔵庫に転送する。
扁桃体（Amygdala）
快・不快感情が喚起される。

図2-1　「第一次認知革命」の神経学的基盤

記憶機能と感情が結びつき、連携・協働するようになるのです。

大人も子どもも、叱られながらイヤイヤやった勉強は身につきません。叱られているときは、扁桃体が不快感でいっぱいになり、海馬のはたらきが抑えられてしまうからです。赤ちゃんがうれしそうに笑っているときや、真剣に何かを見つめているときには、扁桃体が快感情で満たされているので、海馬のはたらきが活発になり、体験の記憶が蓄えられていきます。

生後八ヵ月ごろまでは、目の前から物が見えなくなると、子どもは「なくなった」と、物があったことを忘れてしまいます。しかし九〜一〇ヵ月以後は、その物のイメージを頭の中にもつことができるため、「物は目の前から消えても、存在し続ける」という「物理認識」――「事物同一性の認識」が始まります。

赤ちゃんをあやすとき、「イナイイナイバー」遊びをすることが多いですね。母親が「イナイイナイ」と隠れても、乳児は頭の中に母親の顔のイメージを描くことができるので、母親の顔がきっとまた現れるだろうと予測して、母親の顔が現れるのを「息をつめて（緊張して）」待っています。「バー」のかけ声とともに母親の顔が現れると、赤ちゃんの緊張はゆるみ、笑い声をたてます。「バー」のタイミングをさまざまに変えると笑い声はいっそう大きくなります。タイミングのずれは、赤ちゃんの緊張時間を延ばしたり縮めたりするのにとても効果的なやり方なのですね（内田 二〇一七b）。乳児は、「きっと次にこうなるだろう」という仮説をもって外界に働きかけるようになります。

「イヤイヤ」は最初の自己アピール

一歳の終わりころから二歳代にかけては「魔の二歳児」とも呼ばれる時期で、子どもの「イヤイヤ」が強くなります。親であれば誰しも直面する、このイヤイヤ期——ごはんイヤイヤ、お着替えイヤイヤ、公園でイヤイヤ、お店でイヤイヤ……朝から晩までイヤイヤの大合唱。何をいやがっているのかわからないことが大半なので、親は子どもに振り回されてうんざり、ついイライラしてしまいがちです。

最初の「反抗期」ともいえる「イヤイヤ」は、子ども自身が「自分」という存在を意識しはじめたサインなのです。「イヤイヤ」は「自分はこうしたい」という自己アピールのメッセージなのです。ことばは上手に使えなくても、「ぼく・わたしを認めてほしい」という気持ちを子どもはもっていて、それを「イヤイヤ」で伝えようとしているのです。まだまだ親やまわりの人の手助けがなければ日常生活のどれひとつをとってもままならないことが多いのですが、手を出してほしくないのです。赤ちゃん時代のように、大人の言いなりになるのではなく、自分でやってみたいという意志のあらわれであり、子どもにとっては、大きな、成長の一歩なのですね。

忙しいときにイヤイヤが始まると、親は気持ちの余裕を失いがちですが、このころの体験は、子どもが大きくなったときに、まちがいなくほほ笑ましい思い出になるにちがいありません。親は、子どもの様子を見守り、「イヤイヤ」がはじまったら、どうしたいのかなと子どもにまかせてあげてください。うまくいかないときは、そっとわきから助けてあげてください。

2 第二次認知革命――自分をふりかえる

ことばが記憶や感情と結びつく

幼児期の終わりに、第二の飛躍、「第二次認知革命」が起こります。情報処理全体を統括する部位、つまり、大脳前頭葉《ぜんとうよう》の「ブローカ野」*が、大脳辺縁系の「海馬」や「扁桃体」とネットワーク化され、それぞれの部位が連携しながら働くようになります。

第二次認知革命は、子どもを生物学的存在から社会・文化・歴史的存在へと飛躍させ、言語獲得や自律的社会性の獲得が飛躍的に進みます。過去―現在―未来の時間概念が獲得され、少し遅れて、左右や上下などの空間概念も獲得されるようになります。ブローカ野と「ワーキング・メモリー」が働きはじめると、未来を意識してプランを立てる「プラン能力」や、自分の行為をふりかえり、

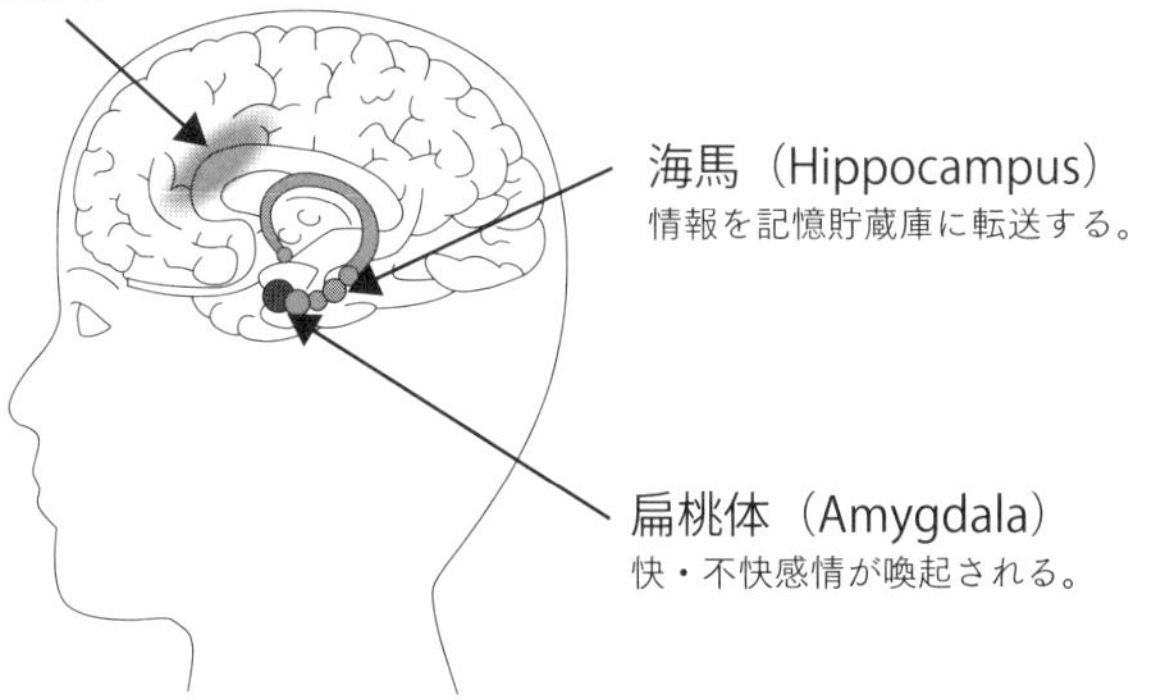

図2-2　「第二次認知革命」の神経学的基盤

反省したりする「メタ認知能力」が活性化され、まわりの人々との関係を意識した社会的行為が増えていきます。因果関係を操作する「可逆的操作」が使えるようになると、出来事の結果を見て、過去にさかのぼって原因を推論することができるようになります。

論理的思考が芽生え、環境情報の処理過程が複雑になります。「人間は学び成長し、常に変化している。そのダイナミックスの中で、つねに、恒常性を保つ調和の力が働いている。社会的環境を構築して社会的行為者としてその環境の中で生き

＊「ブローカ野」は発語運動をプログラミングする部位で発語を実行する部位。目の前の情報を操作するはたらきをするので、一部は「ワーキング・メモリー」と呼ばれる。五歳後半ごろから、前頭連合野（前野）と大脳辺縁系のネットワーク（神経回路網）が形成されて、ことばが感情や記憶を調整し制御するようになる。

る人間は、積極的に脳内に『社会的恒常性』を保つ脳の仕組みを作り出す」（仁木 二〇二二）のです。こうして、日々の生活や遊びを通して思考の自律性や社会的自律性が育っていくのです。

「恥ずかしがりや」の四歳児

子どもはつねに同じスピードで成長するわけではありません。行きつ戻りつを繰り返し、成長、発達していきます。

二歳ごろの「イヤイヤ期」の終わりになると、はっきり口で自己主張するようになります。三歳ごろには、ひとりで考えて行動できるようになったかと思えるほど、子どもはたくましくなります。しかし、四歳ごろになるとまわりの視線を気にしたり、恥ずかしがったりするようになります。それまで活発に見えた子どもが急に引っ込み思案になったようで、心配になるかもしれませんが、これも子どもが成長していることのあかしです。

私が保育園や幼稚園で子どもと面接しようとすると、三歳児ははっきりと「いいよ」「いや」と自己主張し、五歳児は「行ってあげてもいいよ」とこちらの気持ちを汲んでくれるようになります。しかし、四歳児は恥ずかしがり屋さんが多いのです。「私といっしょにお話遊びしない？」と誘っても、四歳児はいいとも悪いとも言わずモジモジしています。手をつなごうとすると泣き出してしまいます。そこで私はあわてて手をひっこめ、誘うのをやめます。勇気ある子どもが「お話遊びおもしろかった」と言うのを聞いて、まわりの子も遠慮がちに、近寄ってきます。そのタイミングで「お話遊びしない？」と誘うとついてきてくれるのです。

恥ずかしがり屋の四歳児は、人前で何かを試したり、失敗したりするのをいやがり、少し慎重になっているのです。「ほら、みんなも縄跳びやってるでしょ？　やってみなさい」というように無理強いするのは禁物です。失敗を恐れるあまり、かえって引っ込み思案になってしまうかもしれません。

子どもがやってみたいと思うまで待っていれば、自分でこっそり練習して、納得がいったところで見せてくれます。そのときがくるまで、待つことが肝心です。がんばって挑戦してくれたら、うまくいこうがいくまいが、その子の努力を認めてあげてください。「３Ｈのことば（ほめる・はげます・ひろげる）」（内田・浜野 二〇一二；内田 二〇一七ａ；二〇一七ｂ；二〇二〇）をかけてあげてください。「がんばったね」「よくできたね」とほめてもらうと、子どもの達成感や自尊心が高まります。「自分でできた」の体験は有能感や自己肯定感を倍加させてくれるはずです。

「空気の読める」五歳児

たとえば子どもがコップを割ってしまったとき、つい大人は「さわっちゃダメって言ったのに、どうしてさわったの」と問いただしてしまいがちです。問い詰めるような言い方は子どもを追いつめてしまいます。「まったくもう！」と大人がカリカリしながら後始末をしていれば、子どもは余計につらくなってしまいます。子どももコップを割ることは「いけないこと」と自覚しているのに、それでも失敗をしてしまったのですから。こういうときはまず「大丈夫だった？　ケガしなかった？」と子どもの身を心配してあげたいものです。その後で落ち着いて話すようにすれば、子どもも素直に話を聞くことができるでしょう。

コップをさわった理由を問われ、「ジュースが飲みたかったから」などと自分のしたことの理由を考えて話せるようになるのは、五歳半すぎのことです。五歳になると、ものごとの道理やルールがわかってくるので、理由を口で説明することもできるようになります。「ぼく、最初は大丈夫だと思ったの。でも手がすべって割れちゃった」という具合に。

失敗したときに子どもに失敗の理由を考えさせるのは大切です。けれども、理由を考えられない時期に無理に考えさせようとすると、子どもにはプレッシャーになり萎縮してしまいます。年齢によってできること・できないことがあるので、あまり多くのことを求めすぎないようにしていただきたいものです。

「忘れん坊」は脳のネットワークが成長中

友だちと遊ぶ約束をしていたのにコロッと忘れたり、遊びに行っておもちゃを忘れて帰ってきたり、意外に子どもは「忘れん坊」さんです。

子どもはいつごろからきちんと記憶できるようになるのでしょうか。人間の「記憶する」という機能は、〇歳のときから始まっていることが確かめられています（内田 二〇一七a）。記憶の発達は脳の記憶を司《つかさど》る「海馬」と呼ばれる大脳辺縁系の神経細胞のネットワークがつくられることによって支えられています。「エピソード記憶」は特定の時間や場所に結びついた記憶です。エピソード記憶が発達するのは第一次認知革命の起こる生後一〇カ月ごろからです。

人間の脳は生まれたときから完全な状態ではありません。五歳半ごろには、前頭連合野のブローカ野やワーキング・メモリーが大脳辺縁系の海馬や扁桃体とネットワーク化され、ことばが記憶や感情と結びついていきます。忘れっぽい子どもは、まだ脳のネットワーク化の途中で神経細胞の連絡がうまくいっていないのです。いったん取り込んだ情報は海馬のどこかに蓄えられています。必要に応じて、しまった場所にアクセス（接近）して取り出すことができます。しかし、取り込んだ情報をどこに蓄えたかわからなくなり、アクセスできないこともあります。覚えたはずなのに……。これが「忘れた」という現象です。

脳のネットワークは、使えば使うほどそのつながりが強くなります。記憶を取り出すのも同じです。大人が何でも先に言ってしまうと子どもの脳は発達しません。親や保育者は子どもが自分で考えて答えを見つけられるように導いてあげたいものです。子どもがつまずいているとき、困って先に進めないときに、後ろから押したり、前からひっぱりあげようとしないでください。親や保育者は子どものわき、少し後ろから見守り、子どもが困っているときに足場をかけて見通しをもてるようにしてあげてください。「足場架け（scaffolding）」というのは、建物の修繕などのときに建物のまわりに建設する足場からきています。旧ソビエトの心理学者、ヴィゴツキーが使ったことばです。ヴィゴツキーは、足場架けについて次のように述べています。

大人は足場をかけて子どもの見通しをよくしてあげることはできる。しかし、大人ができるのはそこまでである。大人が子どものためにかけてあげた足場に昇るか、足場を使ってどんな作業をするかを決める主人公は子ども自身なのだ。

〔ヴィゴツキー／柴田義松訳（一九六二）『思考と言語』明治図書〕

このように、子どもの様子を見守り、タイミングよく足場をかけ、子どもが自ら解決策を見いだせるように援助してあげてください。

「ひとりごと」は難題解決を助けてくれる

子どもが遊んでいる様子を観察するとぶつぶつひとりごとを言っていることがあります。ひとりごとは三歳ごろからあらわれ、四歳ごろから集団で遊んでいる場面で特に多く見られます。子どもがぶつぶつつぶやいているのを見て、「どこか悪いの？　病気なの？」と悩んでしまうかもしれません。しかし心配なさることはありません。

ひとりで遊んでいるときの子どものつぶやきに耳を傾けてみませんか。「これはこっちに置いて、これはどこにしよう」とおもちゃの配置を替えたり、クレヨンで絵を描いているときに「赤がないなあ、じゃあ、紫と茶色をまぜてみようかな」などとつぶやいているのがわかるはずです。こうしてみると遊んでいるときのつぶやきには意味があることがわかります。子どもがゆきづまったときにつぶやくのです。

人は子どもも大人も問題に直面したときには、声を出したほうがうまく考えをまとめられることがあります。子どもはひとりごとを言うことで、自分自身に質問し、答えているのです。やがてことばを発しなくても心の中で自問自答できるようになります。ですから、遊びに熱中しているときのひとりごとは、心の中でことばを使って思考するようになるまでのプロセスのひとつなのです。もしこの内なることば「内言」が育たなければ、子どもは何かを想像することも、記憶することもできないでしょう。

文字を書くようになっても、最初のうちは「ここをまっすぐ」という具合に声を出しながらでないと書けない子どももいます。また、「あ」と言ってから〝あ〟を書くというように、一字ずつ声に出して唱えながら文字を書くこともあります。ことばが手の動きを助けていることのあかしなのです。

ひとりごとは三歳以降に集団生活をするようになるとさらに増え、七、八歳ごろからはほとんど見られなくなります。子どものつぶやきは、想像力とことばのつながりがしっかりできあがる過程でどの子も踏まなくてはならない段階なのです。ひとりごとを言いながら、自分の想像世界に集中しているときは、無理に入り込まずにそのままにしてあげてください。このとき、心の中でことばと想像力の結びつきがつくられているのです。

3　第三次認知革命——自分探しの旅のはじまり

メタ的想像力の活発化

いよいよ小学生になると、学校での学習が始まります。低学年のうちは、幼児期の延長のような生活をしています。小学校四年生ごろから学校の教科学習も難しくなります。見える事物を操作せずに、頭の中でシンボルを操作して、抽象的に考える段階へと進んでいきます。ものごとを相対化してとらえる段階に入ります。いよいよメタ的想像力が活発に働くようになります。

具体的操作の段階から抽象的思考の段階への変わり目に、私が「第三次認知革命」と呼んでいる認知発達上の劇的な変化が起こります。第三次認知革命は、大脳のはたらきの全体を統括する大脳前頭葉の前頭連合野（前頭前野）にシナプスが爆発的につくられます。前頭連合野、特に前頭前野は、意志や判断、情緒や倫理意識など、人間としての高次な心理機能を担っています。この部位のネットワーク化の成熟により、自我同一性（アイデンティティ）が形成され、人間性がぐんと伸びるのです。抑制性ニューロンも成熟し、ことばや行動、感情の調整機能が急激な進化を遂げます。

第三次認知革命を機に始まる青年前期（九～一〇歳ごろ）から青年期（二五歳ごろ）にかけては、人間としての「第二の誕生」と呼ばれる時期です。

生後一〇カ月ごろの「第一次認知革命」、幼児期の終わり、五歳後半ごろの「第二次認知革命」、そして、青年期のはじまりの「第三次認知革命」の神経学的基盤について、図2—3にまとめまし

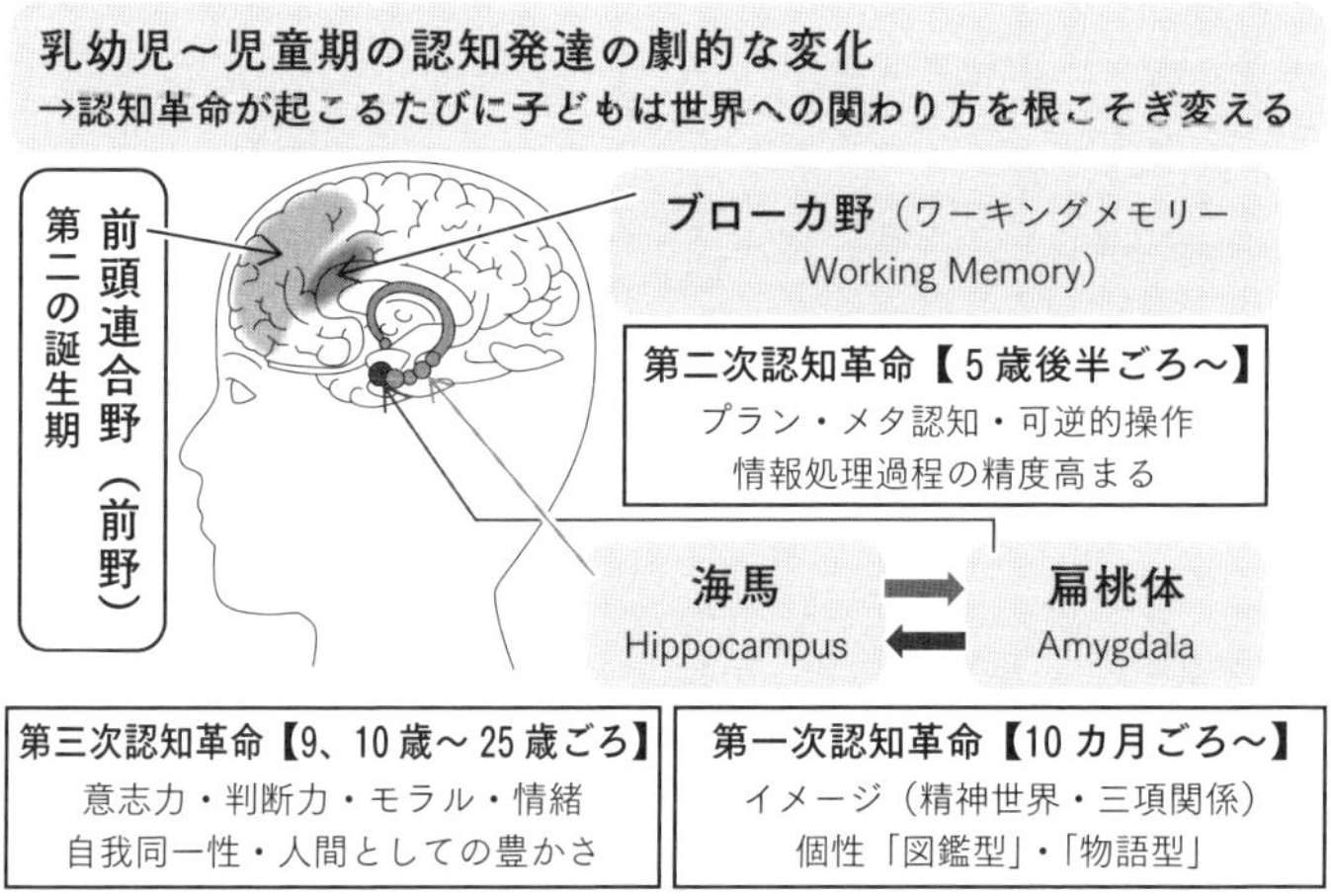

図2-3　「3つの認知革命」の神経学的基盤

た。

自立・自律への旅へ

小学校の高学年ごろになると、よい本や将来の目標となるような人に出会うことが、人生を自分らしく、充実して生きられるかどうかを左右します。また、親離れ――親から自立・自律する――の時期も迫ってきます。親は、子どもがしっかり自立・自律の道を歩めるよう、子どもをひとりの人格をもった存在として敬意を払い、ていねいにつきあっていただきたいと思います。

新聞に載っていた母子の会話を紹介しましょう。

子「ぼく、だれと結婚するの？」
母「いちばん好きな人と」
子「ああ、お母さんと結婚したかったなあ」
母「じゃあ、お母さんと結婚しようか」
子「だって、お父さんと結婚しちゃったじ

ゃん。ぼく知っているよ、写真見たもん」

（四歳五カ月）

子　「ぼく、今日学校行きたくないなあ」

母　「じゃあ、行かなくてもいいんじゃない」

子　「行く。ぼくの人生だもの。
ぼくの人生はお母さんが決めるんじゃなく、ぼくが決めるの」

（八歳七カ月）

母　「水泳教室行ったら」

子　「言っとくけど、やらせは絶対いやだからね。
自分のことは自分で決める。お母さんの言う通りにはならないことが多くなると思うよ」

（一〇歳四カ月）

〔「朝日新聞」一九九三年四月五日「天声人語」より〕

この会話は、「朝日新聞」一九九三年四月五日の「天声人語」の欄、「育ち盛りの子どもの言葉」に紹介されていたものです。

四歳のころには「ママと結婚したかった」と言っていたこの子は、一〇歳で母からの独立宣言をします。この母親はすてきな子育て――子どもを赤ちゃんのころからひとりの人格をもった存在として敬意を払い、しかし幼いうちは寄り添い、何よりも愛して育てたからこそ、「やらせは絶対いやだからね。自分のことは自分で決める」と言えるような子どもに成長したのではないでしょうか。

本章の締めくくりとして「コラム１」と「コラム２」に子どもの心の発達過程についてまとめて掲げたいと思います。

次章では、想像のメカニズムについて考察を進めます。

Column 1

子どもの心の発達過程

子どもの「心の状態」は一人ひとり違う!

子どもの心がどのような段階を踏んで成長していくのかを整理しておきたい。

子どもの心がどのように成長していくかは、男女の違い、生まれもった気質の違い、そして親の関わり方やしつけ方の違いによって変わってくる。一概に「×歳で心が荒れたときはこうすればいい」と言える処方箋はないのである。

しかし、子どもの心がどのような段階を経て成長するのかは知っておいていただく必要があるので、便宜的に年齢別に解説しておきたい。ただし「年齢はあくまでも目安でしかない」ということをご理解いただきたい。

〇~二歳の心——第一次認知革命(イメージの誕生)

子どもの心の発達は、脳の発達に支えられている。

生後一〇カ月ごろになると、脳の海馬(記憶や空間学習などを司る部分)と扁桃体(感情の動きなどを司る部分)がネットワーク化され想像力が誕生する。すると子どもは、見ている世界とは別の世界をイメージして頭の中に描くことができるようになる。

親から受け継いだ「気質」は、遊びや人、モノへの関心の違いを生み出す。人間関係に敏感な「物語型気質」の子どもは「ごっこ遊び」が好きで、物語や絵本を好むことが多い。モノの変化や動きに敏感な「図鑑型気質」の子どもは電車のおもちゃやブロック遊びが好きで、図鑑類を好むことが多い。

三～六歳の心——第二次認知革命（感情の自己制御）

このころになると、子どもは活発に外界に働きかけて知識を蓄えていく。また、生活や遊びを通して生活概念（生きるということの大まかな理解）を習得する。幼稚園や保育園などで家族以外の大人や子どもたちに出会い、会話能力や他者への共感性が一段と発達する。

五歳ごろから大脳新皮質の前頭葉に位置する「ブローカ野（言語処理などを司る部分：「ワーキング・メモリ」と呼ぶこともある）」が海馬や扁桃体とネットワーク化され、ものごとを計画したり、原因と結果の関係を理解したり、感情や行動をコントロールしたり、メタ認知が働きはじめて、自分のことを対象化・客観視したり……といったような、やや複雑な思考ができるようになる。

六歳ごろには時間の流れを理解できるようになり、過去・現在・未来について意識するようになる。

七～九歳の心——手足やモノを使って問題を解決

小学校に入って記号や数式などを使った教科学習が始まると、これまでに遊びや生活を通して獲得してきた「生きるということ」に対する大まかな理解が可能になる。生活概念を科学的概念に書き換えるようになる。

低学年ぐらいまでの子どもは手足やモノを使って問題を解決するが、九歳ごろからは、それに加えて抽象的なシンボル（記号や数式など）を使って問題を解決できるようになる。

しかし、それまでに五官を使って十分に外界に働きかけ、友だちとも遊んだ経験が少ない子どもにとっては、抽象的なシンボル操作で問題を解決することは難しく、授業についていけない子どもも出てくる。子どもの前に立ちはだかる壁は一般的には「九歳の壁」と呼ばれている。

一〇～一二歳の心――第三次認知革命（自分探しの旅へ）

一〇歳ごろから、脳の前頭連合野（複雑な行動を司る部分）が心と身体をコントロールするようになり、意志や判断力、モラル、情緒が一段と発達する。

問題を論理的に分析したり、言葉や図、記号などを使ってまとめることができるようになり、ものごとを抽象的に考えられる段階へと進んでいく。

人生を豊かに生きるためには、思春期前期にあたるこの時期に出会う大人、本や映画などのメディアの役割は大きい。まわりの友だちや教師、メディアの影響を受けて、自分はどういう人間か、将来どのように生きたいかなど、アイデンティティ（自分らしさ）への問いをもち、自分探しの旅へと踏み出す。人は生涯かけて、その問いの答えを探し続けていくのである。

Column 2　心の発達——五つの特徴

乳幼児期から児童期にかけての心の発達の特徴は次の五つにまとめられる。

1　運動と言葉の発達は順序が決まっていて、階段を登るように順序よく進む。ただし、階段の幅は子どもによってそれぞれ異なる。「一歳で単語しか話せなかった子どもが二歳になったとたん、上手に会話ができるようになった」というような、階段の幅が狭い子どもがいる一方で、「三歳まで言葉を話さなかったのに、四歳になったら急におしゃべりになって会話に不自由しなくなった」というような階段の幅が広い子どももいる。

2　心の発達のほとんどは、行きつ戻りつ「らせん」のように進んでいく。

3　行動だけを見れば「戻る」あるいは「停滞している」ようでも、心や身体の中では見えない大事な力が育っている。

4　心の発達には性差があり、女児は男児よりも発達のペースが早く、社会への適応力も高い。

5 大人の関わり方しだいで、子どもの心の発達を促すことができる。子どもの主体性を大切にして「子どもの気持ちを尊重する保育」「子どもとのふれあいを重視し、体験を共有するしつけ」で関わると、子どもの自生的な成長の力が発揮され、心はどんどん成長していく。

年齢はあくまでも目安なので、親や保育者、教師はあせらずに、「待つ」「みきわめる」「急がない」「急がせない」で、子ども一人ひとりの発達のペースを大事にして、子どもをわきから支えてあげていただきたい。

第3章 想像のメカニズム

創造の源をさぐる

イメージを描くときには、イメージの素材が必要です。素材は、その人が蓄えた知識や経験です。記憶の中にある既有知識や経験など利用できるものはすべて素材にしてイメージが描き出されます。では、どのようにして素材が取り出され、イメージとしてまとめられていくのでしょうか？　本章では、子どもや大人から得られた発話資料にもとづいてイメージを描き出し、創造が生まれる道筋をさぐってみましょう。

1　想像の素材——経験と知識

子どもの発話資料を通してわかること

想像する過程は、頭の中で起こることですから、詳しくはわかりません。ヴィゴツキー（一九七四）の仮説や、外から観察できる発話資料などを手がかりにして推測してみたいと思います。ことばや認知発達の初期段階にある子どもたちの発話資料にもとづいて考察を進めたいと思います。

私が、ことばや認知の初期段階の子どもに注目するのは、彼らのデータからは、言語や思考が完成した大人から得られる発話資料からは決して得られない現象を取り出すことができるからです。

私たちは、なにか話しているときに話が脱線しそうになると、「いけない、本筋から離れそうだ」と感じてすぐに会話の本筋に戻ろうとします。あるいは、話が脱線してしまったときには、「では、ここで話をもとに戻したいと思います」などと言って、もとの流れに戻すこともありますね。このように会話進行を軌道修正できるのは自分の発話をたえずモニターし、目標に向かって進行しているかどうかを監視することが同時に起こっているからです。ところがこのモニター機能が話す過程で働いているかどうかは、大人の資料からだけでは取り出すことが難しいのです。大人では会話進行過程でモニタリング機能が同時並行的に進行していて、軌道修正を求めるときに自動的に修正してしまうからです（内田 一九九九：二〇一七a）。

大人とは違ってことばや認知発達の初期段階の幼児においては、モニター機能が働かない段階があります。2章で見たように、第二次認知革命が起こる五歳後半すぎから、子どもは、大人と同様の反応、すなわち、聞き手がいぶかしそうな顔をすれば、あわててことばを補ったり、自分でも言い足りない情報を後から付け加えたりするようになります。しかし、第二次認知革命前の子どもは自分の話のつじつまがあわなくても平気です。四歳児の発話資料を眺めてみると肝心の情報が欠けているため、つじつまの合わないことが多いのです。また会話している最中、聞き手に注意を払う様子がまったく見られません。話の結末を提示して、その結末で話を締めくくるように言っても、結末に注意し続けることが難しいのです。また注意のスパン（情報処理能力）が小さいので、話すという行為と話している自分の発話行動に同時に注意を向けることは難しいのです（内田 一九九九：二〇一七）。

四歳児と五歳児の発話資料を比べると、モニター機能と情報処理能力の両方が関わっていることがわかります。すなわち、四歳児と五歳児の違いは、たんにことばの発達の違いだけではなく注意の及ぶ範囲がどれくらいかという情報処理能力と会話をモニターするメタ認知機能の両方が関わっています。注意の及ぶ範囲の目安となる情報処理能力は四歳ごろまでは単位数*で表すと三ですが、五歳後半すぎにはそれが四単位、九歳で五単位と認知革命ごとに拡大していきます（内田 一九九九：二〇一七）。

このように各発達段階の発話資料を比較してみると、大人だけを対象にしているときには気づかなかったことに気づくことができます。子どもを対象にした研究は、対象となった子どもそのものを理解するにとどまらず、私たちの発話行動を制御するモニタリング機能とメタ認知、情報処理を支える神経学的基盤の成熟についても示唆が得られるのです。

*情報処理能力は一度に保持・処理できる記憶容量を指している。大人の記憶容量は７±２単位（チャンク）であり、保持時間は数秒から三〇秒程度と短い。

経験の取り出し

イメージを描くときに既有知識と経験はどのように取り出されるのでしょうか。想像の素材となる経験はまず、解体され、これから構成しようとする想像世界の文脈に合わせて取り出されます。さらに連想の力を借りて統合や組み合わせを行い、一定の表象（イメージ）がまとめあげられていくのです。さらに、ことばやからだ、描画などの表現手段を使って、目に見える形へと外化されます。物語やダンス、ジェスチャーなどとして可視化されるのです。

では、想像の素材となる経験はどのようにして取り出され、それらが複合され、想像世界が生成されていくのでしょうか。それを考える手がかりとして、「お話遊び」のいくつかを取り上げてみましょう。

イタリアの児童文学者のロダーリ（一九七八）は、その想像力あふれる著書『ファンタジーの文法』の中で、どういうふうにして物語が創造されるのか、物語のきっかけとなる遊びについて魅力的な試みを提案しています。

たとえば、「もし……なら、どうなるだろう?」という形式の問いが新しい状況を想像したり生産したりするきっかけになるのではないかと考えておもしろい試みをしました。主語を「ミラノ」、述語を「海にとりかこまれる」とすれば、「ミラノが海にとりかこまれる」という異常な新事態を出現させ、この状況の中で、小説的な事件が自然発生的に無限にふえていくだろうと予測を立てて子どもたちに語ってもらいました。

想像が複数の状況を新しく組み合わせることによって成立するとすれば、ロダーリが考えだした方法は想像世界をつくりだす過程を考える手がかりを提供してくれるかもしれません。

この提案にしたがって私は「もし、あなたに羽があって、山でも川でも行けるようになったらどうなると思う?」こんな質問を幼児期の子どもに投げかけてみました。すると次のような答えが返ってきました(内田 一九八六)。

とんでみたい。九州にいきたい。おばあちゃんちがあるんだもん、九州に。どうぶつえんにもいきたいし、あしかやまこうえんにもいきたい。　[S・M　四歳九カ月]

いいなあ、とおもう。そして、ひこうきとんでるとこ見たい。よこで。　[M・K　四歳一一カ月]

いきたいとこへいく。ほっかいどうにいきたいな、すきなひとがひっこしたから。ひょうごけんも。おばあちゃんにあいたいから。　[T・T　五歳四カ月]

じゆうにとんでみる。えーとそれからカラスにあえる。あとね、雲が見える。太陽がまぶしい。それから……えーと、……すずしい。らくちんだろうな。でも歩かないとじょうぶになんない。それから……空で眠ることもできる。　[H・H　五歳七カ月]

たしかに、こういった問いは、現実にはありえない状況を構成し、その状況でどのようにふるまうかについて子どもに想像させるのに効果的でした。しかし、これらの発話から推察されるように、幼児であっても、現実には存在しないような絵空事を構成するわけではない点に注目していただきたいと思います。あくまでも、その子どもなりに実際に見たり聞いたりしたことが土台となって、想像世界を展開させようとしているように見えるのです。

次に発話プロトコルを比較すると、年齢の違いで語り方が違うことに気づきました。見たり聞いたり味わったりなど五官を駆使した生活体験が豊かである子どもほど、利用できる素材は多いので、想像のふくらみ方が豊かになります。

この点を確かめるために、私は、「もし、あなたの乗った電車が、あなたがいねむりしている間に月の上に着いちゃったらどうなる?」という質問をしてみました。

無重力でしょ? 月の上は。だからそのまんま火星に飛んでいって火星人が本当にいるか調べてみる。調べ終わったらまた飛んで月のところまでまたもどる。ブラックホールに吸い込まれないように気をつけて。そしてさっきの電車が来たら、月の石をたくさん持って帰ってね、一個きれいなのは記念にとっておいて、残りは博物館に寄付してみんなにみてもらうの。

［U・T　一二歳］

このように、現実についての知識をたくさん持っている場合ほど、「リアルな」虚構が作りだされるのです。ところが、このような反応は幼児からはまず出てきません。すでにもっている経験や印象と結びつかないような事態での最初の反応は、どの子も困惑し、びっくりした表情を見せることが多いのです。

おっこちる。はねがないんだもん。
〔A・N　四歳四カ月〕

そしたらおうちへかえれなくなっちゃう。かえれなくなったら、お父さんとお母さんと赤ちゃんにあえなくなっちゃう（困ったような顔をしながら）。
〔N・K　四歳一〇カ月〕

五歳児になると、電車には運転手さんもいるし、レールはつながっていることに気づく子どもも出てきます。

うんてんしゅさんに、下にいくようにたのむ。
〔K・T　五歳五カ月〕

しゅうてんまで行ってね、おりかえして、じぶんでおりるところにもどったら、ちゃんとおりる。
〔T・Y　六歳〇カ月〕

月の上であそぶ。（月を）ブランコにして。
〔M・M　五歳九カ月〕

月の上にいったら、うさぎさんとあそぶ。お月さまともあそぶ。わたしがお月さまにのって、お月さまをゆらしてあそぶの、キキララみたいに。

［K・R　五歳一一カ月］

五歳後半すぎの子どもたちは、このように自分の日常経験や絵本と関連づけて破綻のないイメージを語ってくれるのです。

経験の解体

想像が貧弱になってしまうということが見られるのは、子どもの知識や経験に存在しないか、きわめて関心が少ないものを題材にしたときではないでしょうか。先に見たように、子どもの想像の中味の差が見られるのは、子どもの知識や関心のないものについて、想像することが難しい状況に置かれたときです。

たとえば、「もし、園長先生の手がさわるものが、全部金になっちゃうとしたらどうなる？」というような問いを出してみました。年少児にとっては、この問いのキーワードである「金」にはあまり関心もなく、手でさわるものが全部金になってしまう状況を想像することは難しいことなのです。

こう問われると四歳児は、ただただ不安になってしまうらしく、「いやだ」「こまる」と言って、それ以上は想像が広がらないようです。

動けなくなっちゃう。やだ。そしたらおもちゃとかさわってあそべないから。もらっても、こうなったら（両手を広げ、からだを硬く緊張させながら）、もてない（おもちゃを持てない）から。

［M・K　四歳一一カ月］

五歳児も似たようなものですが、三〇名中、例外的に一人だけ、想像を展開することができた子どもがいました。

そしたら、人とお手々つないだら、その人のお手々も金になっちゃう。そしてえんちょう先生が「ごめんなさい」ってあやまる。それからテレビをみるときに、スイッチをおしたら、やっぱりスイッチが金になっちゃう。そしてすいどうで手をあらおうと思ったら、そのスイッチが金になっちゃう。それからおしごとするときダンボールやノートをもつと、やっぱり金になっちゃう。そしてえんちょう先生は「こまったな」とおもう。こんどは、鉄と手をつなぐ。そしたら鉄も金ピカ。そしておうちをさわってみたら、ちっちゃい石ころみたいな金になっちゃう。そしてそのおうちの人もみんなつぶれてしたじきになっちゃった。そしたらその次にね、カーテンとお家と地球のもの、まとめてさわったら、みーんな、みんな、金になって、なかの人みんなつぶれちゃったの。そして、石ころみたいなかたまりになっちゃったの。たきびをさわってみたら、やけどしないで、そのたきびが金のかたまりになって。それから滝がながれてたのね、その石ころも、滝も水も、ぜーんぶ金になっちゃった。ぜーんぶ金になって、くずれてきて、えんちょう先生がつぶれちゃった。それだけ。

［K・R　五歳一一カ月］

この語りの例からは、子どもが金は硬いもの、金ピカに光るもの、たき火のような熱と光のようなとらえどころのないものも固体化し、水も硬い塊になる、くずれたときにはつぶれてしまうほど重みがあるなど、金の性質のいくつかを抽出していることがわかります。おそらく、子どもが知覚した印象や体験のすべてがまるごと想像の素材として取り出されるわけではなく、子どもの知っている知識や経験から語りの素材として、断片的に、恣意的に取り出されているように見えます。こうして恣意的に取り出された断片は、連想的な結びつきによってつなげられ、想像世界を構成していくのではないかと推測されます。

では、実際には、どうやって想像世界が構成されるのでしょうか。また、想像世界の素材となる知識や経験の断片はどのようにまとめられるのでしょうか？

2　経験の統合と合理化

連想による統合

体験や印象は分解されて新たに組み合わされるようです。バラバラに保存されていた体験の一部や印象の断片は、新しい文脈にうまく収まるように形を変え、変容します。この変容の過程は、本人に意識されることはなく進んでいくらしいのです。

イギリスの社会心理学者・ケンブリッジ大学教授のＦ・Ｃ・バートレット（Bartlett 1932）は、なじみのない民話が、ある社会集団から別の社会集団に伝わるときに何が起こるか、文化はどのように伝わるのか、歴史的な事件はどのように伝承されるかということを問題にして、アイディアと工夫に満ちた実験を行っています。

一つは、「伝言ゲーム」のようなパラダイム（実験方法）を用いて物語の再話をさせるという実験です。まずバートレット教授が学生に民話を読み聞かせました。学生に、その民話をどのように受け取ったか思い出して紙に書いてもらいました。そして学生の再話作文をていねいに分析しました。この分析から、記憶の中から取り出された情報がどのように変容するのかについて興味深いことが明らかになりました。

学生に読み聞かせた物語は北アメリカのインディアンに伝わる民話からとったものでした。これは、英国に住んでいる被験者にとっては、あまりなじみのない文化・社会的環境で伝承された物語であり、合理的な筋道も欠いているものです。また、物語には超自然的な出来事も含まれていました。

多少長くなりますが、どの部分が変容するかをさぐるための材料ですので、次に掲げた文章を読んでいただきたいと思います。できれば、これを数回読んだ後、一五分くらい経ってから何が書かれていたかを思い出して紙に書き取り、原文と比較していただくと、ここで私が主張したい論点をよくご理解いただけるかもしれません。

幽霊の戦い〔最初に提示した文章〕

ある晩のこと、エグラクの二人の若者が、アザラシ猟のために、川を下っていった。やがて、霧が出てきて、静かになった。そのとき、ときの声があがった。彼らは、「戦隊が戦っているかもしれない」と考えた。二人は岸の方に逃げて、一本の丸太のうしろにかくれた。すると、櫂《かい》の音がして、一そうのカヌーが、自分たちのほうに近づいてくるのが見えた。カヌーには、五人の男が乗っていた。そして、

「お前たちは何を考えているのだ。我々はお前たちを一緒に連れていきたい。我々は戦うために、川をさかのぼっているところだ」と言った。

「私は矢をもっていない」と若者の一人が言った。

「矢はカヌーの中にある」と彼らは答えた。

「私は行きたくない。私は殺されるかもしれない。親戚の人たちは私がどこに行ったかわからなくなる。しかし、お前は、彼らと一緒に行ってもいいよ」と、彼はもう一人の若者に言った。そこで、若者のうちの一人は戦いにいくことになり、一人は家に帰った。

戦士たちは、川をさかのぼってカマラの向こう岸の町へ行った。町の人々がやってきて戦いがはじまり、多くの人が殺された。まもなく若者は、戦士の一人が「急いで家に帰ろう。あのインディアンが矢にあたってしまった」と言うのを聞いた。若者は「戦士たちは幽霊なんだ」と思った。若者は苦しいとは感じていなかったが、戦士たちは、若者が矢にあたったと言った。

そこで、カヌーでエグラクに向い、若者は岸にあがって、家に帰ると、火をたいた。そして

「俺は幽霊を連れて、戦いにいってきたんだぞ。たくさん仲間が殺されたが、我々を攻撃した奴らもたくさん殺された。彼らは、俺が矢にあたったと言ったけれども、苦しくはなかった」と皆に言った。

その若者は、一部始終を語り終えると、静かになった。太陽が昇ったとき、彼は倒れた。何か黒いものが彼の口から飛び出した。彼の顔が歪んだ。人々は飛びあがって叫んだ。若者は死んでいた。

〔Bartlett 1932, p. 67より訳出。なお、原文はわかりにくい文章であるため、代名詞を具体名詞に変えたり、ある部分は意訳するなど最小限の修正を加えたことをご承知おきいただきたい。〕

バートレットは、この物語を学生に読み聞かせた直後と、六カ月後に、記憶再生をしてもらいました。直後の再生作文と六カ月後の再生作文を比較してみてください。

戦いの幽霊の物語〔ある学生が直後に再生した文章〕

エデュラクの二人の男が釣りにいった。釣りに熱中していると、遠くに騒がしい音が聞こえた。「叫び声かな」と一人が言うと、まもなくカヌーに乗った数人の男が現れて、自分たちの仲間に加わって冒険にでかけないかと誘った。若者の一人は家族との結び付きを理由に、行くのを断わったが、もう一人は行くことを承知した。若者は、「でも、矢がないんだ」と言うと、彼らは「矢はボートの中にある」と答えた。

そこで、彼は仲間に加わったが、彼の友だちは家に帰った。一団は川を漕ぎ上り、カロマに着き、川の堤に上陸し始めた。敵は彼らに襲いかかってきて、激しい戦いが始まった。やがて何人かが負傷した。そして敵は幽霊だぞという叫び声が起こった。

その一団は川を下って帰った。若者は何も悪い経験はしていないと感じながら家に到着した。翌朝の夜明けに冒険談を話そうとした。彼が喋っている最中に、何か黒いものが彼の口から流れ出た。突然叫び声をあげて倒れた。友だちが彼を取り囲んだ。しかし、彼はもう死んでいた。

〔前掲書、pp. 65-66より〕

語り聞かせの直後に再生した物語は、物語のかなり細部までが記憶されているように見えます。直後再生では、与えられた材料からの脱落や逸脱がかなり大きいこと、また時間の順序が変えられたり、表現も現代風に改められたりなじみのことばに置き換えられていて、原文よりも筋が通っているように見えます。

このような変容を見ると、大人であっても知識が少ないことがらについては、その文章の中の情報を正確に理解したり記憶したりすることが難しいということがよくわかるでしょう。また、なんとか一貫した筋を通そうとして、記憶を再構築しようとした跡もうかがわれますね。

さらに、話の締めくくりの部分にかなり脚色が多いことは、自分のなじみの少ないことがらには注意を払えなかったか、十分処理しきれず、記憶しそこなってしまったのかもしれません。特に、英国人にとってなじみの薄い幽霊の扱いに困難を感じているらしいことがうかがわれます。こうした傾向は他の被験者たちにもよく見られたのです。

さらに物語を読み聞かせてから六カ月後になると、再生は著しく貧弱なものになりました。同じ学生の再話作文をご覧ください。

（題名なし）〔その学生が六カ月後に再生した文章〕

四人の男が川を下って行った。すると、ボートに乗り、武器をとるよう言われた。彼らは、「どんな武器ですか」と尋ねた。すると、「戦いのための武器だ」と答えた。彼らが戦場に来たとき、騒がしい物音と叫び声を聞いた。そして、誰かが、「黒人が死んだ」と叫んだ。その黒人は、彼らがいた場所に連れて行かれ、地面の上に横たえられた。そして、彼は口から泡をふいた。〔前掲書、pp. 71-72より〕

まず、全体がなんと短くなっていることか、と驚かれるでしょう。題もすっかり忘れてしまい、材料の記憶はかなりあいまいで、脱落がかなり多いのです。この短い物語からは、なじみのないことばや固有名詞がすべて消えてしまい、超自然的なものについての話も、全部消えてしまっているのです。

また、最後の部分の、「何か黒いもの」のうち、「黒い」は「黒人」へ転化し、また残りは「口から泡をふいた」として、自分たちの文化でも起こりうる適合的な表現に変えられています。いわゆる合理化が生じているのです。

しかし、全体の発話資料を見ると、被験者が想起した断片は著しく少なくなっているものの、それなりにまとまりのある文章へと変容している点は注目されます。しかも、物語を聞いてから時間が経過するにつれて、大幅な変容が起こるようになります。ところが、被験者自身は、そのような脱落や変容が起こっていることについてまったく意識しておらず、その内観からは、実際にそういう話を聞かされたと信じ込んでいることが多いのです。おそらく、話を整合的にするために、モニター機能は働いているのでしょうが、意識的、意図的に変えているのではないということがうかがわれます。

このように、実験結果には、時間が経つにつれ、記憶が分解され、組み合わされ、新しい文脈にうまく収まるように形を変えていくことによって、物語は整合的になっていくという過程が如実にあらわれたのです。

印象や経験の体制化における連想のはたらき

このような変容や合理化の過程はどのようにして起こるのでしょうか？　細部は不明ですが推測してみましょう。まず、物語を再生するという課題に関連のある素材（記憶の中にある素材）をかき集め、新しい文脈に合わせて、修正された諸要素をまとめあげ、体制化する過程が続きます。この体制化の際に、連想のはたらきが不可欠となるらしいのです。次の例から連想のはたらきについて見てみましょう（内田 一九八六）。

たとえば、「もし、あなたのお鼻がどんどんのびて、天までとどいちゃったらどうなる?」と次のように言われると、子どもはすぐに『天狗の羽うちわ』を連想し、次のように語ります。

あのおはなしおぼえているよ。そいでむすばれるとだめなんだよ。

［S・Y　四歳八カ月］

やだ、もし、ぼうだとまちがえられたら、しばられちゃう。カミナリさまがまちがえて。そしてね、ちぢむとき、天までいっちゃう。そしてとびおりて死んじゃう。

［T・T　五歳四カ月］

あるいは、「もし、赤ずきんちゃんが、おかしの家についたらどうなる?」というような質問をすると、多くの子どもは「赤ずきん」「おかしの家」というような手がかりから、パッと『赤ずきんちゃん』と『ヘンゼルとグレーテル』の物語を連想して、二つの物語をくっつけて語ります。〝おばあちゃんちに行く途中で「赤ずきんちゃん」が「おかしの家」に行って、ヘンゼルやグレーテルと協力して魔法使いのおばあさんをやっつける〟というような物語をつくりだすのです。二つの物語の素材を巧みに結びつけ、統合してしまいます。

まほうつかいに、ろうやにとじこめられちゃう。そうしてね、あけて、たき火してたらね、いっしょに押してね、たきびの火でね、まほうつかいさんが死んじゃったの。赤ずきんさんはうんとよろこんだの。

［I・T　四歳八カ月］

おかしのうちについたら、おかしたべる。そしておかしたべてからね、ヘンゼルとグレーテルといっしょに、まじょとたたかうの。それからまじょをやっつけて、まじょがかくしといたダイヤモンドやなんかを、ダイヤモンドやなんかがはいっているはこをもってかえって、おうちをおかねもちにするの。

［K・R　五歳一一カ月］

以上の発話が示しているように、提示された状況について何か聞き覚えがあるとか見覚えがあるものを手がかりにして連想が働き、自分の知っている枠組みに関連づけて、表象をまとめあげようとするのです。

では、表象はどのようにまとめられるのでしょうか？

3　表現活動を通して表象をつくる

知覚的印象の分解—修正—統合の過程

子どもは、連想によって素材を結びつけ、全体としてまとまりのある表象を組みあげます。この頭の中につくりあげた表象をことばやからだによって表現するのです。いわゆる頭の中の表象を「外化」します。この「外化」の過程で加工や修正が生ずるらしいのです。

ことばで外化する場合は、時間や空間関係を操作するための統語規則（syntax）や談話文法（discourse grammar）が表象をまとまりのよいものにするのに一役買っています。さらに描画を手段にする場合は、線の必然的なつながりや、要素の配置関係を定める描画法則（portrayal rule）が、まとまりのよいものにしあげるのに寄与しています。

このような知覚的印象の分解や加工、さらにそれを用いての印象の統合や再建といった一連の過程は、次のような事態から推測されます。

これもロダーリによって提案されている楽しい遊びの一つですが、この遊びを応用してイメージをまとめあげる過程を明らかにするために、私は次のような実験をしてみました（内田 一九八六）。

最初は、明らかに子どもがよく知っている、ある物語を思い出させるようなことばを示してみせます。次に、これらの語群の中に新しい異質のことば——子どもがなじんでいるお話の一連の出来事から見て思いがけない要素——を入れてみました。ところが、子どもはこのような異質なことばを混ぜこんでお話をつくるように言われても、少しも戸惑うことはありません。この異質なことばを子どもがどのように料理するかを見てみると、想像による複合を自由自在に、しかも、巧みにやってのけてしまうのには驚きます。

〈女の子〉〈森〉〈花〉〈おおかみ〉〈おばあさん〉が描かれた五枚の絵（図3―1）を子どもの目の前で並べてみせます。これらを見ると、子ども時代をとうに忘れた大人でも『赤ずきんちゃん』を連想するのではないでしょうか？　実際、「この絵を全部使ってお話をつくって」と子どもたちに頼むと、たいていの子どもは『赤ずきんちゃん』に強く影響を受けた話をつくります。その一例をご覧ください。

森のおくにちいさなうちがありました。そこへたったひとり、女の子がすんでいました。その子は……その子のなまえはまりこちゃんといいました。そして、まりこちゃんはときどき、ときどきね、ちかくのおばあちゃんのうちへでかけにいきました。そ、そ、そのときは、おばあちゃんにお花をつんでいきます。ある日、おばあちゃんちにいこうとおもったとき、おおかみがやってきました。

「赤ずきんちゃん、おばあちゃんちならあっちのほうだよ」

「あらそうなの？　ありがとう」と女の子はいいました。でも、おおかみは、わるもの、わるいおおかみで、うそをついたので、あっちはりょうしさんのうちでした。だから女の子は……だけど女の子はしらずに行きま……、しらずに、おおかみのゆうとおりにしました。

そしてりょうしさんは、なんかえものがこないかなあとおもってみていると、えものみたいな小さなものがいたので、「あれは子ぐまだな」とおもって、てっぽうをもちだし、そおーっと木にかくれて、てっぽうのたまをいれて「バーン」と女の子をうちました。

女の子は「なんの音かしら？」と木のところまでくると、りょうしさんがいました。「なあんだ、ただの子どもじゃないか。なにをしているんだ？　君」っていったら、「わたし、おおかみにいわれて……おばあさんちに行きたいんだ、行きたいんです。でも、おおかみがね〝おばあさんのうちならこっちだよ〟ってゆったの」そしたら、りょうしさんは「あのわるものおおかみめー」っていって、「おおかみがいたところはどこだ？」ってきいたの。「たしか、わたしのうちのまえで立って、立っていたわ」ってゆったの。

（――沈黙――筆者が「それで？」と促す）そうして、りょうしさんは、まりこちゃんのうちの前へ行ってみると、おおかみはいませんでした。「いったいどこに行ったのかしら」とまりこちゃんとりょうしさんはさがしていると、森のおくにおおかみの子どもがいました。それから――……うーんと……「まりこちゃん、ちょっとまってね」ってりょうしさんがいうと、まりこちゃんは「うん」っていいました。

りょうしさんは、おおかみのそばに行って、てっぽうに たまをいれました。そうすると、おおかみはすぐ森のうーーんと遠いところへにげていきました。それから、もう子どものおおかみは、まりこちゃんのおうちへこなくなりました。まりこちゃんはあんしんしておばあちゃんのうちへいけるようになりました。（最後の部分は終結を示すように強く言い切る）

［Ｈ・Ｙ　五歳九カ月］

この物語を見ると、まず、女の子に呼びかけるときに「赤ずきんちゃん」と呼びかけていることから、この子どもが『赤ずきんちゃん』を連想し、その話の枠組みに合わせて語ろうとしていることがわかります。このお話の展開はおおかみにだまされて困っている主人公が、猟師に鉄砲で撃ち殺されそうになりながらも、うまく災難を転じて、猟師が手助けしてくれて最後はおおかみを追い払って、平和な日常が戻るという典型的な物語構造をもって話が展開しています。解決の鍵を握るのが猟師であることは『赤ずきんちゃん』のモチーフをそのまま借りているのでしょう。

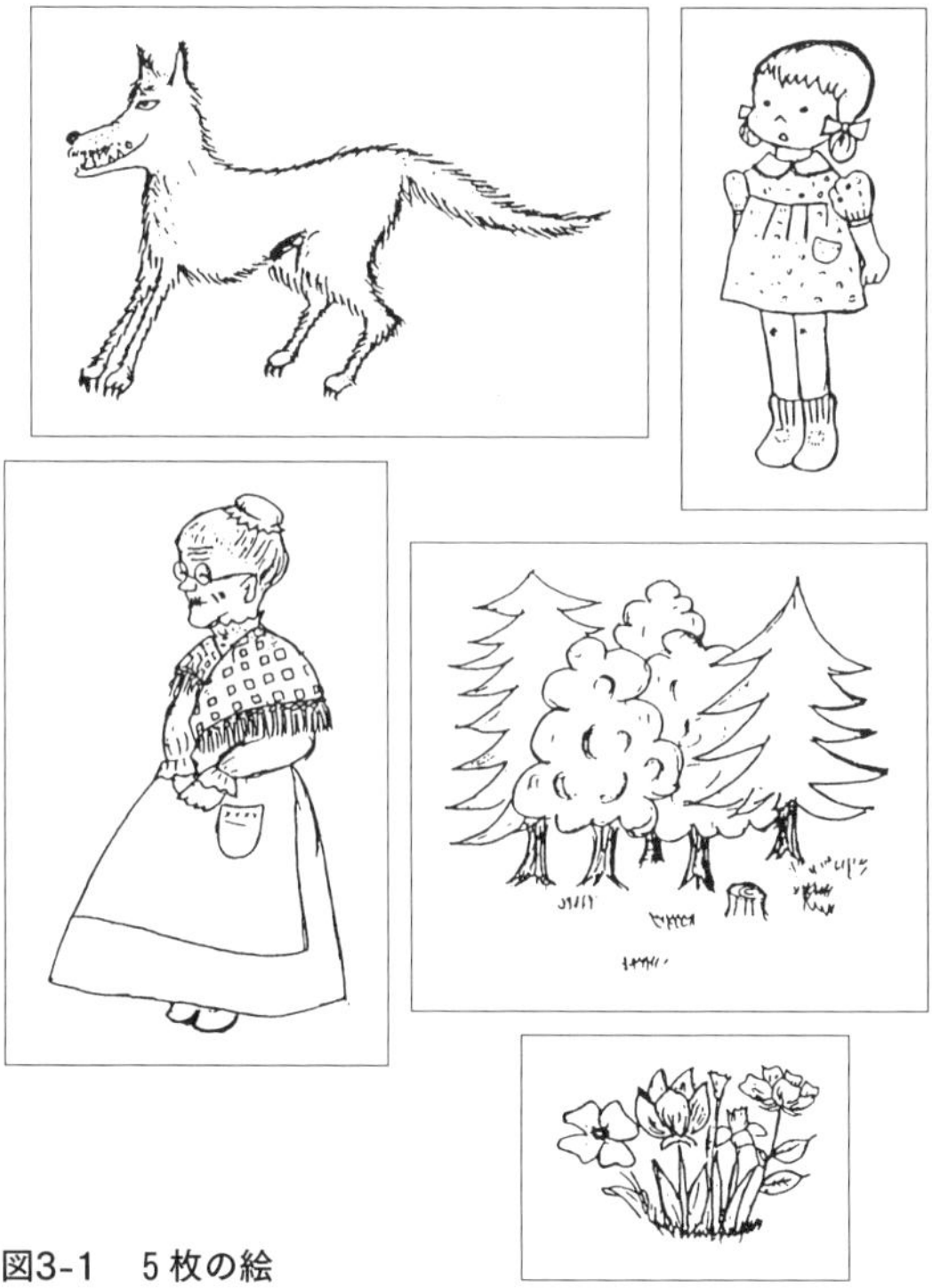

図3-1　5枚の絵

図3-2　異質な要素「ヘリコプター」

ヘリコプターにのった赤ずきん

さて、こうしてお話をつくってもらった直後に、「では、こんどはこれも使ってお話をつくって」とヘリコプターの絵カード（図3―2）を見せました。この絵カードは子どもが思い出した『赤ずきんちゃん』の一連の出来事の流れからすると、明らかに異質な、思いがけないような要素であるはずです。ところが、この異質な要素を導入して話をつくるように言われても、子どもは少しも戸惑うことはありません。もちろん、すぐにお話づくりにとりかかるわけではなく、ちょっと（一三秒くらい）は考えこみます。子どもは一瞬、じっとヘリコプターの絵を見つめます。それから、おもむろに話し始めるのです。

ヘリコプター？……うーんとね…………（約一三秒考え込んでいる）

ふかーい森のなかに、たった一軒小さなうちがあって、そこにはおばあさんとふたりっきりの女の子がいました。そこはヘリコプターがよくとぶところで、（ヘリコプターの音がするので）よなかにもよくねむれませんでした。それではやく、自分たちのうちをかわりたいなと思いました。そいで、おばあさんと女の子はいいことを思いつきました。「あのヘリコプターをうちから遠いところまでさそっていけばいいのよ」っていいました、女の子は。そしたら、「そうね」と、おばあさんはいいました。でも、おおかみが、こわいおおかみがそのヘリコプターをみはっていて、女の子が、女の子とおばあさんがくると、パクリと食べてしまいました。ほんとうは、そのヘリコプターは、まよなかにお花がヘリコプターにかわって、お空をね、とぶんでした。

それから…………

でも、それは夢でした。目がさめて、おばあさんとまりこちゃんはふしぎそうな顔をしました。ヘリコプターのおとはきこえませんでした。…………

（……筆者が「それで？」と促す）

そうして、おばあちゃんとまりこちゃんはふしぎそうな顔をして、ごはんをつくりました。でも、ほんとうにそういうことがあったらどうしましょう。おばあちゃんとまりこちゃんはひっこしてしまうでしょうか。でも、おばあちゃんとまりこちゃんは、それは、あ、「そんなことはない」と思って、そのおうちでずっとくらしました。（強く言いきる）［Ｈ・Ｙ　五歳九カ月］

〔以上の発話資料は内田 一九九四、五八―六三頁より引用〕

新しく導入された異質な要素「ヘリコプター」は見事にお話の文脈に収まっています。そのことによって、『赤ずきんちゃん』の影響はだいぶ薄まってしまっていることもわかります。すべての要素を一つの文脈に組み込むために、花がヘリコプターに「変身する」とか、変身は実は「夢の中の出来事」であるというように、ファンタジーでよく使われる物語技法（ファンタジーの文法）を使うことによって、子どもはなんとか〝異質な要素をまとまりのある文脈に統合する〟という課題を解決してしまうのです。このような物語技法を使える五歳後半以降の子どもなら、どんな要素をもってこられても、うまくまとめてしまいます。しかも、話のつながりが整合性のあるものになるように、ことばの力を借りて表象を、より明瞭なもの、リアルな現実世界にしてしまうのです。

このような「お話遊び」に幼児期の子どもは熱中します。彼らは、うまくつなげられたときには「やったー」というように得意そうな表情になります。達成感を感じていることがわかります。

では、なぜ、子どもたちは「お話遊び」に惹かれるのでしょうか。新しいものを創り出すという営みは大人だけでなく、子どもにとっても本来魅力的なものなのではないでしょうか。「りっぱに」完成した、大人の作った既成の物語を解体し、自分自身で新しい世界を再建するという作業を通じて、子どもたちが実世界ではままならないことも、想像の世界の中でうまく処理できてしまう快感を味わっているのかもしれません。

もちろん、子どもたちの再建の作業は、これまで例をあげたように、完成されたものばかりではありません。ときには描き損じのラフなスケッチであることも多いのです。しかし、私たちはこうした、不完全なラフスケッチや落書きが、ときとして素晴らしい作品の完成の下地にあることをよく知っています。

経験の解体と再建を通じての創造

以上に考察したことがらを、まとめてみましょう。

まず想像世界をつくる素材として、それまで見たり聞いたりした経験や印象を準備し、それを加工する過程が始まります。この加工の過程はきわめて複雑なものであると考えられ、細部ははっきりしません。少なくとも、知覚した印象を諸要素に分解し、新しい文脈に関連ある諸要素を選択し修正します。次にその修正した諸要素を連想のはたらきによってつなげ、統合しようと試みます。その結果、頭の中にはぼんやりした表象が浮かんできます。

この表象はからだやことば、描画などを手段にして外化されることになりますが、外化することにともなって、それぞれの手段特有の原則――からだの運動の原則、文法、描画の法則など――によって変形されたり、修正されたり、他の素材を探し出してきてつくり直されたりといった過程が起こるものと思われます。この段階では、個々の諸形象を統合し、体系化する過程が続き、しだいに、表象自体が洗練され、はっきりとしてきて、具体的な像として自覚できるようになります。

最終段階では、この表象をことばやからだを使って外化します。ここにおいて、表象は目に見える形で現実の世界に戻ってくることになります。ことばで記述した文学作品や、からだとことばを通じて外化する演劇、さらに、絵画や音楽、創作ダンスなどのような作品の形に表現したときに想像世界の生成はいったん着地点に到達します。しかし送り手が作品を完成したときに、作品が完成するのではありません。作品の送り手と、読者や鑑賞者などの受け手との間で相互作用が始まります。受け手の中で想像過程はさらに展開されるのです。

以上の一連の過程は現実から想像へ、さらに想像から現実へという循環過程として捉えることができます。まず、想像の産物をつくりあげる素材は当人の生活経験や印象、知識の中から取り出されたものです。それらの諸要素は、人間の内面、思考において複雑な過程を経て改造され、想像の産物「イメージ」になります。さらに、そのイメージはからだやことば、描画などの手段によって具体化・具現化され、また現実の世界に戻ってくるのです。しかし、そのもとの諸要素は、もとの形とは似ても似つかぬものとなって、新しい文脈の中で新しい命を与えられ、現実を変える積極的な力を帯びて復活するものと思われます。

表現媒体の中でもことばの力は大きいものです。そこで、次章ではことばの発達と想像力の発達とがどのように絡んでいるのかについて考察を進めましょう。

第4章

想像力とことばの発達

語りが表象に形を与える

ことばは想像過程にどのように関わるのでしょうか？　本章では、ことばの獲得に焦点をあて、ことばが想像とどんな関係にあるのかについて考えてみたいと思います。

1　想像とことばの相互依存

類推——ことばの世界を広げる

母親といっしょに二歳の男児が海岸を散歩していました。その子は、砂浜に丸いものが転がっているのを見つけると、母親にむかって「ボール！」と指さしたのです。母親は「ボールみたいね。ウニっていうの」と返しました。子どもは「ウニ、ウニ、ウニ……」と小声で繰り返しながら、お散歩を続けました。ウニはたくさん落ちていました。その子は、次々にウニを指さしながら「ウニだ。ほらウニあった」と母親に知らせたのです。

この二歳児の頭の中には、ウニを見つけたとき、おもちゃのボールが表象（イメージ）として浮かんでいます。家のボールとは似ているけれど、ちょっと違うところもあるのに気づきます。そこでその子は、おもちゃのボールならすぐに拾うところですが、少し違う特徴にも気づいて、そのモノに触ろうとはしなかったのです。またそのボールにちょっと似ているけれど初めて見るモノなので、「ボール」と呼んだのです。

この子は類推（アナロジー）を働かせ、初めて見るモノをよく知っているボールに関係づけて名前を呼んだのです。母親の「ウニ」ということばに、そのモノの名前は「ウニ」だと知った後は次々ウニに気づくのです。名前をつけるとそのモノが目に入る……ことばの世界も知識も広がってゆきます。人は、子どもも大人も、類推を働かせ、目の前のコトやモノを既有知識や経験に関係づけ、眼の前のモノとよく知っている物との差異と類似性を見分けているのです。類推は知識を増やすことに寄与していますが、ことばの世界を広げるときにも不可欠なはたらきをしているのです（内田一九九九：二〇一七）。

では、ことばと想像とはどんな関係があるのでしょうか？　想像活動の産物——つまり表象はことばによって形を与えられるのではないかと思われます。

とりわけ、文法（統語規則や談話文法）は、ことばとことばをつなげ、文と文をつなげて文章を組み立てる枠組みです。文法は、あいまいなイメージに時間順序や空間のパターン（配列）などの秩序を与えるうえで不可欠な道具であると考えられます。

文法の発見

子どもの発話が、語から単文へ、また単文から複文へと進化するためには、二語あるいは三語をつなげるための規則、語と語を連結する「文法」（統語規則）が獲得されねばなりません。

では、文法はどのように獲得されるのでしょうか？　大人の発話をまねるのでしょうか？　そうではありません。幼児初期の子どもの発話には、大人が発話することはない誤用がよく見られます。名詞と名詞の間に〝ノ〟がついているのに気づいた子どもは、形容詞と名詞をつなげる場合も「白いノお花」のようにノを使うのです。英語圏でも同様に、動詞の過去形には〝-ed〟がついているのを発見すると、動詞の過去形にはつねに〝-ed〟をつけて発話します。このように、大人の発話にない誤用例は文法獲得初期からたくさん観察されるのです。

ある男児は一歳二カ月ごろから、高いところから降りるときも上るときもすべて「のんの」ということばで表現していました。母親は状況を手がかりにどちらを望んでいるかを理解し、これを修正することはありませんでした。三カ月後、一歳五カ月で初めて、降りるときに「おんり」と正しく使い、以後間違えることはなかったそうです。また、「ぶーぶー」「マンマ」というように音を重ねる規則を適用して、「ヨンヨ（本を読んでほしいとき）」「ジンジン（にんじん）」「リンリン（りんご）」のように、いろいろな語彙に拡張して使うようになりました。これらの誤用をしだいに修正する過程が観察されます。修正までの期間は子どもによって個人差がありますが、誤用から修正への道筋はどの子も同じなのです。このことは、子どもが人と会話するうちに文法規則を発見し、発見した規則をいろいろな場面で使っているうちに適応的な文法使用ができるようになることを示唆しています。

三歳ごろまでに母語の文法が獲得され、「そして」、「それから」のような順接の接続詞、「だって」「だけど」のような逆接の接続詞も獲得されて、語りにまとまりが出てきます。

ことばから文へ、さらに、文を連ねて文章へと組み立てるための文法規則、つまり「物語文法」や「談話文法」が習得されるのは第二次認知革命の起こる五歳後半すぎのことです。知識や経験が増えるにともない、ことばも増えていきます。平均的な知能をもつ六歳児なら、一日に平均二二語もの語彙を自分の語彙のレパートリーに付け加えていくのです。

文法規則を自由に運用できるようになり、語彙が豊かになることに裏打ちされて、幼児期のおわりまでには、子どもはかなりまとまりのある文章が話せるようになります。親や仲間に自分の経験を説明することもできるようになります。

では、知識や経験が増えるにつれて子どもの発話はどのように変化するでしょうか?

ことばを連ねて文にする

ことばを習得しはじめたばかりのころは、ことばをつなげるのに、接続詞や助詞を使いこなせません。一歳半くらいになると多くの子どもは一語文だけでなく、二語を重ねて発話しはじめます。「パパ・カイシャ」では、「パパは会社へいった」という主―客関係を、「パパ・カバン」では、「パパのカバン」という所有関係をあらわしていると思われます。「アメ・バッグ」では「アメはバッグの中にある」という場所をあらわしていたり、「アメをバッグに入れて」という要求だったりする場合もあります。いずれも、発話文脈しだいで子どもの発話の意味が判断されることになります。

二歳ごろから、子どもの発話は二語文よりも長くなります。たんに単語を並べるのではなく、規則を使って組み立てようとするようになります。

最初のうちは一つの規則を、いろいろな場面で過度に一般化したり、逆に、限定しすぎてしまうことにより、表現に誤りも見られますが、しだいに、単語を連ねて文をつくり、文と文とをつなげて長い文章を話すようになります。

文をつなげるやり方としては、「〇〇して、△△して」というように、動詞を連用形にして使ったり、「〜ので」という発話に見られるように、接続助詞を使って表現することが多いのです。あるいは、覚えたての接続詞、「そして」「うーんとね」「ね、ね」を連発して文をつなげ、文章として組み立てようとします。

文から文章を組み立てる

やがて、接続助詞や動詞の連用形の使用などのさまざまな接続形式を習得するようになると、文章の構成にまとまりが出てきます。「お話遊び」の実験法を用いて子どもに絵について語ってもらいました。たとえば、図４―１の①うさぎが走っている場面、②石につまずいて転んだ場面、③大泣きしている場面からなる三枚の絵を見せながら、子どもに「お話しして」と頼んでみました。すると、年齢によって語りがまるで違うのです。使われる語彙はもちろんですが、接続詞の使い方が

図4-1　うさこちゃん

年齢によって大きく異なることが明らかになりました（内田 一九八九：一九九六）。二歳児と三歳児の語りを比べてください。

①うさタン、ピョンピョン。
②イテェー、ころんだよ、石、ころんだ。（と言って石を指す）
③エーン、エーン、うさタン、エーン。（自分の顔に両手をあて泣きまねする）
［H・A　二歳五カ月］

①うさこちゃんが、お月さんをみながら、楽しくダンスをしていました。
②うえばかりみておどっていたので、石ころにつまずいて、水たまりにしりもちをついてしまいました。
③あたまから水ぬれになった。うさこちゃんは泣いてしまいました。
［K・A　三歳八カ月］

二歳児の語りは、場面ごとに絵が示している出来事について擬態語を使いながら説明しています。「イシ」と言いながら、絵の中の石を指し、うさぎが泣いている場面では、自分も泣きまねするなど、動作がことばを補う役割を果たしています。このころのことばは動作と一体化しているようです。

ところが三歳になると、絵に描かれていない場面変化を想像して言語化したり、転ぶ原因まで想像して言語化するなど、ことばだけで状況がつくり出せるようになります。もはやことばは動作と補い合いながら発せられるのではなく、ことばによって、頭の中に描いた表象に形を与えようとしています。つまり、ことばによって、断片的であいまいなイメージに形を与えるとも言えましょう。

三歳ごろからは母語の文法を獲得するだけではなく、因果関係や時間順序、空間関係を示す接続形式（順接・逆接の接続助詞や動詞の連用形）を駆使して、表象に秩序――時間関係や因果関係、空間配置のパターン――を与えるようになるのです。

接続語は、混沌とした印象やぼんやりしたイメージに時間的、空間的な秩序を与えるのに不可欠な役割を果たしていると思われます。文法の発達によって、子どもはことばを時間・空間関係の整理の枠組みとして用いることができるようになり、表象をまとめあげていくのです。想像とことばの連携協働がはじまり、やがて想像とことばの相互依存関係ができあがっていきます。

子どもが絵を見て語り始めたときには、表象は断片的で混沌としています。モヤモヤと頭に浮かんでくる断片的な印象が、あれこれ具体的な言語表現を探すうちに、しだいにイメージにまとまりが出てきます。表象として形をなしていきます。ぴったりしたことばが見つかったとき、同時に頭の中の表象自体がどんなものかはっきりするのです。想像とことばの相互作用を活発に繰り返すなかで、表象も言語表現も定まっていくのでしょう（内田 一九九〇）。

2　語りのはじまり

表象に形を与える手段としての語り

ことばの発達が表現したいことを表現するのに不十分なうちは、動作に頼ることが多いのです。たしかに、からだや身振りも表象を外化する手段であるに違いありません。ことばとからだを使った表現のうち、高度に組織化されたものには「〇〇ごっこ」や「劇遊び」などの表現遊びがあります。子どもは表現遊びに従事する中で、ことばのほうが身振りよりもはるかに便利なものとすぐに見抜いてしまいます。子どもの語りはその典型といってもよいでしょう。

物語る過程で、子どもはことばのあらゆる可能性を自由に駆使し、表象に形を与えることに熱中します。さらに描画や記号、読み書き能力なども表現手段として使うようになると、お話遊びはいっそうまとまった形になります。こうした表現手段を操作するにともない、想像から創造への道筋が洗練されていきます。

新しい表現手段は想像活動を進化させます。同時に、表現手段も進化するのです。とりわけ、ことばは、同時的表現媒体である表情やジェスチャーを補い、時系列・因果律・空間パターンを構築する主役になります。

多くの子どもが発達初期から、ことばで状況を表現する――「物語る」ことに熱心に従事するのは、ことばで表現することを通して、彼らが環境内で出会うモノやコトの知覚的経験を時間的・空間的構造に整理するためのきっかけを与えられるためなのかもしれません。

では、語りの発達の道筋はどのようなものでしょうか？　具体的な発話資料から見てみましょう。

幼児初期の子どもの語り

ことばによる物語の表現がどのように発達するかについては、事例報告しかありません。幼児初期の子どもは、実験というような人工的な事態で、よく知らない大人にあまりお話を聞かせようとはしないものだからです。そこで、ほとんどが母親の手によって採集された資料にもとづき、語りの始まりを見てみたいと思います。

そのような資料のなかで、資料の採集の仕方や分析法について信頼のおけるものとして、アメリカの言語発達心理学者ネルソン（Nelson 1989）の研究があります。ネルソンはエミリーという女児について、二一ヵ月〜三六ヵ月まで一五ヵ月間、就寝前の独語（ひとりごと）と両親との会話を収録したテープをさまざまな角度から分析しました。エミリーはかなりおしゃべりで発達の進んだ子どもです。ですからこれが発達初期の子どもの一般的な発達傾向だとするには多少のためらいはあります。また、自分の寝室で一人で寝かせられるという状況で発せられた独語である点にも留意すべきでしょう。両親に少しでも自分の傍らに留まっていてほしいという欲求のもとで多くのことばが出てきた可能性があるからです。また、添い寝の習慣のある日本の子どもとは発話状況が異なる（Caudill & Weinstein 1969）のです。

しかし、以上のような特殊事情を割り引いたとしても、なお、幼児初期の子どもがどのように物語を開始するのか、また物語ることの意味や機能は何かを考えさせる興味深い知見を私たちに提供してくれるという点で貴重な資料なのです。

ベッドタイムの子どもの独話

アメリカの教育心理学者ブルーナーら（Bruner & Lucariello 1989）は、エミリーの就寝前の独語を資料にして、物語構造がどのように発達していくかについて検討しています。

テープに録音された発話資料のうち、一歳一〇カ月～二歳半くらいまでを前期、二歳半～三歳三カ月までを後期として、この間に採集された独語のうち、特定のトピックをめぐってまとまりのあるエピソード、前期一八個、後期一七個のエピソードを分析しています。これらのエピソードが物語としての形式、つまり物語性を備えているか、前期と後期とで何が発達するのかを、次の四点からとらえています。

第一に、文と文との接続の仕方に注目しました。前期から後期にかけて、はっきりと進歩した点は、時間や因果関係を示す接続語が増えた点です。たとえば、前期では「そして」「それから」「……したとき」などの順接の接続語や「きのう」「あした」「……の前に」「……の後で」というような時間の前後関係を示す副詞や前置詞でつなげています。ところが、後期には、このようなつなげ方がかなり増えたというだけでなく、「どうしてかっていうと」「……ので」などの因果的な結合を表示するための副詞や逆接の接続語の使用が多く見られるようになったのです。前期と後期の語りを比べてみてください。

〈前期〉

パパがきて、それからパパがエミーを起こしたとき、それから、パパがエミーを起こして、それから、それから、……それから、カールが遊びにきて、エミーすぐには大丈夫じゃない、エミーはおねむ、おねむなの、来年、来年、カールがくるの、そして、赤ちゃんがくるの。

〔二二カ月二〇日〕

〔Nelson, K.（Ed.）,（1989）*Narratives from the crib.* Harvard University Press., p. 84より〕

〈後期〉

カールとエミリー……カールに会う、カー（ル）に会う……（彼女の）ママとパパ、カールのママとパパ、ぜーんぶいなくなっちゃった、そして彼女は泣くの、それから彼女は泣いちゃうの、そしてベティーを（呼ぶの）。だから、彼女のパパとママはずーっといっしょにいるの……だけど、あたしのママとパパはいないの。彼らは、私にどんなことがおこるか話してくれて、それからすぐにおしごとにでかけるの。だって、あたしは、だって、あたしは、だって、あたしは泣かないいんだから。

〔三二カ月四日〕

〔前掲書、p. 86より。傍線筆者〕

第二に、日常から逸脱するような出来事が生じたときにどのように表現するのか、また日常の出来事と特異な出来事をどのように区別するのかについて注目しました。出来事が日常的、標準的なものかどうかを示す表現として、前期には単純な表現しか使われていませんが、後期には著しく増加しています。

日常の出来事や日常から逸脱する出来事は次のような表現によって表されます。「また」「一度」「ときどき」などで表示される頻度を表す表現、「または」「しかし」などのことばを使って多様性を言い表す表現、「いつも」「きまって」「〜することになっていない」などで表示される習慣や適時性を表す表現や「〜するときはいつも……しなくてはいけない」という必然性の表現などです。実際にこのような表現が使えるかどうかという観点で分析してみたところ次のような発話例が見つかりました。

〈後期〉

もしあたしたちが空港にいくなら、お荷物をもってかなきゃいけないの。もし空港にいくなら、空港に、何かをもってかなきゃいけないの、そうしないといけないのよ。とくべつなバスにのんなきゃいけないのよ、そして、ブーン、ブーン、ブーン、ブーン。ブーンて。

〔二八カ月一八日〕

〔前掲書、pp. 87-89より〕

この発話例では、〝空港に行くためには荷物をもっていく〟というように因果関係が逆転していますが、このような因果の逆転は幼い子どもの発話にはよく観察されるものです。

第三に、語り手の意図や意志はどのように表現するのかという観点で分析したところ、前期には「エミリーは図書館にいきたいの」という一例のみが観察されたにすぎませんでした。

第四に、語り手の視点や立場をどのように表現しているかを見ると、三歳代までに自分の視点を表現する仕方が顕著に増加していくことが明らかになりました。たとえば、「たぶん」「パパはびっくりしなかったの」「あたし～についてしってる」などの自分がある事態をどのように把握したかを示す表現や、「きたのはカールよ」という強調表現、「ちょっとだけ」や「ずーっと」のように時間を意識した表現、「○○に聞いてみるつもり」のように自分と他者である○○の視点の区別をしている表現、「ママが　〝……〟と、言ったの」という直接話法などが観察され、後期には著しく増加しています。これらの表現は、前期にはまったく観察されないのに、後期のエピソードの三分の二以上で観察されるようになるのです。そのうち、直接話法が使われている例をあげてみたいと思います。

〈後期の直接話法の例〉

あたしたち、おにんぎょさんかったの、だって……、そう、だって、彼女が、じゃなくて、あたしたちは、たしか、クリスマスだったと思うけど、あたしたちが、おみせにおかいものにいったときね、あたしたちはジャケットきていなかったの。だけど、あたしはおにんぎょさんたちみつけたの、そしてお母さんを呼んだの、そして言ったの〝あたし、あんなかのおにんぎょさんほしいの〟って。そこで、あたしたちがおみせでおかいものすませちゃったあとで、あたしたちはおにんぎょさんのとこへいって、彼女が、ひとつおにんぎょさんをかってくれたの。だから、あたし、おにんぎょさんをもってんの。

〔三三カ月九日〕

〔前掲書、p. 91より。傍線筆者〕

後期には、エミリーは何が出来事の原因となっているか、何がふつうに起こることで、何が特別な出来事なのか、自分はその出来事をどのようにとらえているかを、きちんとことばで表現することができるようになっていきます。

以上のような発話資料を文章の構成という観点から見てみると、文のつながりや内容の関連性には不正確さや不十分さも残ってはいるものの、しだいに、語りの展開構造が整い、物語としてのまとまりを見せるようになることが、おわかりいただけるでしょう。

このように二〜三歳になると、その語りは、「ディスコース（談話構造：一連の文からなる文章）」が整ってくるのです。この発話例では、「人形をもっている」というトピックが最初に設定され、なぜ手に入れることができたのかの出来事が語られ、最後に「だからお人形をもっている」と締めくくられていることにも注意していただきたいと思います。明らかに、この例は英語のパラグラフであり、一連の文が論理的に連結され、ひとまとまりの文章として「発端部―展開部―解決部」という展開構造を備えるようになったことを示唆していると思われます。

世界づくりの萌芽

また、彼女の独語は、特定の日の、特定のできごとを思い出して語ることから、しだいに、たくさんの出来事の中から、文脈にあわせて選択し、特定の出来事を取り出してきて組み込むようになっていきます。一般化されていくのです。

次の独語は金曜日の出来事を語っていますが、「特定の」金曜日の特定の出来事を語っているわけではありません。金曜日に起こりうるいろいろな出来事のオプションの中から、ひとつの出来事を選び出して語っているのです。特殊から一般へと語りが定型化される過程がみてとれます。

あしたベッドからおきたら、はじめに、あたしとパパとママ、あなた、朝ごはん食べるの、いつもやってるように朝ごはんたべるのね、そしてそれから遊ぶの、そしてそれからパパがきたらすぐに、カールがおうちにやってきて、あたしたち、ちょっとのあいだだけいっしょにあそぶの。そしてカールとエミリーはふたりとも、だれかといっしょに車にのって、そしてそれから車にのって保育園にいくの［ささやくような声で］、そしてそこについたら、みんな車からおりて、保育園にはいって、パパはあたしたちにキスして、それからいうの、それから、あたしたちはさようならをいうの、それからパパはおしごとにおでかけして、あたしたちは保育園で遊ぶの。おもしろいんじゃない？　だってときどきあたしは保育園にいくんだから。だって、保育園のある日だから。ときどきは週の全部をタンタ（筆者注：ベビーシッター）といっしょにすごすこともあるの。そしてときどきは「おかあさんごっこ」をすることもあるの。だけいつもは、ときどきは、いつもするみたいに、朝ごはあたしは、えーと、保育園にいく。だけど、きょうは、あたしは朝、保育園にいくの。朝は、パパはそのとき、そしていつもは、いつもするみたいに、朝ごはんたべるの。そしてそれからいくの、そしてそれから……遊びにいくの。そしてそれから、あたしたちは……、それからドアのベルがなるの、そしてここにカールがきたよ、そしてそれからカールは、そしてそれからあたしたちはみんなみんな遊ぶの、そしてそれから何……そしてそれからだれかと車にのって保育園まで車でいくの。保育園についたら、みんな車からおりるの、……そしてそれから、あたしたちはなにかして、それから、あたしたちは……するとあたしは思う。かれらはあたしたちにキスをするの。そして、それからー、彼女（多分母親のこと）はお仕事にでかけて、だれかといっしょに、彼女といっしょに、そしてかのじょのがくせいにあうの（筆者注：母親は大学で教えている）、そしてそれから、彼女はあたしたちをむかえにきてくれるの、そしてお仕事する、そしてパパがつれてきてくれて、ママがむかえにきてくれて、お仕事するの、そしてーそれから、かのじょはうちにかえって、あたしたちはおひるねすんの。そしてそれからー、あなたが　めがさめたら、それから　あたしたちは保育園にいくの。そうよね。

〔三二カ月〕

〔前掲書、p. 99より。傍線・太字筆者〕

この発話資料は話しことば特有の語り口で繰り返しも多く、テープから聞き取れないために不完全になっているところもあります。また幼児初期の発話のニュアンスをうまく訳出できないため、読みづらく感じられるところもあるかもしれません。しかしそれらを割り引いても、彼女の独語の進化をよく示している資料であることに感動します。長い独語を一気に語っていること、さらに、自分の日常経験をひとつのまとまった形態として構成しようとしていることに注目していただきたいと思います。

傍線を引いた箇所や太字は特に注目していただきたい表現です。たとえば、最初は動詞の過去形や未来形が使われていたのが、しだいに時間を超越した「無時的現在形（timeless present tense）」が多く使用されるようになります。これも特定の過去や未来の出来事について述べるのではなく、世界がどうなりそうか、あるいは、どうあるはずかということを抽象化や一般化していることの証拠となります。同様に、「いつもは」「たいていは」などの副詞は、特定の日ではなく、いわゆる金曜日によくやることについてエミリーがどのように受けとめ、認識しているかを示唆している語り方なのです。

「〜するとあたしは思う」というような表現は、自分はどうとらえているかという自分の視点や立場を言語表現のうえで明確に述べ、このような抽象化、一般化を行おうとしている傍証となるでしょう。「だって〜から」という因果や、「〜と思う」というような認識論的表現を使って、自分がこのトピックについてどのように考えているかを明確にしているのも注目されます。「おもしろいんじゃない？」という発話は少しおどけた調子で発話されたというコメントがついた箇所ですが、自分が表現したことをふりかえり、メタ的にコメントをさしはさもうとしていることのあらわれとも思われます。

大事な人と分かち合いたい

以上のエミリーの発話例のいずれもが、ことばの発達に応じて、子どもの語ることばは物語としての形態へと著しい進歩を遂げていくことを示唆しています。また、このことは、象徴機能が成立してから、子どもの精神世界が一段と広がりをもつようになったということを意味しています。

このように、ことばから文へ、そして文章へ、やがては〈テーマ〉と〈開始―展開―終結〉といった構造をもった物語へと子どもがことばを発達させていくためには、文を構成し展開構造を作り出すにあたっての規則を駆使するための内面的な育ちが必要です。

しかし、このような発達を支える、内面的なものにまさるとも劣らぬ要因は、他の人々との生き生きした交流であるということを述べておかねばなりません。これは、子どもに接触する状況に対する子どものまったく自然な反応であり反響なのだと思われます。

子どもが何のためにしゃべるのかというような動機づけを云々しなくても、子どもが周囲の人々と話し、その問いかけに答えるということは、子どもにとっては必然性も必要性もある、ごく自然な営みなのです。とりわけ、自分の描いた精神イメージや体験を、他人と、それも自分にとって大事な人と分かちあいたいと願うのは幼児初期の子どもはもちろん、私たち大人とて同じなのではないでしょうか。人間だったら誰しも持っているような、ごくあたりまえの欲求から生ずるやりとりを通じて、子どもは語彙や表現の形式を獲得するようになります。

では、どのようにして語りの形式は獲得されていくのでしょうか？

語りの形式の獲得

物語（ディスコース）を成立させる一定の形式をもった語りはどのようにして獲得されるのでしょうか？

一般に、生活の場面での会話能力と独語で出現する言語能力を比べてみると、言語能力という観点では会話能力のほうがずっと低いと思われます。会話の場合は大人が固定的な枠組みを与え、子どもはそれに適合した言語カテゴリーを組み込まなくてはならないからです。大人が受け入れてくれるような応答を子どもがするためには、大人の発話パターンに適合するパターンを生成しなくてはなりません。このパターンは語用論的なパターンであって、大人の提起するトピックに対するコメントを統語論的、意味論的制約のもとに生成しなくてはならないのです。そのため、手持ちのパターンを自分だけで運用していくことのできる独語や物語産出に比べて、大人との会話における言語技能のほうが低いように見えるのでしょう。

しかし、先にも述べたように、ひとりでいる場面で生じる独語や物語の形式を整え、ディスコースとしてのまとまりをつくり出すための枠組みを与えるのは、大人との会話なのです。このような枠組みを与える語りの形式のことは「ジャンル」と呼ばれます。たとえば、子どもが小さいときに母親が話しかけることばは「育児語（motherese）」です。育児語は単純な語彙と繰り返し構造をもち、特徴的な抑揚をもって語りかけるところに特徴があります。これもジャンルの一種なのです。このようなことばが言語発達においてどのような役割を果たしているかについての定説はまだありません。しかし、乳幼児初期の子どもにとっては発音しやすく弁別もしやすいという利点があるため、会話への参加が促されるのでしょう。また、発語の構造を組織化していくのに都合のよい特徴をもっており、発話のジャンルの獲得にとってなんらかの貢献をしている可能性はあると考えられます。

さらに、ディスコースを構成するための表現形式は大人との会話や絵本の読み聞かせによって獲得されます。発話の内容や構造はさまざまに変化し、形式も固定化されていないため、ジャンルの獲得には時間がかかるものと思われます。

アメリカの言語発達心理学者ドーア（Dore 1989）は、父親との会話で父親が用いたテーマや表現の形式、抑揚のパターンなどを独語する際に取り込んでいくことを証拠だてる発話資料を示すことにより、このようなジャンルが大人との相互的なやりとりを基礎にして獲得されることを示唆しています。次に示すのは、父母が立ち去った後のエミリーの独語の例です。

パーパは言ってたわ、ステファンとエミーのためのオムツをかうって、それから、ステファンのためになにか（筆者注："something" というつもりで "sokething" と言い間違えてしまう）をかうって、〔中略〕日曜日には子どもの国（注：子ども用品を売っている店の名）にいって、……エミーのためのオムツと赤ちゃんのためのオムツをかうんだって〔後略〕。〔前掲書、p. 259より、傍線筆者〕

筆者注：傍線部は父の発音の抑揚をまねて、そっくりな抑揚で発音していることを示している。

このように、エミリーは自分の寝室に一人残されると、父母と交わしたことばを思い出し、大人の言いまわしや抑揚をいっしょうけんめいまねて何度も繰り返し発話しています。まるで英語を習いたての中学生が発音練習をするかのように繰り返すのです。こうして子どもは大人の言いまわしをなんとかわがものにしようとしているのでしょう。

3　語ることの意味と意義

物語ることの完成

エミリーの独語例に見たように、幼児初期ではまだ文章の構造が完全に整うまでにはいたりません。しかし、私が「お話遊び」実験法で確かめたところ、これから後の物語の成立過程はフルスピードで進んでいくことがわかりました。二〜三歳ごろに文法が獲得され、順接や逆説の接続詞も獲得されると文から文章へと語りが進化していきます。想像力とことばの発達が相互に支え合って、まとまりのよい文章が構成されるようになります。第二次認知革命が起こり、感情や記憶をことばで調整する段階に入ると、時間概念や空間概念が獲得されます。軌を一にして、談話文法（語りの形式）が獲得されると、子どもの語りはいっそう洗練されます。幼児期も終わりごろになると、想像力が余すところなく発揮され、ことばはある程度の完成段階に到達するようになります（表4－1）。

私は「お話遊び」の実験に長年取り組んできました。幼児期から小学校低学年の子どもを一人ずつお話遊びに誘い、絵カードを見せながら物語を語ってもらうのです。

語り方の特質は幼児期に変化するか？

第一段階：３歳ごろ母語の文法が獲得される
第二段階：５歳後半ごろ談話文法が獲得される

談話文法（物語スキーマ） 談話・文章の時間的展開を構成する
↓
長い語り：事件・出来事を語る ①起承(転)結構造 ②常套句・常套の演出技法

表4-1　語る力の発達――談話文法・語彙・想像力（内田1996）

タカコちゃん（五歳一〇カ月）はすべての課題を終えたので、「お話遊びはおしまい。お部屋に戻ってお遊びしてね」と告げると、タカコちゃんは「わたしね、お話つくったことあるよ」と言いました。その後のやりとりがテープに残っています。

私「どんなお話つくったの？」→タカコ「星を空に返す方法っていうの」→私「えっ。おもしろそうね。覚えている？」→タカコ「うん、おぼえてる」→私「じゃあ、私にそのお話を聴かせてくれない？」→タカコ「うん。聴かせてあげるね」と言って、タカコちゃんは年長組の夏休み前につくった物語を一〇カ月後（一年生の五月）に思い出しながら語ってくれました。

「星を空に返す方法」

七月一五日はうさぎさんの誕生日です。
きょうは七月一五日。うさぎさんの誕生日だから森の動物たちがあつまってきました。そして、みんなで食事をしているときに、ケーキのかげから星ができました。星はみんなに言いました。「ぼくね、空からおっこっちゃったの。だからね、ぼくを空にかえして」と言ったら、みんなはびっくりしました。

そこで象は言いました。「おれにまかせてよ」と、象はその星をじぶんの鼻のなかにいれると、いきおいよくとばしました。それでも星はおっこってしまいました。

そしたら、こんどはみんなで相談をして、うさぎが言いました。「そうだよ、なが―い笹をもってこようよ。それに星をのせてさ、そしてさ、また、その笹をさ、のばしてさ、空までさ、おくってあげるのさ。」と、うさぎが言うと、みんなは「そうしよう」と言って、笹をとってきました。

そのなかでも、いちばん笹が長いのをとってきたのは、ねずみでした。ねずみは手がゆらゆらになって、すご―く長い笹をもってきました。

みんなでその先に星をのせると、土の中に埋めて一日まちました。そうすると、その笹は、一日だというのに、ぐんぐんのびて空にとどきました。そして星は空にかえることができました。

そして、その誕生日が終わったあと、みんなが、うちで空をみると、キラキラ光ってるとてもきれいな星がありました。みんなはその光ってる星を、きっと、おちてきた星だと思ったのです。おしまい。

［Ｍ・Ｔ　五歳一〇カ月］

これはテープに入っていたとおりに、そのまま書きおこしたものです。テープの声は、さらに次のように続きます。

私　「これつくったの？」
タカコ「うん」
私　「いつつくったの？」
タカコ「池の組のとき（筆者注：幼稚園年長組）たなばたのころね、おともだちのお家でえほんづくりごっこして遊んでたとき、書いたの」
私　「池の組のとき、字が書けたの？」
タカコ「うん、ひらがな全部とカタカナが少しなら書けたの」
私　「〝星を空に返す方法〟はどんなふうにつくったの？」
タカコ「この〝星を空に返す方法〟っていうおはなしは、ネ。さいしょ（あたまの中に）絵が浮かんできたから絵をかいて……それから……（沈黙六秒）……ことばが浮かんだの。そして、それから、おはなしをかんがえて、（沈黙一〇秒）……ことば（筆者注：強く発話）が浮かんだから、それから、字をかいたの」

このやりとりから表象と語りの関係が推測されるでしょう。タカコちゃんは、まず、頭に描いた想像の世界を絵に表現しました。頭の中の表象をことばにしながら、考えをまとめ、ほぼ同時に、ことばをひらがなに置き換えていったことがうかがわれます。

また、この物語は幼稚園年長組の七月に友だちの家で絵本づくりごっこをして遊んでいたとき創作したものです。タカコちゃんは一〇ヵ月後、小学校一年生の五月に、この物語を思い出しながら私に語ってくれたのです。

次の日にタカコちゃんにもってきてもらった年長組のときに作った絵本を見ると、絵にそえられた文章は、驚いたことに、話しことばに特有の終助詞の〝さ〟を除いてほぼ正確にテープを起こしたプロトコル（発話資料）と変わらぬ表現で記されていたのです。

この子どものように幼児期の終わりには文字の世界に足を踏みいれている子どもは少なくありません。お話の内容を文字で記したというのはよく見られることですが、物語を創作して一〇ヵ月後まで、逐語的に記憶していたことにはとても驚きました。

3章ですでに述べたように、大人が通常行っている日常の記憶からの想起は再構成の過程であり、その再生はもとの材料が変容していることが多いのです。本人はもとの話をほとんど完全に覚えていると自認していても、表現は変容しているのです。しかし、この子どもの場合は逐語的なレベルまでほぼ「正確に」再現できていましたので、それは驚きでした。

意味内容だけでなく、逐語的レベルでの表現までしっかり記憶されているというのにはいくつかの原因が考えられます。絵や文字などを使って表象を定着させたということ、さらに、幼稚園に手作り絵本をもっていって何度か友だちに聞かせてあげた経験の中で発語にともなう音響的、筋運動感覚的情報も定着に寄与しているのかもしれません。これら複数の様式、すなわち、視覚的・聴覚的・筋運動感覚的な検索の手がかりが使えたということが記憶を定着させ、安定したものにしたのでしょう。

しかし、それだけでは逐語再生の原因になるとは思われません。タカコちゃんがお友だちの家で作った絵本を幼稚園にもっていって友だちに語り聞かせたということ、また、自分から私にお話を聞かせてくれたこと、その声の調子がしっかりとしており、自信と満足感をもって語ったことなどから考えると、達成感や満足感が鮮明な記憶をつくり出すのに重要な役割を果たしているのではないかと推測されます。

では、子どもの語りについての想像から創造への道筋はどのようなものでしょうか？

物語の展開構造

この物語を聞くと、「よくできている」とか「どこかで聞いたようなお話」というような感想をもつ方が多いのではないかと思われます。しかし、これは、この子どもの創作であり、何かモデルとなる物語をそのままねたものではありません。

にもかかわらず、この話を聞いて「よくあるようなお話だ」という内観が起こるのは、この物語の展開構造や、登場人物が直面する問題を解決するというモチーフが、多くの物語に共通しているためではないかと思います。

この物語がどのようなエピソードから構成されているか、エピソード分析を試みました（図４－２）。展開構造は大きく二つのエピソードから構成されています。うさぎさんの「誕生会」

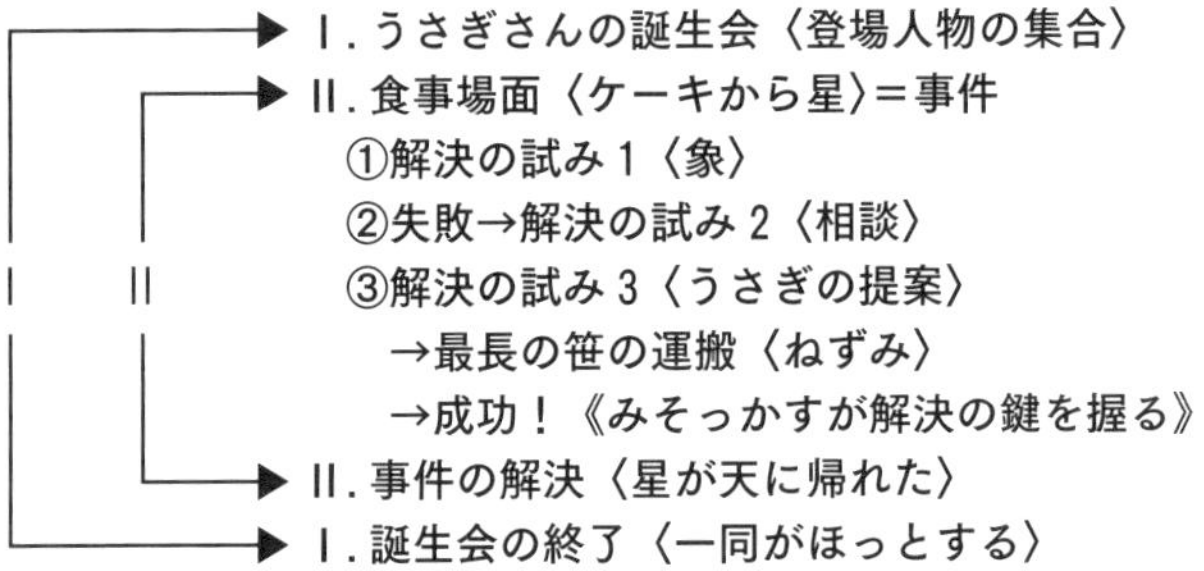

図4-2　「星を空に返す方法」エピソード分析（内田1990；1996）

というエピソードの中に、落ちてきた星を空に返してあげるという「星の事件」のエピソードが組み込まれているのです。

まずうさぎさんの誕生会という設定が語られ、誕生会にはつきもののケーキのかげから「星が出てきた」という「事件」が起こります。そこから、登場人物たちが星を空へ返すという事件の解決に向けての努力が語られていきます。事件の解決がいかに大変かは、「解決の試み」として象の試み→うさぎの提案→ねずみのお手がらという順に三度繰り返されていることにもあらわれています。「三度の繰り返し」はいろいろな物語でよく使われます。三度も起こるということは、偶然の出来事ではない、何か大きな力、天の配剤に導かれているような感じがします。また形式的にも安定感を与えてくれます。

大きな象が失敗し、小さなねずみが成功するというコントラストにも興味が引かれます。もしかするとこの子どもは自分をいちばん小さなねずみに同一視しているのかもしれません。子どもの心の中では、「からだが小さいこと」は「力が弱いこと」を意味しています。しかし、からだの大きな（＝

力の強い）象が果たせなかったことを、小さな（＝力の弱い）ねずみが「手がゆらゆらに」なるほどの努力をしてやってのけたのです。大人に負けたくない、大きな力をしのぎたい欲求は、ねずみが象に打ち勝つという筋の展開に象徴されているのかもしれません。

小さいもののほうが頼りになるというのは昔話の常套の演出です。昔話には、いちばん下の〝みそっかす〟がしばしば解決の鍵をにぎっていることが多いのです。『白鳥の王子』でもいちばん下の弟が魔法を解くことになりますし、『おおかみと七ひきのこやぎ』でも、末っ子のこやぎが時計の中に隠れて母やぎに知らせ、兄たちをオオカミのお腹から救い出します。

また、自分を小さいねずみに同一視して大きな象、すなわち大人に打ち勝つというモチーフは、たとえば、指に足りない一寸法師が小さな体に大きな望みを託し、知恵を働かせ、体が小さいのを活かして鬼退治をして幸福な結末を迎えるというお話をも連想させます。

このようなモチーフは下克上の動乱期に成り上がりの願望をこめた民衆の夢を託しうる話型として「御伽草子《おとぎぞうし》」には広く見られます（高橋 一九九〇）。弱者が強者に打ち勝ち、大人への成長の夢やイニシエイション（成人式・通過儀礼）の話型としての常套がここでも使われているととらえることもできるかもしれません。最後の部分では誕生会のエピソードと星の事件が見事に融合しており、締めくくりとして申し分のない表現になっています。

最後に、ひときわ美しく輝く星が落ちてきた星であろうと登場人物たちがほっとするさまが「結末」として語られています。登場人物たちが力を合わせて最後までやりとげられたという喜び、努力すれば夢はかなえられるという確信、挑戦によって感ずることのできる幸せを、おおげさでないことばで暗示して、語りの最後は「おしまい」とタカコちゃんは万感を込めて締めくくりました。

「現実」と「非現実」

この物語の中の「その笹は、一日だというのに、ぐんぐんのびて空にとどきました」という表現は、一連の出来事が「お話」の中で起こったことであるということを暗示しています。子どもが生きている日常では、笹がたった一日でのびて、天までとどいたりすることはないということを知っているからこそ、「〜のに」という逆接の接続助詞を使っているのでしょう。もちろん、こうしたことばづかいについて、子ども自身がどれほど意識しているかどうかはまた別の問題ですけれど。ことばの使用は一般に論理に先行するものです。このような逆接の接続助詞のもつ効果が意識化されるのはずっと後のことであろうと思われます。

こうした語りの特徴はこの物語が現実を超えたファンタジーであることを示しています。しかし、子どもの心の中にはたしかに実在した「現実」なのです。それをこのような表現の形で表出し外化してみせたのでしょう。

語ることの意味と意義

この物語は子どもが創造的想像力を発揮してつくりだしたものです。子どもは自分が体験し見聞きしたことがらを、あるいは、読み聞かせられた絵本の内容をたんに再現しているのではないのです。このような物語を子どもは幼児期の終わりまでには自由自在につくりだせるようになります。

この子どもだけが、特別の才能があるというわけではありません。

たいていの子どもはある時期、語りに熱中します。もし「子どもってこんなに語れるのかしら」と半信半疑の大人や、「こんなに語るのを聞いたことがない」という大人がいるとしたら、それはその大人が聴く耳をもたないためです。大人や仲間が子どもの語りに共感的に耳を傾けるとき、たんに「聞く」という受動の行為が、「聴きたい」「聴かせていただきたい」という能動の行為にかわったとき、どの子どもも雄弁な語り手になります。

ヴィゴツキーは幼児初期に子どもが遊んでいる場面で観察される独語を、内面化が不十分なために、頭の中だけで考えることができず、本来は他人に向けられた発話である外言で考えることのあらわれだと捉えています。このように思考の内面化の不十分さがつぶやきや集団内独語として現れたものと解釈したのです。

しかし、先のエミリーの長い発話例に見られるように、エミリーの独語は、たんにヴィゴツキーのいう内面化の不完全な内言というよりも、語るという実践を通じて言語形式が整えられ、より完成されたディスコースが成立していく過程で現れるものととらえることができます。つまり、外言で語ることにこそ意味があるのではないかと思うのです。

私がこれまで「お話遊び」の実験で出会った子どもたちも、子どもは「声高に」かつ「より巧く」「物語化して」語ろうとする傾向があります。

このように、物語ることに熱中する子どもの姿からは、ヴィゴツキーが指摘した「内面化」とはちょうど逆方向の、思考の「外面化」の道筋を想定する必要があると考えます。すなわち、子どもをとりまく外界と相互作用し、外界の意味をよりはっきりと解釈するために、自己と世界の表象をつくり（Bruner 1993）、それをことばによって形を与えて可視化し外面化するのです。

何が発達するか

子どもが自分の経験を物語化して語ろうとすることに駆り立てられるのには、発達におけるそれなりの意義があります。

以上に見たように、物語の発達の方向は、物語をより公共的な様式へ、いわば「標準語」や「共通語」へ押し進める力が働いていることをうかがわせるものです。思考の内面化という現象は、最初は外言の形式を保存しながら、しだいに述部だけが残り、やがては微小化して外言の特徴がすっかりなくなり、個性化の過程を経ていくと仮定されています。しかし、物語るということは、これとはちょうど正反対の方向、「標準語化」や「共通語化」に向かう現象のように見えます。「標準語化」され「共通語化」されることの表徴は次のような言語的表現が増えることによって示されます。

第一に、バラバラの出来事につながりをつけ統括的に結合しようとします。これは自分の経験をなんとか脈絡をつけようとしていることのあらわれかもしれません。

第二に、特定の時点を表現する動詞表現にかわって、無時的現在がしだいに増加していきます。このことは、語る経験を重ねるほど具体的な時間を離れることができるようになることを示唆しています。

第三に、特定の時と場所の定まった「自分の」経験を報告するのでなく、子どもは、あるとき、ある場所、ある人物の出来事として一般化された行為系列を語ろうとします。これは特定の人間の行為の説明を一般的な説明へと変換し、人間の行為を対象化しやすくさせるものであると考えられます。

第四に、加齢と共に、「星を空に返す方法」の発話資料に見られるように、試練を克服するというテーマ、難題や欠如状況をなんとか解決ないし補充して標準状態に復元しようという演出ができるようになります。これは子どもが標準状態とはどういうものであるかが理解でき、その標準へと復元するための手段や見通しをもちはじめたことを表しているのではないかと思われます。

第五に、「星を空に返す方法」に見られるように、語りの中で虚構と現実とを関係づけるような表現をすることができるようになっていきます。このことは、虚構と現実の二重性を操作できるようになったことのあらわれではないかと考えられます。これによって、子どもは想像のうえで自分の生きる時間・空間を拡大しようとしているのかもしれません。

以上のような物語ることの発達過程を見てみると、物語の機能について次のような仮説を立てることができるでしょう。

行為や情動の冷却機能

物語、特に、架空の出来事を組み込んだファンタジーは現実とかけ離れた別世界に子どもを誘うものではありません。現実には実現していないことを想像の世界で実現する術を模索する、建設的な認識の営みであり、子どものその時点での経験を整理する枠組みを与えてくれるものなのではないでしょうか。すなわち、具体物や具体的な行為から離脱し、離れた時点や離れた場所から行為を眺望し、その時点での「現在」なりにその行為の意味を対象化するという一種の「反省的思考（reflective thinking）」や「回想的思考（retrospective thinking）」を行っているものと考えられます。

このような思考のはたらきによって内的世界は対象化され、客観視されるようになります。子どもがつくりだす想像世界は明瞭になり、他者と共有できるまでにしだいに洗練されていきます。

さらに、物語は子どもの発達においてたんに経験を体制化したり知識を伝達するだけのものではありません。物語世界に触れることを通して、子どもは現実の知覚世界を超え、もう一つの世界、虚構の世界を知ることになります。虚構世界を虚構（ウソッコ）として理解し、また自分自身でも虚構性を構成するための枠組みや文章構造を内面化して想像世界を表現することができるようになるのです。子どもは、想像世界を創り出す営みの過程で、その発想は自由に飛翔し、既成概念を乗り越える力、すなわち創造力を手に入れることになるのでしょう。

物語の受け手から語り手へ

物語の受け手から語り手への成長は、子ども一人だけで達成できるものではありません。大人が空想の種を蒔いてやらねばならないのです。想像の素材としての知識や経験が乏しいうちは自分の力でイメージをふくらませることは難しいのです。大人の感情のこもった声によって、物語を語り聞かせられ、絵本を読み聞かせられるという営みを通して、子どもには生き生きしたイメージが蓄えられていきます。子どもにとって身近な大人が象徴的、間接的な表現で「人間の真実」を語ることにより、子どもは、しだいに、語りの形式を整え、完成された物語を語るようになるのでしょう。

子どもは大人とのおしゃべりに参加し、絵本を読み聞かされ、物語を語り聞かされるうちに、そこで用いられた語りの形式が、しだいに内面化されていきます。内面化の完成は自分自身で語るという実践がともなわなくてはなりません。つまり、語りの形式は、まず、大人との相互交渉において社会化の形式を与えられ、自分自身で、また、仲間との関係の中で語りを実践することを通じて完成していくものと考えられます（内田 一九九六）。

次章では日常かわされる会話に焦点をあて、想像世界がどのように共同構成されるかについて考えてみましょう。

第5章　想像と会話

世間話や伝承説話の変身の謎

私たちは物語を語り、批評しあい、対話や議論をします。他愛のないおしゃべりも交わします。本章では会話や対話によって、表象（イメージ）が創生され、各自の知識や経験をもとに想像世界が共同構成される過程について考えてみたいと思います。

1　会話による表象の創生と共有

世間話――「腑に落ちる」まで語る

私たちは日常、ちょっとした事件や出来事を小耳にはさんだときに、それについていろいろと想像をめぐらせ、自分なりに納得しようとします。小説家の松山巌《いわお》さんが高齢夫婦でやっている定食屋に入ったとき、耳にした夫婦の会話をとりあげましょう。

お客は松山氏一人ということで、定食屋の夫婦はのんびりとおしゃべりしながら調理していました。松山氏がその話に聞き耳をたててみると、その日の新聞に出ていた、姉が妹を殺した事件のことらしいと見当がつきました。真面目な妹から金を借りたふしだらな姉が借金の返済に困ったあげくの犯行だったと新聞には書かれていたのです。夫婦は、その犯行がどうして行われたか、事件の発端となった動機についてあれこれとしゃべっていたそうです。

ばあさんは──嫌な話だね、姉のほうに何か狐でも憑いたんじゃないの──という。するとじいさんのほうは──狐じゃなくて男さ、きっと妹のほうが男を取っちまったんだ──と応える。──そうかね、でも妹まで殺すかね、取り憑いたんじゃないの──おんなぁ怖いよ──

〔松山巖（一九九三）『うわさの遠近法』青土社、一二九頁より〕

おばあさんもこれに対して「男も真面目なのに限ってさ、裏でなにやってるかわからないもの」と同調し、それからひとしきり、一見真面目に見えて悪い奴らがいたということについてあれこれと話し、悪い男の噂から、いま一度事件に話がもどって、「いや妹より男が悪い」ということになり、さらに「やっぱり殺した姉のほうが良くない」と語り合い、最後に、「親ごさんたちは哀しいだろう」という結論に落ち着いたのだそうです。

人は、何か不可思議な出来事を目にし、耳にしたときには、どうも「なぜ」と問いたくなるらしいのです。出来事の動機や理由などがわからないと「わかった」気がしないので、なんとも気持ちが悪いのでしょう。新聞には姉妹の間に妙な男がいたなどということは出ていなかったはずなので、松山氏は、おじいさんが架空の男の話を持ち出して妹が悪いと言うのにはあきれてしまったということですが、やがて振り出しに戻って、二人の親の不幸に触れたことで締めくくったのには、安心もしたし、またよくできた話を聞くようで感心もしてしまったと述べています。

このような世間話が生ずるメカニズムについていくつか指摘できます。まず、話題をもちこむための引き金となるような事件があり、その事件についての共通の知識が、語り合う者同士の間である程度なければなりません。もし一方だけが事件を知っていて、その事件を伝えるだけであれば、世間話として成立しにくいのです。相手の話を補う知識がないと世間話にはならないのでしょう。

この例では、おばあさんのほうも、狐がついたなどということは信じていないものと思われます。彼女は自分には信じられない人間の心理の奥深さに触れたとき、よくいわれる迷信を比喩として口に出したのであり、おじいさんもこれを心得ていて、相手にあわせて整合性ある話の筋を作り出していったのでしょう。いわば、事件についての全貌を自分たちなりに納得のいく構造へと共同構成し、双方が腑に落ちるまで語りが進行するのです。

物語化を求める心

こうした世間話が、いつのまにか構造化され、物語として語り伝えられ、「八百屋お七」のように歌舞伎や人形浄瑠璃、浮世絵の題材として後世に作品を残すものすら出てきます。

児童文化論の創始者本田和子《ますこ》お茶の水女子大学名誉教授・元学長は、江戸を代表する女人として一七歳の可憐な放火犯「八百屋お七」に注目しています。江戸は七年に一度は焼けると言われた火災都市であり、大火のたびに流言が渦巻く情報都市であったのです。したがって、それらと結びついたこの少女伝説は、いかにも、江戸という都市を象徴するにふさわしいのではないかと思われます。

歌舞伎や人形浄瑠璃、浮世絵によって形成されたイメージからお七の衣装がしつらえられます。私は人形浄瑠璃で「八百屋お七」を観劇したことがあります。お七は矢絣《やがすり》や鹿ノ子絞りの大振袖の裾を翻《ひるがえ》しつつ、髪振り乱して火の見櫓に駆けのぼっていく「狂恋の乙女」として描かれています。この乙女が火をつけた事の顚末は次のとおりです。

先に起こった大火で、避難先の寺院で愛しい人に出会い恋に落ちた。その人は寺小姓の吉三郎。避難先の仮住まいから家に帰ってきてからは、もうあの人と自由に合うことも叶わない。ならば、いま一度、火事を起こして、とばかりに、彼女は放火の大罪を犯してしまったのだ。しかも、半鐘が鳴れば木戸が開くからと、火の見櫓に駆け上がるというあられもない振る舞いに及んだというわけである。まあ、何と愚かしい、しかし、何とあどけない、可憐な小娘……。

〔本田和子（一九九三）『NHK人間大学　少女へのまなざし』日本放送出版協会、四五―四六頁より〕

しかし、実際は、お七は「お七火事」と俗に呼ばれている天和二年（一六八二）の江戸大火の直接の下手人《げしゅにん》ではありませんでした。本田教授によると、「お七」という若い放火犯が裁かれ、火あぶりの刑で命を落としたのは、天和三年の小さな火事の後だったということです。当時の文献を調べてみると、事件の動機である恋の相手、寺小姓の吉三郎が実在したのかは判然としないし、処刑場が「鈴ヶ森」か「千住の小塚原《こづかっぱら》」であるのかすら、定かではないのです。このように判然としないにしても、ふとした出来心で小火を起こして、その結果、若い命を散らした無分別な娘のいたことだけはたしかと言えるかもしれません。

すると「実録」と銘打たれた『天和笑委集《てんなしょういしゅう》』、『我衣《わがころも》』、『近世江都《えど》著聞集』などは「虚録」ということになります。これらが取り上げた「お七事件」は、「若い女が一人火刑台上に命を落とした」、「罪は放火」、しかも「何らかの無分別な動機によるものらしい」などの情報が火種となって、人々の想像力が駆り立てられ、語り伝えるという行為を通して、物語がつくりだされていったものと思われます。これに戯曲や物語の作家、浮世絵師たちが手を貸し、事の顚末を語るための、より整然とした物語構造を与えたと言えるかもしれません。3章で考察したように、ことばや絵画を手段にして表象がより明瞭になっていったのでしょう。

さらに、事の顚末を理解しようとするときには、動機、展開、結末というような要素を組み込み、自分にとって「一貫性がある」と感じられるまでに、いつのまにか情報の修正や改変が生じて、もとの話が変容してしまうのかもしれません。

もともと語りことばには曖昧な点が多いのです。しかし、日常言語に潜むファジーな部分は、排除すべきものというより、新しい意味を生成し創生する、解釈の自由を許す空間であると私はプラスに評価しています。その空間では、表現は、外的な表現も内的な表現も、つねに、和製英語の

「メイクセンス（make sense）」、つまり、整合的で一貫性ある意味の構成という目標に向かって動いていくのです。

内面の想像世界は、ことばや絵画などの外化手段に支えられ、明瞭化されながら、整合性ある意味の構築という目標を実現していきます。一方、この想像世界が外化されることによって、細かな調整が生じ、文章はいっそうまとまりのよいものに変容していくことになるのです。聴き手の存在は、そうした調整を支えるものです。自分自身に向かって語る独白でもそうですが、語り手が聴き手に伝えるときに、語り手は自分のことばを聞きながらモニター機能を働かせ、まとまりのよい形に表現をつくりだしていくのです。同様に、聴き手も解釈を生成しながら、また、筋道が通るかどうかをモニターしながら相手の話を聴いています。それによってことばはファジーでなくなり、物語として安定した構造へと落ち着くまで変容し続けるのです。

聴き手の役割

語るという行為を行うとき、説明する、講義や講演をするなど、比較的一方的な語りの場面であっても、「聴き手」*の存在は重要です。聴き手は、目を輝かせて話に聴き入り、肝心なところでうなずいたり、笑ったりしてくれます。ときにはいぶかしそうな表情や、首をかしげて異議を申し立てもします。コロナ禍で大学の授業はオンライン授業が多くなりました。オンラインであっても画面越しに受講生の表情が講義の進行を支えてくれます。聴き手が熱心でないと話す側でもいつのまにか調子が下がってしまいます。同じ話をしても、聴き手によってこれほど違うのかと実感することがしばしばあります。もちろん、対話の場合は、もっとあからさまで、相手に対する賛成や異論は口に出して表現することになります。話し手は、こういう聴き手の言語や非言語的な反応を確かめながら、語りを進めていくのです。

口承文芸

口承文芸においても聴き手の役割は重要です。聴き手は語りに対してタイミングよく相槌《あいづち》を打たねばなりません。昔話を語るときの相槌の重要性は古くから認識されていました。江戸時代の民俗学者菅江真澄の『菅江真澄遊覧記』にもこのような相槌の重要性を示唆するくだりがあります。

九日。雪はこぼすがごとくふりていと寒ければ、男女童ども埋火のもとに集いて、あどうがたりせり。

〔『菅江真澄集』第五、秋田叢書刊行会、一九三二、五三頁より〕

「あどうつ」というのは、「話し手に調子を合わせて応答する、相槌を打つ」という意味なので、この「あどうがたり」というのは、「相槌を打ちながら昔話を聞く」ということを意味しています。現代でも、「語り婆さ」「語り爺さ」が昔話を語るときには、語り手は、語りはじめに、「アイノ

＊本書では相手の話を傾聴する聴き方を「聴き手」と表記する。「聞き手」は耳を門の中に閉じ込める聞き方で、雑音として聞き流す聞き方を指している。

テとってくれ」「オウと言ってくれ」などと聴き手に頼むそうです。聴き手は相槌を打ちながら昔話を聴きます。相槌は地方によって異なるようで、新潟では「サーンスケ」、宮城では「オットー」や「ハーリャ」などと打ち、福島では「ハー」などと決まったことばで相槌を打つようです。

民俗学者の野村純一さんによると、このような相槌が打てない、いわゆる「素人」の聴き手の前では、語りが貧弱になってしまうということです（野村 一九八五）。

見えないテキストの共有

これらの相槌の語源をたどってみると、「たしかに承っています」とか「あなたの言っているのは、それでよろしい」という意味であることがわかります。相槌は語り手に承認を与える役割を果たしているのですね。

このような語りと聴き手の打つ相槌の関係を見ると、語り手と聴き手とは対等であり、両者の間には暗黙のうちにテキスト、すなわち、きちんとした形式と筋の展開パターンが共有されていることが示唆されます。つまり、語りに対して、相槌がきちんと打てるということは、語りがまちがいなく進行しているかどうか、語り手に知らせ、その進行を制御する行為であるとも考えられます。ですから、語りを聴きながら相槌を打つという行為は決して受け身の行為ではないのです。

語り手と聴き手の間で共有されるテキストとは、一定の語りの形式と事の顚末の展開についてのものです。昔話であれば、「むかし」を骨子にした「発端句」で始まり、結びのことば「結句」で終わります。

たとえば、『竹取物語』では、「むかし、竹取の翁というものありけり……」であるし、『伊勢物語』では、「むかし、おとこありけり……」、『源氏物語』では、「いずれの御時にか……」、『今昔物語』では、「今は昔、……」などと語り始めるのです。

語りの最後は、推量や伝聞であることを知らせる「……となむ語り伝えたるとや」などの表現で締めくくられます。

現在、昔話を語る場合であっても、昔話の「発端句」として、新潟では「とんとむかし」、秋田では「むがし、むがし」や「むがすこ」が語りはじめに唱えられます。「結句」としては、新潟では「であったとさ」「どっとはらい」、山形では「どんべらかっこ」「ねっけど」「いっちもさっけ」、高山では「しゃみしゃっきり」などが使われています。こうした発端句と結句が虚構の世界の「額縁」となって事の顛末がその中で展開していきます。

では、発端句と結句の間の構造はどのようにして構成されていくのでしょうか？

2　想像世界の構造化・安定化

「虚録」を「実録」へ変容させるもの

他愛のない作り話が聴き手の想像力によって、真実味を帯びることがあります。

「幼稚園の友達が誘拐された」
五歳少女の作り話で大捜査

〔「朝日新聞」一九八二年七月二三日夕刊〕

五歳児の作り話がもとになり、約百人の捜査員が約四時間も大捜査を展開したということが、こんな見出しで報道されていました。

この少女が一二歳の姉を驚かそうと、「近くのスーパーの駐車場で刃物をつきつけられて……連れて行かれたのは私と同じ幼稚園の子」とこわごわ話したのがことの発端だったということです。実際には、連れて行かれたはずの男の子が自宅にいることがわかり、一件は落着したのですが。この子は冗談のつもりで、漫画で見た場面と、知らない人に声をかけられてもついて行ったらだめと幼稚園で園長先生から言われたこととをつなげて、姉をびっくりさせようとして作り話をしたそうです。ところが、姉のほうでは本当のことと思い込んで、警察に通報したため、捜査員も振り回されることになってしまったのが真相です。

この報道記事は噂の伝播ということについての興味深い示唆を含んでいます。妹は姉に「事件」として幼稚園の友達について語りました。姉はその話から本当に誘拐事件が起こったものと思い込んでしまったのです。そして一一〇番通報をしました。

では伝えることによって「事の顚末」はまとまりのよい安定した形になるのでしょうか？　一つは聴き手により、話の展開がうまく進行しているかについて、自分の発話をモニターしていることによります。もう一つは、話すという行為を通して、ことばの「構造化」の力が働いた結果、語りの表現は安定するのでしょう。

この推測を支持する証拠は記憶再生実験から明らかにされています。大人や子どもを対象にして、実験者はわざと接続要素をすべて省いた説明文や物語を聞かせてみます。あとでその文章を思い出してもらうと、そのプロトコル（発話の資料）には、大人でも子どもでも、元の文章にはなかったはずの接続要素が補われて語られるのです。その結果、文やエピソードの配列が時間の前後関係や因果関係の順序に並べ変えられて再生されるのです。また接続要素のうち順接のほうが逆接よりも多く使われることがわかっています。

英語の文章の記憶再生実験でも同様のことが起こります。実験者がつなぎのことばのまったくない英語のディスコースを聞かせた場合は、聞く側で次につなげる接続要素をいつのまにか補いながら聴いています。エピソードの配列順がおかしいと、時間の展開にそうようエピソードを自動的に入れ替えてしまいます（内田 一九九〇；一九九六）。

これらの事実が示唆していることは、頭の中のイメージをまとめあげ、安定した構造にするために、接続語の果たしている役割は大きいということです。ことばには、頭の中に思い浮かべた表象を、きちんとした構造に体制化・組織化する力があるのでしょう。だから、人に語り伝える——ことばに置き換えることにより、語りは安定した形になり、複数の人に語り伝えるたびに、イメージの表現は安定化し構造化されていくのです。

特に、書きことばは表象の安定化や構造化にとりわけ大きな役割を果たしています。安定化・構造化の程度は、口で話してもらう場合よりも、書いて再生してもらう場合に、より顕著になります

（内田 一九九〇）。

書きことばによる構造化

物語の最初の語り手は誰だったのでしょうか？　神話や教典は、文字に記録されるはるか前から、無数の人々に語り継がれたものです。語り継ぐ過程で語り手の解釈が加えられ、ときには誤解され、忘却される要素もあります。口承文芸も語り継がれることによってたえず変容していくのです。とりわけ、その語りを文字で書き記すことで、語りの構造は改変され安定化します。

たとえば、グリム兄弟の『メルヒェン集』は、採集されたばかりの物語を収めた初版では、物語は話しことばで記述されています。語りを忠実に再現しようとして、ときにはつじつまの合わない表現もそのまま残っています。しかし、一八一九年、一八三七年、一八四〇年、一八四三年、さらに、一八五〇年と版が重ねられるに従って、物語は大幅に書き直されていきます。事実の記述に書き手の解釈が加えられ、理由づけが付け加わり、文の位置が変えられるというようにどんどん変容が起こります。この改変の過程で物語の筋に一貫性が出てくるのです。文体も版を重ねるほど複文が増えて、整った文章にしあがっていくのです。その例として、『蛙の王様』の姫が黄金の鞠《まり》を泉に失うくだりを見てみましょう。

〈手稿〉

お姫さまは鞠が深みのなかに落ちてゆくのをみてそして泉のそばに立ってそしてひどく悲し

くなった。

〈初版〉

王女さまはおどろいて鞠を見送って、泉はしかしとても深くて、底がみえないほどだった。そこで王女さまはつらそうに泣き出してそしてなげきはじめた。「ああ！　もしもわたしの鞠をとりもどせたなら、そしたらかわりになんでもあげるわ、わたしの服、わたしの宝石、わたしの真珠それから世界じゅうにあるものだったらなんでもよ」

〈第二版〉

おどろいて王女さまは鞠を見送った。しかし鞠はしずんでそして泉はとても深くて、底がみとどけられないほどだった。さて鞠がすっかり消えてしまうと、そこで娘はすごくつらそうに泣きはじめてそしていった。「ああ、わたしの黄金の鞠！　もしあれをとりもどしたら、かわりになんでもくれてやるわ。わたしの服、わたしの宝石、わたしの真珠、そうよおまけにわたしの黄金の冠もよ」

〈第三版〉

王女さまは鞠を目で追って、でも鞠は消えて、そして泉は深くて、とても深くて、そして底などみえなかった。そこで王女さまは泣きはじめて、そしてますます大きな声で泣いて、そしてぜんぜんなぐさめられなかった。

〔ジョン・M・エリス／池田香代子・薩摩竜郎訳（一九九三）『一つよけいなおとぎ話――グリム神話の解体』新曜社、一八五頁より〕

以上の文章を比べてみると、表現の意味内容は変わっていませんが、単語や語句が間断なくほかのものに差し替えられていることがわかります。オリジナルの聞き書きに比べて表現がいったん精緻化した後、台詞が削られ引き締まった文章へと変貌しているのを実感していただけるでしょう。『メルヒェン集』の変化を綿密に分析したエリス（一九九三）によれば、次の三つの変化が認められるということです。

第一に、グリム兄弟は第六版までを通じて一時も手を休めずに配役替え、書き直し、言い換えを繰り返しメルヒェンに加えていきました。

第二に、グリム兄弟はテキストの内容に変更を加え続けましたが、それは徐々に『メルヒェン集』の世界を変質させ、特に、もとはメルヒェンに含まれていたはずの、犯罪、近親相姦、婚外子、家庭内暴力などの要素は一掃され、より合理的で善意に満ちた世界、危険の薄い世界へと作り変えられていったということです。

第三に、いくつかのメルヒェンを削り、かわりに他のメルヒェンを入れることによって、『メルヒェン集』の構成を変化させ、このことによって『メルヒェン集』の世界は変質することになりました。

このような分析を見ると、民間説話が文学作品として改訂されるときに、書き手の価値観や好み、レトリックへのこだわりなどが色濃く影響を与えていることがわかります。

語りの変容と安定化

こうした語りの変容はグリム童話にかぎりません。たとえば、平安時代の物語の作者は、不明なものが多いのです。『源氏物語』は『紫式部日記』がなければ誰が作者であるかはわからなかったかもしれません。当時は作品に作者の署名があるわけではなく、著作権の観念もありませんでした。言うなれば、作者が不明であるという点に当時の物語の本質があったと言えるかもしれません。この点に改作の余地があるのです。

国文学者の片桐洋一さんは、「作者の名前が作品に刻せられた形で伝えられることがなかったということは作者以外の他の人が作品に手を加える余地が大いにあったはずである」（片桐 一九七一）と指摘しておられます。片桐氏は、『伊勢物語』も一人の作者がつくりあげたものではなく、少なくとも七〇年以上にわたって、増補されつつ成長増幅を続けてきたものであろうと推測しておられます、その根拠として以下の点をあげています。

第一に、意味的に重複し繰り返している部分を一つにまとめ、整理する。

第二に、挿入句に注釈を加えたり、敷衍的説明を加えたりする。

第三に、感情のあり方を示す表現が多くなる。

第四に、文の配置場所を変え、原文よりも構成が巧妙になる。

第五に、一文が長く複雑になり、情景描写が詳細になる。

第六に、原文を尊重するあまり、手を加えずに取り込むことによって一部文体が異なってしまう。


〔片桐洋一（一九七一）『伊勢物語』明治書院、一一八頁より〕

これらの手がかりを時代ごとにたんねんに調べていけば、『伊勢物語』がどのようにして変化変遷を遂げ、現在見られるような所産がつくりだされてきたのかが推測できるでしょう。特に、書き写す人自身の経験や価値観、スタンスなどがこのような変遷に与える可能性は大きいと思われます。3章で言及したように、記憶からの想起過程では、たんに情報を再現するというよりは、想起する事態の文脈に合わせて想像力を働かせて解釈を生成・創生することによって、表象の書き換えが起こっているのです。

3 「対話」——日本語談話の強み

母語は英語の習得に制約を与える

母語の習得と第二言語としての英語の学習過程は似ているでしょうか？　早くから英語圏に暮らしたほうが英語が上手に話せるようになるのでしょうか？　母語談話は英語の習得に影響を与える

のでしょうか？　これらの問いを解くために、私はスタンフォード大学で、海外から留学してきた家族の子どもたちが英語を使うことができるまでにどれくらいかかるかを調べることにしました。カリフォルニア州スタンフォード大学の附属ナーサリー、附属幼稚園の園児（三歳半～五歳半）と附属小学校、そしてスタンフォード内の公立小学校の小学一～五年生を対象にして、母語が英語の習得にどんな影響を及ぼすかについて実験研究や観察研究、インタビュー調査を行いました（内田 一九九九）。

ウラル・アルタイ語系（日本語・モンゴル語・韓国語）を母語にもつ三歳ごろの子どもは英語が飛び交う保育室にいても、自分から英語を話そうとはしません。半年経っても母語を共有する子ども同士で遊んでいます。義務教育が始まるキンダーガルテンでは「学習言語」としての英語を学ぶようになります。家庭教師やＥＳＬ（English as a Second Language）クラス担当の教師は「韓国や日本、中国、台湾などアジア出身の子どもたちは、英語母語話者なら二、三歳までに習得しているはずの冠詞が脱落してしまいます。また数量名詞の複数形が作れないし、動詞の過去形も正しくないなど言語遅滞児と同様の誤りが見られるので、これらの面を意図して教育しています。会話ではでたらめになってしまうので、読み書きを使った自覚的学習によって改善しようと教育しています」と述べていました。

三歳でアメリカに移住した小学校五年生は「会話はまったく問題ないよ。でも作文は真っ赤になって返されてくる。こっちの子は何が正しい言いまわしかが直感的にわかるみたいなんだ」と悩みをうち明けてくれました。日常、家庭ではそれぞれ出身国の母語に取り巻かれ、社会的なやりとりを行っている子どもたちは、現地校で英語の自覚的な学習を開始し英語の読み書き能力を習得した後になっても、文の構造に関わる統語規則は習得しそこなってしまうのです。

絵本の場面を見て物語を語る作文能力テストの結果、三歳ごろに渡米して現地校に通っている小学生たち（キンダーガルテン、小学校五年生）は、発音は母語話者並みですが、冠詞や複数形、過去形などの統語規則、物語の接続形式や談話構成の仕方には英語にない誤りが見られ、母語話者幼児に比べても得点が低かったのです。

親たちは子どもの発音やジェスチャーが母語話者並みであるため、「英会話には問題がないから学校でも大丈夫」と信じ込んでいます。現地校のＥＳＬの授業で特訓されても、複数形の「s」が脱落してしまい、時制、冠詞、定冠詞などほとんどの統語規則において母語話者幼児よりも劣っているデータに親たちは驚いていました。

字のない絵本（図5―1）を見ながら、物語を語ってもらうと、ウラル・アルタイ語系を母語とする日本や韓国、モンゴル出身の子どもたちは、「時系列因果律」で語りました。図5―2の場面では、「男の子と犬がベッドで眠っています。そして、それから、カエルがこっそりビンから逃げ出しました」のように「そして」「それから」などの順接の接続詞を使って出来事が起こった順番に語ります。

一方、英語をはじめとしてインド・ヨーロッパ語系（フランス語・ドイツ語・スペイン語・イタリア語・スウェーデン語・チェコスロバキア語・インドネシア語など）を母語とする子どもたちは「結論先行因果律」で語ります。同じ場面を「カエルがこっそり逃げ出しました。なぜかというと、男の子と犬

〔作・絵：マーサー・メイヤー『かえるくんどこにいるの？』p. 1〕

図5-1　実験材料の図版例（内田 1999より）

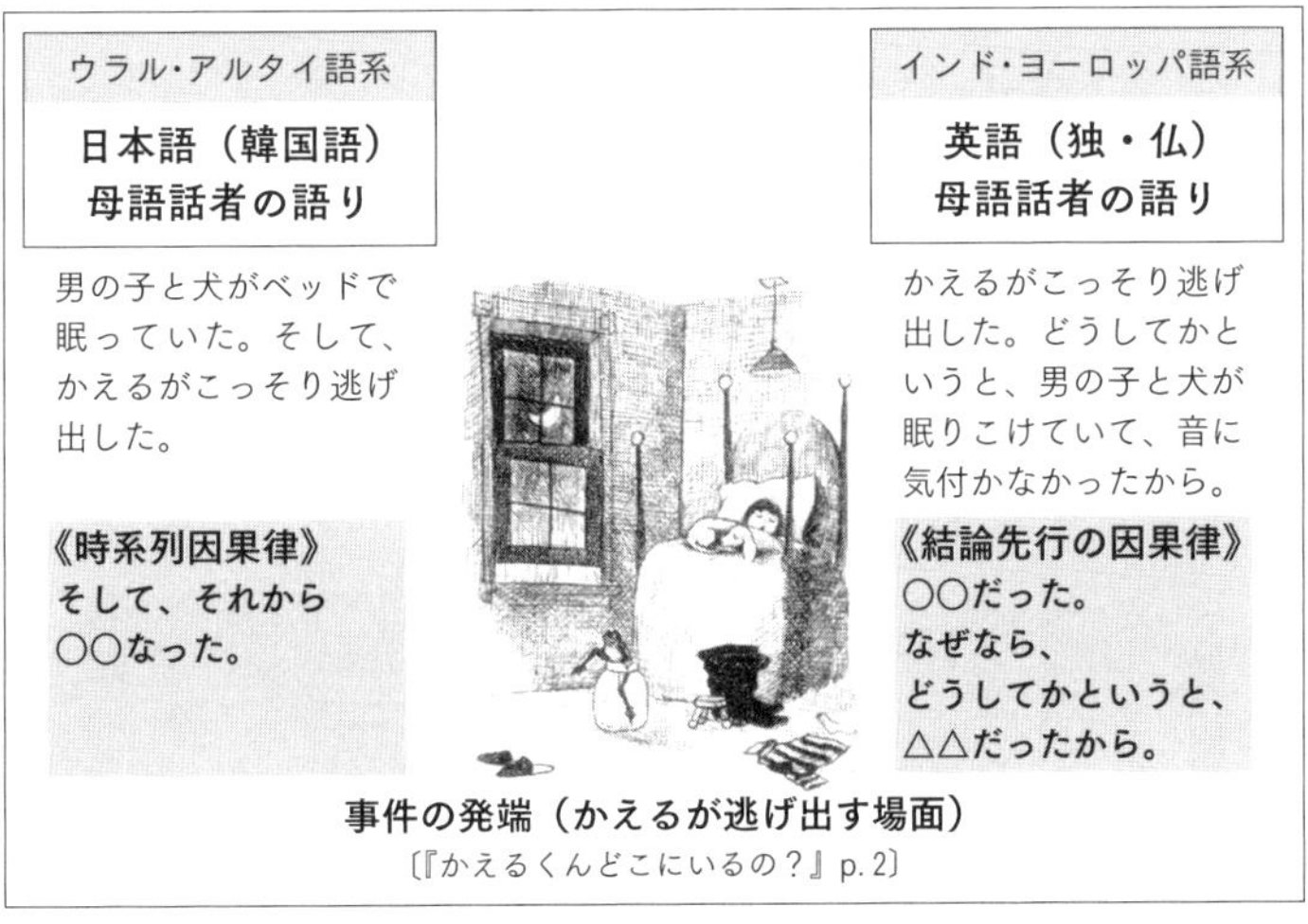
ウラル・アルタイ語系
日本語（韓国語）
母語話者の語り
男の子と犬がベッドで眠っていた。そして、かえるがこっそり逃げ出した。
《時系列因果律》
そして、それから
○○なった。
インド・ヨーロッパ語系
英語（独・仏）
母語話者の語り
かえるがこっそり逃げ出した。どうしてかというと、男の子と犬が眠りこけていて、音に気付かなかったから。
《結論先行の因果律》
○○だった。
なぜなら、
どうしてかというと、
△△だったから。
事件の発端（かえるが逃げ出す場面）
〔『かえるくんどこにいるの？』p. 2〕

図5-2　日本語母語話者と英語母語話者の語り方の違い（内田 1999より）

日本人の幼児・児童

時系列因果によるものがほとんど。
(forward reasoning ; And-then reasoning)

会話のスタイル:「相手の発話を待つ」

英語母語話者の幼児・児童

結論先行の因果律を用いて論拠を説明。
(backward reasoning ; Why-so because reasoning)

会話のスタイル:「自己主張する」

表5-1　幼児・児童の談話スタイルの違い(内田 1999より)

が眠っていて、カエルが逃げ出しても気づかなかったからです」のように、why, so, because などの接続詞や理由づけ表現を使って、カエルが逃げ出した理由や根拠を後から付け加えて語ります(表5―1)。

このように、母語の談話構造は、出来事をどのように理解するか、またその出来事をどのように語り伝えるかに影響を与えているのです。

日本語談話は平和の言語

さらに、英語(印欧語)と日本語や韓国語の談話構造のちがいは、子どもだけではなく、大人たちの会話にも影響を与えることが明らかになりました。日本人とアメリカ人の大学院生をペアにして「トムとジェリー」のアニメを見ながら会話してもらいました。すると、日本人は相手の反応を見ながら会話を進める「相手配慮関係調整型」の会話スタイルをとります。日本人は相手のうなずきを確認しながら次に何を言うかを決めようとします。日本語談話の特徴は、相手と調和・協調するための「対話(dialogue)」に

日本人：「相手配慮関係調整型」

相手と調和・協調するための会話　⇒　「対話」（dialogue）

対話（dialogue）**のあと、意見が変わるのがよい。**

アメリカ人：「自己主張完結型」

相手と戦う会話　⇒　「討論」（debate）

討論（debate）**のあと、意見が変わったら負けとなる。**

表5-2　大人の会話スタイル――対話と討論（内田 1999）

適しているのです。対話した後は意見が変わるのがよい対話の特長です。

一方、アメリカ人は「自己主張完結型」の会話スタイルで話します。まず自分の意見を主張するのです。その後、たたみかけるように論拠や理由を言うことで聴き手につけいる隙を与えないのです。英語談話の構造の強みは、相手と戦うための談話スタイル、つまり「戦う」（debate の語源は「戦闘」。明治時代に福沢諭吉は「討論」とマイルドな表現に訳した）ところに真骨頂があるのです。討論（debate）の後は、意見が変わったら「負け」となります。

日本人は会話中、聴き手の表情やうなずきを見ながら、自分の意見を調整します。相手がうなずかないと不安になります。一方、アメリカ人は、聴き手に割り込まれないよう、立て続けに主張を述べ立てます。聴き手のうなずきや表情には注意を払いません。というより聴き手に注意を払っていて、聴き手がうなずくと「割り込み」をしたと不愉快になります。この会話のスタイルの違いは、人とつながり、対人関係をつくるうえでも影響していると思われます（表5―2）。

この会話実験を行ったあと、私は日本語が大好きになりました。日本語ってなんてすてきなんだろうと思いました。日本語や日本文化・日本式の思考スタイルに接することで人は「平和主義」になるのではないか、日本語は人を柔らかくする力をもっているのではないか、と思ったからです。

“*Imagine*”という曲をご存じですか？　ジョン・レノンは、英国リバプール出身の「ビートルズ」の一人ですが、画家のオノ・ヨーコさんと結婚し、日本語を学び、日本文化にふれて平和主義に目覚めたということです。彼が妻の詩に触発されて作詞・作曲したのが、ジョンとヨーコの“*Imagine*”でした。

想像してごらん。
人々を分かつ国境は無いんだと。
だれもが想像することはできるはず。
殺す理由も　死ぬ理由も無い。
宗教さえも無いんだと。
そんなことできるかって？
他人は　私を　〝夢想家〟だって言うかもしれないね。
だけど、平和を願うのは　私ひとりじゃないはずだよ。
いつか　あなたも　仲間になって、
世界は　きっと　ひとつになれるはず。

〔内田　二〇二〇、歌詞の一部を意訳〕

彼はニューヨークのセントラルパークわきのマンションの玄関で暴漢に襲われ凶弾に倒れてしまいました。彼の魂は天国に召されても、“Imagine”は平和を求める世界中の人々によって、これからも、歌い継がれていくにちがいありません。

書きことばによる表象の安定化

教育社会学者の渡邉雅子さんは、小学校五年生の歴史の授業を日米で比較しました（Watanabe 1998；渡邉 二〇〇四）。アメリカの教師は歴史的事実を時系列で講じたあと、因果律でなぜかを説明させ、ディベートにもちこみます。教室では、why, so, because などのことばが飛び交い、先生も子どもも活発に対話や討論を行います。一方、日本の教師は、歴史的事件を時系列で説明し、あとは、覚えさせて知識の定着をテストで確認する授業でした。教室では、先生が「そして、それから、〇〇だった」という表現を使って時系列にそって説明していきます。子どもは静かに先生の説明を聴き、ノートを取ります。

教室談話が日米でまるで違うことから、子どもの作文構造に影響が見られるのではないかとの疑問をもち、渡邉さんが日米の五年生に四コマ漫画（図5―3）について説明作文を書いてもらったところ、アメリカの子どもは結論先行の因果律、日本の子どもは時系列因果律で作文を書くことが明らかになりました。

私も、渡邉さんと同じ四コマ漫画を使ってスタンフォード大学附属小学校の五年生に作文を書い

日本　「ケンタくんの一日」＝時系列因果律

どんな日でしたか？

アメリカ　「ジョンの一日」＝結論先行の可逆的因果律

What kind of day did he have?

図5-3　小学5年生の4コマ漫画の作文構造の日米比較
（渡邉 1998/2004；内田 1999より）

てもらいました。渡邉さんと同様、作文構造は母語の談話構造の特徴を反映していました（内田 一九九九）。

日本の子どもたちは、時系列因果律で作文を綴り、最後に「教訓」を付け加える子どもが多かったのです。

> ①ケンタくんは夜遅くまでビデオゲームで遊んでいました。②そして（and）、翌朝は寝坊してしまいました。あわててバス停まで飛び出していきました。③それから（then）、バスを乗り間違えてしまいました。④やっと球場に着いたときには、すでに、試合は始まっていて、終わりに近づいていたので、ケンタくんは試合に出られず、しょんぼりしています。（この後、日本の小学生は「教訓」を付け加えることが多かったのです。）だから、行事の前には、夜ふかししたら、いけません。

〔スタンフォード大学附属小・五年　タカシ〕

一方、アメリカ人の子どもたちは結論先行型の作文を書きました。視線の動きを観察すると四コマ漫画をパッと眺めたあと、最後のコマをじっと見て、トピックセンテンスとして書き込みます。そのあとは、why, so, because などを使って理由を付け加えていくのです。最後に①のトピックセンテンスと同じ表現を使って、四コマ目を結論としてまとめたのです。

①ジョンにとってはこの日はとても不運な一日でした。なぜ（*why*）不運だったかというと（*because*）②前の晩、遅くまでゲームで遊んでいました。そこで（*so*）朝寝坊してしまいました。④遅刻したため野球の試合に間に合わず試合に出られませんでした。⑤そこで（*so*）、ジョンにとってこの日はとても不運な一日だったのです。③あわててバス停に急ぎましたが、おまけに、バスを乗り間違えてしまいました。

〔スタンフォード大学附属小・五年　マーク〕

以上から、第一に、口で語る場合も書きことばで説明する場合も、母語の談話構造の影響を受けることが明らかになりました。第二に、口で語るよりも、書きことばで表現するほうが、表象を秩序ある統合的なものにまとめあげる体制化や安定化の傾向が強まることも明らかになりました。

物語は、人間が生きるという行為のなかで描く過去と未来のイメージを創造し淘汰され生き残った所産と言えましょう。遊びや生活の中で発生した物語は真か偽かの尺度では測ることはできません。語り、伝え合う行為を通して、物語は、ある社会集団の意志の流れをつくりあげたり、また解体させたりするのに実効があり、社会心理的基盤そのものを構築したり、修正したりすることになります。

こう考えると、物語を個人のレベルで見れば、一種の世界づくり、自分づくりの手段として位置づけられ、集団のレベルで見れば、価値体系すなわち文化の創造や伝承と位置づけることができると思います。

次章では、想起・会話・語りに焦点をあて、ウソとだましの「からくり」を解きあかしたいと思います。

第6章　ウソとだましのからくり

子どものウソは「嘘」なのでしょうか？　何歳ごろから子どもは他人をだまし、あざむくような嘘をつくのでしょうか？　本章では、嘘やだましのからくりを想像力の発達の視点から考えてみましょう。（筆者注：本書では、子どものかわいい、あるいはうっかりの〝うそ〟を「ウソ」、人をだます意図をもった〝うそ〟を「嘘」と書き分けます。）

1　ウソとだましは記憶の歪み

報告の順序の変化

娘が四歳のとき、「ワタルくんに砂投げられちゃった！」と砂場から泣いて帰ってきました。すぐに私は娘の手をひきワタルくんのお宅に抗議に出かけました。ワタルくんの兄（六歳）が出てきて、「トモちゃんが先に砂を投げたんだよ。ワタルはトモちゃんに投げ返しただけだよ」と説明しました。これを聞いて私は深く恥じ入りました。

娘は私に嘘をついたのでしょうか？　このような出来事では何が最初に起こったのか、出来事の生起順序が問題です。この場合は〈A：娘が砂を投げつけた〉→〈B：ワタルが娘に砂を投げ返した〉→〈C：娘が泣きながら母親にワタルに砂を投げつけられたことを訴えた〉という順に展開したのです。娘はAを忘れてBのみ母親に報告したので、因果関係が逆転してしまったのです。

実際に起こった事柄の順序はA→B→Cであっても、娘の頭の中の表象は、目が痛くなったという強い感情体験を引き起こしたB－Cの連鎖のみが強く記憶に残ったので、泣きながら母親に訴え、母親もその様子にびっくりして抗議に行ってしまったというわけです。

心理学分野では、Aが強く記憶に残る場合を「初頭性効果（primacy effect）」、B－Cが記憶に残る場合を「親近性効果（recency effect）」と呼びます。最新の記憶のみが印象に強く残るので、因果関係が逆転してウソになってしまうのです。この例のように、幼児期のウソは、出来事の一部が脱落したり、順序が変わってしまうことによって発生する場合が多いのです。

「ウソ」は大人でも起こる

大人でも、報告の順序が入れ代わったことから「虚偽の」報告がなされることがあります。ベルリン大学の犯罪心理学者のフォン・リッツ教授の講義中にとんでもない事件が起こりました。クリスチャンの学生〈C〉が突然立ち上がり、声高に「キリスト教の立場からその問題を明らかにしたい」と意見を述べ始めました。すぐに、イスラム教徒の学生〈I〉が「そんな立場に立てるものか！」と反論しました。すると〈C〉は「おれを馬鹿にしたな」とどなり、ピストルを取り出して〈I〉を狙いうちしようとしました。〈I〉はとっさに〈C〉につかみかかりピストルをもぎ取ろうとしました。あわやというところで教授が二人の間に割って入り、この事態を鎮めたのです。この直後、教授は学生たちに「諸君、今見たことを一部始終思い出してレポートを書きなさい」とレポート用紙を配布しました。

種明かしをすれば、この一連の出来事は教授が仕組んだ「ドラマ」だったのです。前もってドラマの筋書きとレポートを比較対照できるように準備していました。学生たちが書いたレポートを分析したところ、「事件」を目撃した直後であるにもかかわらず、省略や付加、順序の改変も多く見られたのです（ヘッブ 一九七五）。突然の出来事に学生たちはパニックになり、感情が高ぶって冷静な判断ができなくなってしまったのでしょう。大人であってもパニックになっているときは、事件を目撃した直後であっても、その目撃証言には多くの誤りが含まれ、信用性が低くなってしまうのです。

5章で考察したように、世間話や口承文芸では語る過程でどんどん尾ひれがついて常識的な物語に変わっていきます。人は、なぜそんなことが起こったのか、わけが知りたくてたまらなくなるのが変容の理由です。人は納得がいかない出来事を目撃すると、自分たちの常識に照らして謎解きを始めます。自分なりに納得し、〝腑に落ちる〟実感が起こるまで、バラバラの情報を無意識のうちに加工してしまうのです。目撃証言は、いったん目撃した情報を記憶し、必要に応じて想起し、再現するものです。しかし、たんなる「再現」ではなく、報告を求められた文脈にあわせて目撃情報は加工され、常識に合うように変容しているのです（内田 二〇〇六：二〇二）。

情報の変容は、ことばや文章の想起時にのみ起こるのではありません。無意味な絵を再生するときにも、反復再生しているうちに意味のある絵に変わってしまいます。1章でも引用したF・C・バートレットの研究をここでまた引用しましょう。

図形の再生実験は次のような手順で行われました。①最初の学生に原図「ミュラク」を一分間提示します。原図をとりさり、図を思い出して再生してもらいます。②その再生図を次の学生に一分間提示します。再生図をとりさり、自分が「見た」図を再生してもらいます。これを繰り返していくと、絵はどんどん変化して、一八人目の学生は「黒猫が後ろ向きに座っている絵」を描いたのです（図6―1）。

わけのわからない図を見せられたとき、自分の常識を働かせて、「黒猫が後ろ向きに座っている絵」と解釈し、黒猫の絵を次々伝えてしまったのです。

人は常識を働かせ「黒猫が後ろ向きに座っている」とラベルづけして記銘（記憶）し、そのラベルと黒猫の姿の「イメージ」を手がかりにして、自分が「見た」（と思い込んだ）黒猫の絵を再生したのでしょう。このとき、たしかに見たのかどうかは問題ではありません。

バートレットは文やことば、文章の再生実験を行い、想起とは再現ではなく再構成なのだと結論づけています（Bartlett 1932）。

目の前で起こった事件も、新聞報道で知った事件も、街で目撃したいざこざも、すでに所有して

図6-1　無意味図形が反復再生によって黒猫に変化する
(Bartlett 1932, pp. 180-181より)

いる知識や経験、常識に関係づけて取り込まれます。想起するときには、知識や経験、常識の枠組みに照らして再構成されるのです。

「真実」の〝ものさし〟

人は整合性ある意味を知りたい、未知なるものを理解したいという強い欲求をもっています。想起は入力した情報のたんなる再生や再現ではありません。人は、自分の経験や既有知識にすりあわせて能動的に有意味化して再構成します。過去の出来事を想起するときには、以前に蓄えた経験や知識の印象を引き出してきます。バートレットは一般化され抽象化された概念を「心的図式（schema）」と呼んでいます。人は心的図式を土台にして「何が真実であるに違いないか」と推論し、細部を補い、常識にかなったまとまりのある意味情報につくりあげるのです。

認知心理学者のスピロ（Spiro 1980）は、大学生にある婚約者たちの話「ある婚約者同士は子どもをもつかどうか仲たがいしている」を聞かせたあと、その内容と矛盾する情報「二人は幸福な結婚生活を送っている」を付け加えました。この話を聞かせた後で大学生に実験者から聴いた話を再生してもらいました。

すると学生は、矛盾を解消するような情報「二人は一人だけ子どもをもつことで折り合いをつけた」というような情報を組み込んで再生したのです。また、再生までの時間が経っている場合ほど、情報を変容させる度合いは大きくなりました。ここで注目されるのは、再生した文が実際に聞いた話の中にあったと思うかどうかについての確信度を調べたところ、実際に聞いた文と推論により補った文の間に確信度の違いはなかったという点です。このことは、彼らが意識的に、このような陳述を「捏造した」のではないことを意味しています。

さらに、「記憶実験に参加してもらう」と言われた被験者に比べて、実験者の知り合いに実際に起こったこと、つまり「世間話」を聞かされた被験者のほうが話の変容はずっと大きかったのです。なぜ話の変容が大きかったのでしょうか？　世間話なら、被験者の常識が働きやすくなります。二人が結婚したのなら、子どもを一人だけもつことで折り合いをつけたのだろうと常識を働かせて再生したのだろうと思われます。一方、「記憶実験」に参加した被検者は矛盾があっても「聴いたまま」を再生したのでしょう。

人はテープレコーダーにはなれない

アメリカでは一九七三年に「ウォーターゲート事件」が起こりました。アメリカ第三七代大統領のニクソン（共和党）は民主党系のマスコミ各社が入っているウォーターゲートビルに盗聴器をしかけさせようとし、それが発覚し事件が明るみに出ました。この事件によりニクソン大統領の人気と政治的信頼は一気に下落しました。下院で大統領弾劾の勧告が可決され、ニクソンは大統領を辞任せざるをえない事態に追い込まれたのです。この事件については、すでに紹介していますが（内田 二〇〇六；二〇二二）、証言の再生の正確度・的確度を検証できるという特殊で稀な研究ですので、本書でも紹介したいと思います。

ニクソン大統領の法律顧問ジョン・ディーンは、事件のもみ消しに重要な役割を果たしました。

事件発覚後、ホワイトハウスと捜査当局の連絡役も果たした人です。彼はワシントン連邦地裁から公聴会での証言により刑事事件で訴追されることはないという「限定免責保証」を取りつけて公聴会で証言しました。

認知心理学者のナイサー（Neisser 1981）はディーンの公聴会での証言と、証拠として提出されたホワイトハウスの大統領執務室での会話記録を比較照合しました。表6－1の〈証言1〉は、実際に交わされた会話の一部を示しています。ディーンの証言を見ると、大統領の発言は大統領自身のものではなく、元FBI長官のフーヴァーの発言であると述べている点に食い違いが見られます。また大統領が言ったとする発言は実際の会話とは明らかに異なっています。何らかの思惑が無意識的に働いて、大統領の発言ということにしたかったのかもしれません。

〈証言2〉は執務室で交わされた実際の会話とは大きく食い違っています。ディーンは、大統領が自分を褒めてくれた、ねぎらってくれたと思っていたことがわかる証言です。また、後の部分はディーンが事の成り行きに不安を感じていたことを暗示しています。ここでの記憶の誤りは、当然そうあるべきという推量、あるいは、そうあってほしいという願望にもとづいて生じたものと思われます。このような記憶の変容は、フロイトの「言語報告や描画には個人の欲求や願望、葛藤が反映される」という「フロイディアン・ミステーク」（Freudian Mistake あるいは、Freudian Slip）の一種で、ディーンの本音が思わずポロリと口をついて出てしまったと推測される証言（フロイト 二〇〇七）なのかもしれません。

ディーンはハーバード大学のロースクールを主席で卒業し大統領の法律顧問にまでのぼり詰めた

〈証言1〉 発言をディーン自身ではなくフーヴァーのせいにしたかった

【ディーンの証言】

「会話のはじめに、大統領は私（ディーン）に『フーヴァー（元FBI長官）が大統領キャンペーンは68年に盗聴されたと言った』とおっしゃいました。そして大統領は、私たちが今回の盗聴の一件を明るみに出して、今の窮状に対処するのに用いたらよいとおっしゃいました。」

【テープに録音された実際の会話】

大統領「われわれは68年に飛行機上で、それから62年にも盗聴されていた。君も知っての通りだ。」

ディーン「68年の盗聴の証拠がないのは残念です。元FBI長官（フーヴァーを指す）だけが知っていたと思いますが」

大統領「いや、それは違う」

〈証言2〉 大統領に褒められたいというディーンの願望を述べた

【ディーンの証言】

「大統領は、私に『うまくやった』とほめてくださいました。そして事件がリディ（財務担当顧問）で止まったことに感謝してくださいました。私は『おほめには及ばない』と申し上げました。また、大統領は『この事件が終わるのはずっと先だし、事件が決して明るみに出ないと確信できない』とおっしゃいました。」

【テープに録音された実際の会話】

ディーン「3か月前には、こんな事件が忘れられるときが、きっと来るに違いないと思いながら苦労していました。しかし、今なら私も54日後の10月の選挙はきっとうまくいくと思います。」

大統領「えっ？」

ディーン「何もかもうまくいくでしょう。」

大統領「あぁ……それにしても君の対処の仕方は巧みだったね。あちこちの漏れ口に指を当ててふさいでくれた。」

表6-1　人はテープレコーダーにはなれない（ディーンの証言）
(Neisser 1981)

エリートです。ディーン自身は「自分は子どものころから記憶力がずば抜けて高かったおかげで、これまでずいぶん得をしてきた」と自認している人です。その人においてさえ、大統領との会話を逐一記銘し、逐語的に思い出すことは難しいのです。ディーンが記銘し想起したのは、会話を交わしたときに自分がどう感じたか、何を望んでいたか、あるいは、事のあらましはどんなふうに受け取れたのかの印象です。決して、一言一句の言いまわしや会話を「正確に」想起したわけではないのです。この証言のデータから人間は決して「テープレコーダー」にはなれないことがわかります。

このように、「想起する」ことは、思い出そうとする状況や時点にあわせてイメージを再構成することなのです。決して取り込んだままの記憶が取り出されるのではなく、思い出す人の意図や願望、常識が入り込んでくるものなのです。

記憶したままを取り出すのは、入学試験の穴埋め問題を解くような特殊な場面にかぎられています。これは、日常語では「暗記能力」にあたります。想像は暗記に比べて広がりがあり、生産的で創造的です。暗記能力と想像力はどう違うのでしょうか？ ウェルトハイマーは次のように区別しています。

私たちの「思考活動（thinking）」には「収束的思考（convergent thinking）」と「拡散的思考（divergent thinking）」の二つのタイプがあります（Wertheimer 1945）。収束的思考は解が一つ、解に至る道筋も一つという問題を解決するときの思考活動です。こちらが、日常語でいうところの「暗記能力」です。一方、拡散的思考は、解は複数あり、解に至る道筋も一つとはかぎらないような問題を解くときに働く思考活動をさしています。どちらの思考活動も表象（イメージ）を構成する素材は既有知識や

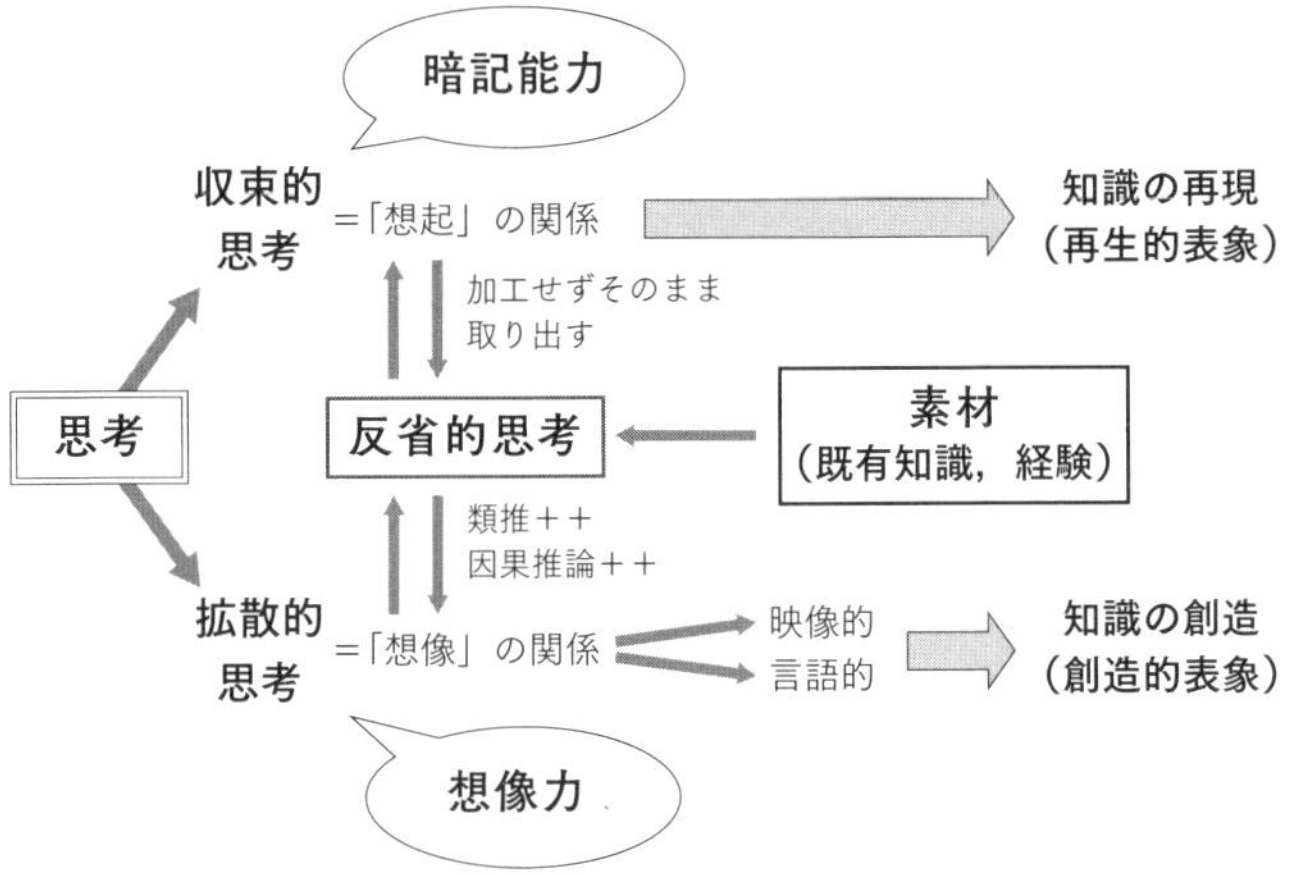

図6-2　「暗記能力」と「想像力」の関係（ウェルトハイマーに基づき作成）

経験です。反省的思考（reflective thinking）を働かせて、既有知識や経験をふりかえり、問題解決に役立ちそうな知識や経験の断片を取り出してきて、類推や因果推論を働かせてイメージへとまとめあげるのです。こちらがいわゆる「想像力」にあたります。収束的思考の最終段階では「再生的」表象が、一方、拡散的思考の最終段階では「創造的」表象ができあがるのです。この考え方を図6－2に整理してみました。

創造か嘘かを分かつ最大の違いは次の点にあります。創造は自己内対話（自問自答）によって表象を構成しますが、嘘やだまし、隠し事は相手があって成立するものです。たとえば、詐欺師は「親なら息子（娘）のことを心配しているはず」という「常識」につけこみ、ことば巧みに会話を進め、老親からお金を奪ってしまいます。都会の独居老人をねらった「劇場型詐欺」も増えています。電話口に会社の売上金を電車の棚に置き忘れてパニックになった息子、警官、銀行員や弁護士役などが次々に登場して臨場感あふれるセリフを述べ、息子思いの老親をだます「詐欺ドラマ」までやってしまう大がかりな犯罪も増えています。自分ではだまされないと思っている高齢者も、詐欺師たちの役割演技が真に迫っているときほど、常識が働き、まんまとだまされてしまうのかもしれません（内田 二〇二一）。

2 ウソが嘘になる——会話による協働構成

「二重拘束」によるコミュニケーションの障害

会話場面での雰囲気、相手との関係性、相手の発話にともなう表情や声の高さなどの「非言語的手がかり」は発話意図や言外の意を汲み取るときに不可欠な役割を果たしています。否定的感情が込められた発話は聴き手にも不快感が伝播するので、その発話意図は否定的なものとして受け取られてしまいます。発話の内容と発話の声の調子や高さ（ピッチ）が対応していないときには、発話意図を汲み取ることが難しいのです。

子どもが母親にお菓子をねだったとき、母親が怖い顔をして、威圧感のある調子で「あげるわよ」と言ったら、子どもは手をひっこめてしまうでしょう。相手が問いかけてきたとき、相手の表情や口調が答えを出させないような威圧的な調子であったとしたら、聴き手は怖くなって答えられなくなります。相手が自分に「話せ」と言っているのか「話すな」と言っているのかわからなくなるためです。これは「二重拘束（ダブルバインディング）」と呼ばれる現象です。

幼いころから二重拘束のコミュニケーションにさらされる機会が多いと会話の意味を的確に理解する能力が損なわれ、コミュニケーション障害や対人関係の障害を起こしやすいとされます。統合失調症の患者の家族には二重拘束的コミュニケーションが多く見られるそうです。

臨床心理学者で横浜国立大学教授の青木みのりさん（青木 一九九三）は、大学生を対象にコミュニケーション障害が発生する条件についてさぐりました。文章の内容と声のピッチのミスマッチを起こすような実験場面を設定しました。肯定的内容を否定的口調で、否定的内容を肯定的口調で読み上げた場合、文章の記憶や理解の成績が低くなったのです。肯定的な表現「きっとうまくいくんじゃないかと思ったの」を「こんなにうまくいくと思わなかった」とか「うまくいくと思ったけどそうはいかない」など不安や否定的な感情を込めた表現に変えて想起してしまうのです。また、肯定的な情動よりも否定的情動のほうが伝わりやすいため、肯定的内容を否定的口調で言われた場合に聴き手の葛藤がもっとも大きかったのです。「相手は〝いい〟と許可しているけど、本当は反対してるんじゃないか」などと考えて、どう返事をしたらよいか身動きがとれなくなってしまう様子がうかがわれました。

会話行動の制約要因——文化差

会話は話し手と聴き手双方の間で調整されています。敬語を使うか、丁寧語で話すか、目下に話す口調かなどで会話者同士の上下関係が変わります。社会的地位の上下や、男性と女性、日頃の人間関係も会話の進め方に影響を与えます。相手と自分との心理的距離や社会的地位の上下関係、会話場面での相手の表情やうなずき方も会話行動の制約要因になります（内田・坂元 二〇〇七）。

うなずきは会話行動を制約する要因ですが、文化によってもうなずきが異なる役割を果たしていることが明らかにされています。言語心理学者のクランシー（Clancy 1982）は、日米の大学生に会話してもらう実験を行いました。アメリカ人にとっては、会話では情報伝達や意見の調整に力点が置かれることが多く、聴き手が話している途中でうなずくと、不快になるというのです。一方、日本人のそれは相手とのよい人間関係をつくりあげるほうに主眼があるため、話し手はつねに聴き手の態度に注意を払っており、聴き手のあいづちを手がかりにして会話を進めようとします。聴き手がうなずいてくれないと、自分の言っていることが伝わらないのか不安になります。

私もアメリカ人学生と日本人留学生に会話してもらう実験を行いました。日本人は相手配慮関係調整型スタイルで会話を進めますが、アメリカ人は自己主張完結型スタイルで会話に臨んでいたのです。日本人は、相手のうなずきを確認し、相手の表情をよく見ながら、自分の意見を述べる様子が観察されました。ときには相手のあいづちや表情を見て、日本人は自分の意見を変えてしまう場合すらありました。一方、アメリカ人はまず自分の意見を主張したあと、なぜ、そのように主張するのか、論拠や根拠、あるいは理由を付け加えようとします（内田 一九九九a）。このように文化によっても会話の進め方やうなずきの役割が違います。実験参加者の日本人学生は、英語での会話が流暢な人たちでしたから、会話のスタイルが違うのは、英語での会話力の違いではなく、対人関係のつくり方やコミュニケーションの様式に母語談話構造の違いが反映されているものと思われます。

目撃証言の信用性——社会的地位

裁判では被疑者や証人と検察や裁判官、弁護人との間で検証のための会話が交わされます。明らかに社会的地位の上下がある場面での会話です。証人が子どもであれば、裁判官や検察、弁護士などの「偉い」大人たちからいろいろと質問される場面です。

発達心理学者で奈良女子大学名誉教授の浜田寿美男さん（浜田 一九八六；二〇〇五）は一九七四年に兵庫県西宮市で起こった知的障害者の収容施設の甲山学園で二人の収容園児が浄化槽から死体で発見された事件——「甲山事件」*——の裁判での供述を分析しています。分析の結果、検察官が最大の有罪証拠とした一人の園児の供述は裁判の過程で歪められた可能性があることが明らかになりました。また、供述がとられた時期も問題で、判決の決め手となった供述は、一人は事件から一七日後、もう一人は事件から三年も経過したあとのものでした。

甲山事件の供述の例を表6－2に示します。〈例1〉は同一の質問を繰り返して回答を引き出してしまったところ、〈例2〉は裁判長が択一式クローズド・クエスチョンへと切り替えて、選択肢の一方を強制的に選択させてしまったところ、そして〈例3〉は子どもが「いいえ」とはっきり否

＊「甲山事件」とは一九七四年三月に知的障害児施設「甲山学園」（今は廃園、当時兵庫県西宮市にあった）の二人の園児が青葉寮裏浄化槽から溺死体で発見された事件。Y保育士が二人を連れ出すのを見たという園児二人の証言で殺人罪に問われたが、その後、証言の信用性は低いと神戸地裁で二度目の無罪判決が言い渡された。

例 1 ：同一の質問の反復で回答を引き出した
B「最初の廊下の入口の境のところから見たときその人の顔は見えたの？」
C「……」
B「最初に見たときだよ」
C「いいえ、見えなかった」

例 2 ：「択一式クローズド・クエスチョン」に切り替え一方の選択肢を強制的に選択させた
B「そのうしろの人とＳ君との間やけどな、これは体がひっつくぐらいかな？」
C「……」
B「ひっつくぐらいかそうでないかでまず答えてください」
C「……」
B「体がひっつくぐらいかそうでないかでまず答えてください」
C「……ひっつくぐらい」

例 3 ：同一質問の反復で「いいえ」から「はい」に変わってしまった
B「さっき男子トイレから玄関通って女子棟の方へ行ったと言ってくれたね」
C「はい」
B「その時、君が歩いていって、男了棟廊下とか玄関とか女子棟とか、誰かおりましたか？」
C「いいえ」
B「女子棟の廊下には誰かいたのかな？」
C「……（１分15秒）」
B「質問わかってますね」
C「はい」
S「質問わからなかったらもう一度言ってちょうだいと言いなさい」
C「はい」
B「女子棟の廊下に誰かいたのかな」
C「……Ｓ君と澤崎先生いた」
B「それは、君見たわけやね」
C「はい」

B：弁護士　S：裁判官　C：供述した子ども

表6-2　子どもの目撃証言の信用性〈甲山事件の供述〉（大橋 1989）

定したのにもかかわらず、弁護人や裁判官が同じ質問を三度もたたみかけるように繰り返したため、否定から肯定「はい」へと変わってしまった場面の会話です。

いずれも、裁判官や弁護人など証言に立つ子どもよりも「偉い」大人たちが同じ質問を繰り返すことで子どもの回答を誘導していることがうかがわれる場面です。このような裁判の場でよく見られる質問の「繰り返し」（たたみかけ質問）は証言を歪める原因になります。

言語社会学者グライス（Grice 1975）は、会話がスムーズに進行しているときには会話者同士が「会話協力の原則（会話の公準）」に従って会話に参加しているためであると指摘しています。グライスが定式化した会話協力の原則は、①質の公準：真実を述べよ、②量の公準：必要十分な情報を述べよ、③関係の公準：相手の発話に関係づけよ、④様態の公準：明瞭で文法的に適切な表現を用いよ、の四つからなります。

では何歳ごろから会話協力の原則にのっとって会話するようになるのでしょうか。私は四歳児クラスの子どもと五歳児クラスの子どもに参加してもらって会話実験を行いました。子どもにわざと質問を繰り返してみたときの四歳児と五歳児の反応を比較してみました。五歳児は、同じ質問を繰り返すと、いぶかしそうな表情になります。「さっきと同じように答えてはいけないんだ」とか「今の自分の答えは間違っていたんじゃないか」と思い込み、私がどんな答えを言ってほしいのかを洞察するかのように、私の顔をのぞきこみます。他の答えを探そうとするのです。四歳児にはこのような行動は見られません。この実験から、五歳後半すぎから会話協力の原則にのっとった会話が行えるようになることが明らかになりました（内田 一九九九b）。

私たちは答えがすでにわかっているときには質問を繰り返しません。社会的地位の上下関係が明白な裁判の場における会話での「たたみかけ質問」は対等な会話協力の原則に違反するものです。意識するかしないかにかかわらず、裁判官や弁護人が証言の方向性をコントロールして、期待通りの供述を引き出してしまったのです。証言者は嘘をつくつもりはなかったのに、たたみかけ質問や択一的質問をされて「虚偽の」証言が共同・協働構築されてしまったのです。

相手の気持ちに配慮する——「展示ルール」

相手の気持ちがわからないと嘘はつけません。子どもは何歳ごろから相手の気持ちがわかるのでしょうか。相手の意図や思いに配慮して、自分勝手な欲求を抑えることができるのでしょうか。人目を気にして自分のふるまいを変えたり、本当は泣きたいのに唇をかみしめてがまんしたりすることは「展示ルール（display rule）」と呼ばれています。

私は、三〜五歳の子どもに参加してもらい、展示ルールの発達を調べてみました（図6—3：四枚）。絵カードを見せながら子どもに次のように質問しました。①「うさこちゃんは赤い色が嫌いでした」②「おばあちゃんがお誕生日に赤いブーツをプレゼントしてくれました」③「うさこちゃんはどうするかしら？　何て言うかしら？」と質問し、判断の理由をたずねました。

三歳児は「いらない」とすぐに答えてくれました。「どうしていらないの？」と理由をたずねると、「だって、赤嫌いなの」と元気よく答えます。

五歳児も三歳児と同様にすぐに答えてくれました。しかし三歳児とは正反対の答えでした。「も

展示ルール（display rule）
人目を気にして振る舞い方を変えられるか？

①うさこちゃんは赤い色が嫌いなの。

②うさこちゃんのお誕生日におばあちゃんが赤いブーツをプレゼントしてくれたんだって。

③うさこちゃんは、そのときどうするかしら？
なんて言うかしら？

3歳児　「いらないの。（どうして？）赤きらいなの」
4歳児　ものすごく迷う。
　　　　⇒「もらう」と「いらない」が半々
5歳児　「喜んでもらう。ありがとうって言う。
　　　　おばあちゃんが、せっかく、くれたんだから」

➡
“物怖じしない” 3歳児
“恥ずかしがりや” の4歳児
“空気の読める” 5歳児

図6-3　相手をだます「悪意の嘘」をつくには…
相手の気持ちが推測できるか？（内田 1992）

らうよ。ありがとうって言う。だっておばあちゃんがせっかくプレゼントしてくれたんだから。ぼくだったらそうするな。うさこちゃんは赤が嫌いだけど、うさこちゃんが〝いらない〟って言ったらおばあちゃん悲しむんじゃない？」と説明しました。さらに「でも、ぼくのおばあちゃん……うさこちゃんのおばあちゃんじゃないよ。岡山にいるぼくのホントのおばあちゃんは、ぼくが嫌いなものは知ってるから、嫌いなものなんてぼくにプレゼントしないけどね」と付け加えたりします。

では、四歳児はどう答えたでしょうか。四歳児は答えるまでにとても時間がかかります。「ええと……もらうかな、もらわないかな」と、ぶつぶつ言いながら迷っています。さんざん迷ったあげく、「もらう」と「もらわない」という答えが半々に分かれました。答えの理由をたずねても、いろいろな考えが浮かんでいるのか、モゴモゴロごもり、はっきりした答えは言ってくれません。「どうしてもらうの？」（あるいは「どうしてもらわないの？」）と重ねてたずねると、「嫌いなんだけど、赤。どうするかな……」と迷い続け、はっきりと理由を言うことはできないのです。

このような答え方には三〜五歳までの認知発達の差がよくあらわれています。三歳児は自分の欲求をストレートに表現します。他人の気持ちは目に入らない段階です。「第二次認知革命」（2章参照）を経てメタ認知が働くようになった五歳児は他人の視点に立つことができるようになります。そこでこの実験場面でも、おばあちゃんの気持ちに配慮して自分の本心を隠すことができるのでしょう。四歳児の反応は三歳児より後退したように見えます。しかし、三歳児との違いは、他人の気持ちにも気づき始める時期であるということです。相手の気持ちと自分の欲求がぶつかったときには困ってしまい、自分の気持ちを優先させてしまうのでしょう（内田 一九九二）。

三・四・五歳児の反応の違いから、私は、「物怖じしない三歳児」・「恥ずかしがりやの四歳児」・「空気の読める五歳児」というニックネームで呼ぶことにしました。相手の気持ちを知って、あえてその気持ちの裏をかくような「嘘」をつけるのは、第二次認知革命を経て空気が読めるようになった五歳後半すぎなのです。

3　ウソとだましのからくり

フェイクとリアルのバリア

幼児期の終わりになると、子どもは会話の中で「ウソッコ」「ホント」を口にするようになります。ウソとホント、フェイクとリアルのバリアを超える時期は、子どもの認知的処理資源が三単位から四単位に拡大する時期、第二次認知革命が起こる五歳後半以後です。

発達心理学者で京都教育大学名誉教授の加用文男さんはごっこ遊び場面を観察して、子どもは、何歳ごろから虚構と現実を意識的に区別できるかを明らかにするデータを報告しています。「これハンバーグ」と言って食べるまねをしている子どもに、あえて「だってそれお砂でしょ」と現実に引き戻すようなことばをかけると、四歳未満の子どもたちは返答に窮して黙り込んでしまいます。中には、「いいの！」と怒り出したり、あるいは「だって、ハンバーグだもん！」と主張し続けたりする子どももいます。四～五歳にかけて、「ウソッコだからいいの」などと意味づけの現実的次元と虚構的次元を区別していることがうかがわれる答え方をするようになります。

四歳児はごっこ遊びの役割については、はっきりした自覚はないのか、混乱してしまうことが多いのです。お店屋さんごっこ中の四歳一カ月の子どもに、加用さんが「何屋さんですか？」と質問すると即座に「パン屋さん」と答えます。「でも、ショウジくんでしょ」と返すと、じっと加用さんの顔を見ていますが、数秒後に「お母さんは若松ミヤコ、お父さんは若松トシオ」と父母の実名をあげたりします。ごっこ遊びの役割名と現実の混同がなくなるのは五歳後半以後なのです（加用一九八二）。

砂場で砂団子をつくっている場面で、加用さんはある子どもが「お団子どうぞ」と差し出した砂団子を受け取り、目の前でパクッと食べてみせたそうです。二歳児は、驚きもせず、淡々と今までのことを続けるだけだったり、自分でもつられて食べようとしたり、実験者の口にさらに砂団子を詰め込もうとしたりするそうです。二歳半をすぎたころから、驚いて「食べちゃ、だめ」と抗議し始めます。三歳後半から四歳にかけて「ほんとに食べたらあかんねんで」などと「ホント」などのことばでたしなめようとします。あるいは「この人、砂食べはったー」と叫び、先生に言いつけようとしたりしたそうです。五歳女児は、「ダメ、ホントに食べちゃダメなの。ウソッコで食べるマネすんの。お砂ってバッチイんだよ。ママが言ってたもん。夜中に猫ちゃんがおシッコしたかもしれないって」と論拠を述べて異議申し立てをしました。

このように、五歳児は、「ウソッコ」、「ホント」、「マネ」、「〜カモ」などのことばを言いながら、自分は知らないけれど、「ママが言ってたもん」と情報のソースを明確にして大人を説得しようとするのです。また、五歳男児の中には、加用さんが食べるのを見た瞬間、びっくりした表情で突然立ち上がり、「ほんまに食べた！　これ砂やで、砂。すごい！」と興奮したりする反応も見られたそうです（加用 一九九二）。

このようにフェイクとリアルの区別がつかない段階から、フェイクとリアルの違いに気づいて、リアル世界の行動をフェイクにもちこむと驚いて抗議する段階、さらに、きちんと理由を述べて大人を説得したり、フェイクにリアルをもちこむ大人を目撃して楽しむ段階へと進んでいくのでしょう。

観察データからは五歳後半以後、ウソとホント、フェイクとリアルのバリアを楽々と乗り越え、自由に行き来できるようになります。幼児期を通して子どもは虚構と現実の区別や操作が上手になっていきます。五歳後半すぎには、ごっこの世界を生きている登場人物と現実の保育園児の役割を同時に演じわけ、かつ虚構と現実を自由に行きつ戻りつするのを楽しむようになります。

では、虚構と現実の往復にはどんな精神操作が必要なのでしょうか？　私が行った実験研究から考えてみたいと思います。

ファンタジーの技法──「可逆的操作」

五歳後半ごろに起こる「第二次認知革命」によってことばが認知と相互作用するようになります。子どもは「ウソ」と「ホント」、「フェイク」と「リアル」のバリアを乗り越え、現在と過去、そして未来を自由に行き来できるようになります（内田 一九九九b；二〇一七a；二〇一七b）

物語を産出する営みは片言で出来事の断片を語ることからはじまります。三歳後半〜四歳前半にかけて出来事を組み合わせてことばで表現できるようになります。やがて、生活の中での経験を利用できる題材なら、もっと多くの出来事に筋道をつけて話せるようになります。四歳後半〜五歳前半になると、事件を盛り込んだ話、「欠如―補充」「難題―解決」のような語りの形式を獲得するようになります。さらに、五歳後半には大きな質的転換期を迎えます。「夢」とか「回想」のような「組み込み技法（カットバック）」を使ったファンタジーが生成できるようになるのです（内田 一九九六）。

多くの物語のうち、ファンタジーは意外な出来事、非現実的な出来事と現実をつなげる「組み込み技法」を使うものが多く見られます。物語に組み込まれた「意外な出来事」や「脱線」は、筋の展開に緊張をもたらします。しかし、これらの不連続な要素は「夢の中の出来事」や「回想シーン」であることを示唆する文や台詞の挿入により緊張が解消されることになります。

出来事の結果を見て、何が原因かを推測することを「可逆的操作」と呼びます。いつから可逆的操作が働きはじめるのかについてはさまざまな説があります。発達心理学者のピアジェは、カットバックが含まれるファンタジーを再話させたところ、七、八歳くらいから再話できるというデータを発表しています。ピアジェは、可逆的操作によって時間の進行を自由に操作できるようになり抽象的思考の段階に移行すると述べています（ピアジェ 一九八九：一九九九）。

日本の子どもたちは何歳から可逆的操作が使えるのでしょうか？　五歳後半すぎの子どもはファンタジーが好きです。センダック作画『かいじゅうたちのいるところ』（冨山房）や、かこさとし作画『むしばミュータンスのぼうけん』（童心社）などにはカットバックの演出が使われています。カットバックが理解できないとファンタジーのおもしろさはわかりません。このことから考えると、五歳後半すぎから可逆的操作が使えるのではないかと推測されます。

この仮説を検証するため、ピアジェが使ったよりも単純な材料、①「前に起こった出来事」と②「後に起こった出来事」という二つの場面をつなげてもらうことにしました（内田 一九八五）。〈順向条件〉①原因から②結果へ「マサオちゃんが大きな石につまずいて転んでしまいました。そして、ケガして泣いています」とつなげてもらうのです（図6―4a）。〈逆向条件〉②結果を先に述べて、①原因にさかのぼって「マサオちゃんはケガをして泣いています。なぜなら、大きな石につまずいてしまったからです」と①理由をあとから述べてもらいます（図6―4b）。

その結果、三歳児でも原因から結果へと時系列につなげることはできましたが、結果から原因にさかのぼって可逆的につなげることは五歳児にとっても難しかったのです（例、図6―5a、図6―5b）。

幼児期には可逆的操作は使えないのでしょうか？　しかし、子どもは二歳代の終わりごろから「だって、さっき○○したから」「だって△△だもん」という逆接の表現を使うようになります。この口調を実験場面で思い出してもらうことにしました。「お人形さん」の絵カード（図6―6）を指しながら、「お人形さんの足がとれちゃったの。だって、さっき、ミホちゃんとマリちゃんが、両方から引っぱりっこしちゃったから。こんなふうに、『だって、さっき○○したから』とつなぎの

図6-4a　【時系列因果律】順向条件（内田 1985）

図6-4b　【結論先行の因果律】逆向条件（内田 1985）

子ども：「うーん、ほんとうは芽からアサガオになるんだけど…」
内　田：「そうね、だけどこっち（②を指して）の絵からは作れない？」
子ども：「うーんと…、アサガオが、小さくなって、芽になった」
（T. I.　5歳5ヶ月）

図6-5a　出来事の順番を時系列に変えてしまう（内田 1985）

子ども：「こっちから？…」（①を指す）
内　田：「こっち（②を指す）からお話してみて」
子ども：「うーんと…、（②を見て）アサガオが咲きました。
アサガオが咲いて種ができたので、種をまいたら、また
（①を見て）芽がでました」
（S. T.　5歳10ヶ月）

図6-5b　出来事の順番を時系列に変えてしまう（内田 1985）

2歳代の終わりごろから
「だって、お兄ちゃん貸してくれないもん」

〔2歳代の終わりから使える？〕
⇒この場面で思い出してもらう

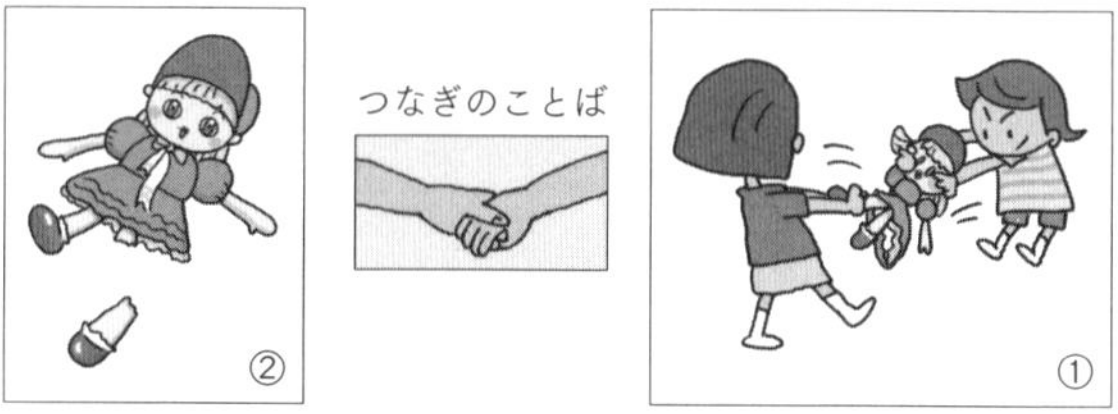

模倣訓練の結果：3度だけ真似してもらうと
⇒5歳児は逆向きにつなげることができた！

図6-6　5歳児は結論先行の因果律で説明できた（内田 1985）

模倣実験の結果
3回模倣したあと、
子どもは「因果律
⇔可逆的操作」
を使ってつなげる
ことができた！

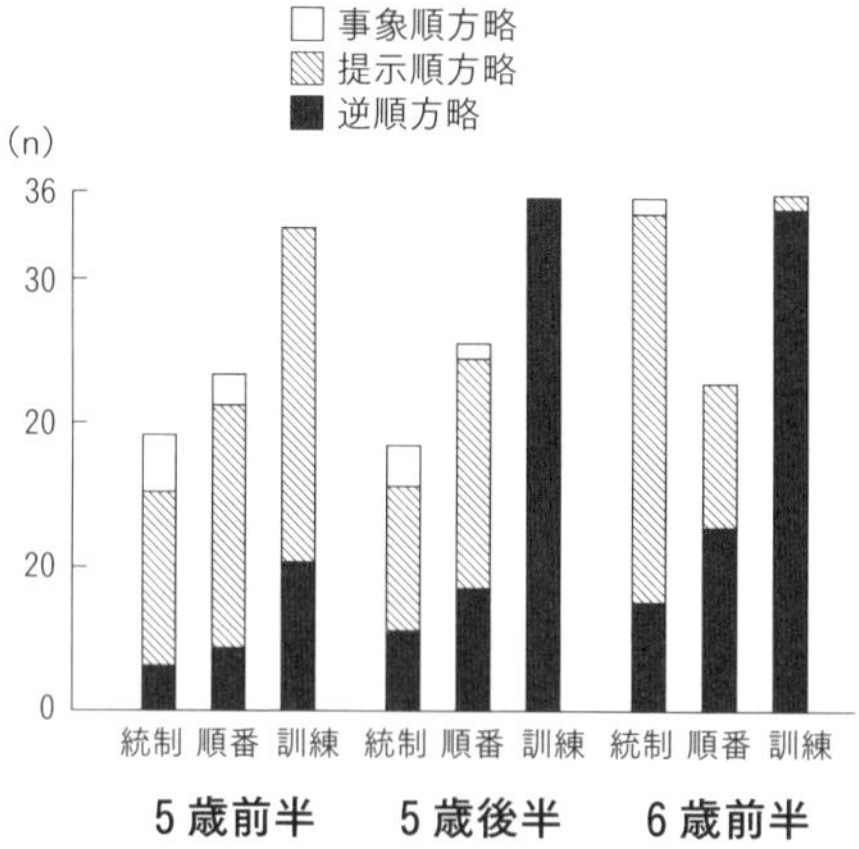

図6-7　5歳後半から可逆的操作が使える（内田 1985）

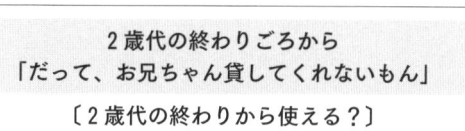

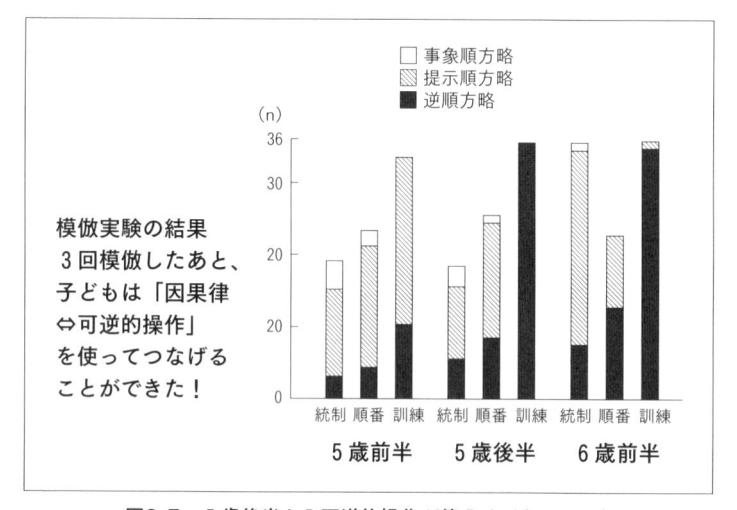

ことばを入れると、①が前に起こったことで②が後で起こったことという順番を変えず、②からつなげられるよ、まねして言ってみて」と教示を与え、子どもに三回まねしてもらいました。その結果、五歳後半の子どもは全員、可逆的につなげることができ、仮説は検証されました（図6—7）。第二次認知革命によって可逆的操作が使えるようになり、フェイクとリアルのバリアを乗り越えることができるようになるのです。

子どものウソは「嘘」ではない

幼児期の子どもでもウソをついたり隠し事をすることはあります。しかし、相手の思いを察知してその思いの裏をかくような悪意の嘘はつけません。

幼児期の終わりに第二次認知革命が起こると、認知発達やことばの発達、そして社会性の発達には、三つの質的変化が起こります。

第一に、行動のプランをもちはじめ、意識の時間軸は未来へとひろがります。第二に、プランに照らして自分の行為をモニターしたり、評価したりするようになります。つまり、自己の中にもう一人の自己をすまわせ、自分の中に他者の目をもつことができるようになるのです。「展示ルール」が獲得されて他人の思いに配慮してふるまいを変えたり、人目を気にしてお行儀よくしたり、自分勝手な欲求をがまんしたりするようになります。このころから、他人をだましたり、ウソをついて言い逃れしたりすることが見られるようになります。

第三に、過去—現在—未来という時間概念の成立にともない、「可逆的操作」が使えるようになります。哲学者カントが提唱して以来、時間概念は因果の枠組みを基礎に成立する（Kant 1778）と考えられてきました。この考え方に立つと可逆的操作を獲得した子どもは時間の前後関係を因果関係としてとらえることができるようになったと考えられます。人は――子どもだけではなく大人も――原因から結果へ、つまり、時間経過の順に「前から後へ」と推論するのは容易です。しかし、結果の出来事を見て、その原因を推論するほうが、はるかに難しいのです。「後から前へ」さかのぼって推論し、しかも、「なぜかというと……だから」のように論拠や根拠をことばで表現するのは第二次認知革命が起こる五歳後半以後のことなのです（内田 一九九六：二〇一七b：二〇二〇）。

幼児期の終わりから小学校低学年にかけて情報処理のリソースが拡大するにともない、子どもはファンタジーが好きになります。クイズや手品も楽しめるようになります。叱られないように隠し事をしたり、相手をだますつもりの嘘もつけるようになるのです。ですから、「幼児期の子どものウソは他人をだまそうとする〝嘘〟ではない」、と結論づけられるでしょう。

次章では、なぜ「ひょうたんからコマ」つまり、フェイクがリアルに変わるのかについて、デマの伝播過程からさぐってみたいと思います。

第7章 フェイクがリアルに転ずるとき

話し手と聴き手の協働

会話の中では話し手と聴き手は発話の番を交替します。交互に話しながらイメージを共同・協働構成していきます。話し手は自分の言いたいことが聴き手に伝わっているか聴き手の様子をモニターしながら語ります。そうなると聴き手が会話を方向づけているとも考えられますね。本章では、話し手と聴き手それぞれが協働して、フェイクがリアルに転化する仕組みについて考えてみたいと思います。

1 会話における語り手と聴き手の互恵性

会話の順番取りルールに違反する

会話は一般にどのようにして進行するのでしょうか。まず、自分が話し、次に相手が話し、次に自分が話し、相手が話すというように、発話の順番を交替しながら会話しています。発話の順番を交互に交替するパターンを「順番取り（turn taking）」と呼んでいます。発話の順番取りには次のようなルールが働いています。まず、話し手は自分の発話の番で最後まで話します。現在の話し手が次の話し手を選択した場合に、聴き手は番を交替します。しかし、そのような選択がなされないときには、話し手は話し続けることができます。また次の話し手の自己選択が行われれば、話し手は聴き手へと番を交替することになります（Sacks, Sceglof, & Jefferson 1974）。私たちはこのような順番取りのルールを共有していて、互いに共通の目標に向かって協力し合うのがスムーズな会話の進行にとって不可欠です。

ところが、順番取りのルールは、ときに破られることがあります。一人が話している途中で他人が割り込むことにより発話の順番を無理に奪ってしまったり、話し手が同意を求めたり、発話の番の交替を合図しても、その合図に一切応じず、沈黙を続けることで会話の番の交替に協力しない場合もあります。聴き手が「割り込み」や「沈黙」で順番取りルールに違反した結果、会話の進行が妨げられてしまいます。ときには聴き手がわざとルール違反をして話し手の発言を止め、発話権を奪ってしまうこともあります。

男女の会話場面では順番取りルール違反は男性に特に多いと言われています。男性は「割り込み」や「沈黙」などをして、順番取りのルールを破り、会話権を奪ってしまうのです。その結果、女性は男性よりもあいづちが多く、聞き役に回ってしまっているのです（Zimmerman, & West 1975; West, & Zimmerman 1977; Fishman 1978）。

ジェンダー社会学者の江原由美子さんらは初対面の男女の会話を観察したところ、アメリカのジマーマンらの結果と同様の結果を得たと報告しています。男性は女性とは異なる「質問―応答連鎖」の技能を駆使して女性の発話を中断させようとします。また男性は「割り込み」や「沈黙」を戦略的に使いながら、女性に発話し続ける意欲を失わせてしまうと考察しています（江原・山崎・好井一九八四）。

この観察結果から、江原さんらは男性は女性に対して多く割り込みをし、女性はそれに応じていつのまにか聴き手の役割を取らされてしまっているので、「形式的に男女が平等に話し合いに参加できたとしても、女性の意見が意志決定に反映されにくい構造になっている。しかもそのことに気づくことすらない」（江原一九八六、四七頁より）と指摘しています。つまり意識レベルでは「男女間でつくりあげた差別のない平等な個人同士の会話」であると思い込んでいても、行動レベルでは男女の性役割にそうようなジェンダー格差が生じてしまっているのではないかというのです。

この論文を読んで、私は、日本の文化でも男女の会話にジェンダー格差があるのか調べてみたくなりました。

ルール違反は「発話権」を奪う戦略か

会話行動に男女の違い、つまり非対称性が見られるという知見はたくさんあります（Lakoff（1975）付加疑問文は女性の発話に多い；井出（一九七八；一九八二）女性が敬語を多く使う；Brown & Levinson（1987）；間接的要求表現は女性の発話に多い；大坊（一九八二）；発話時間は男性が長い、など）。これらの知見をまとめると、男女の会話では男性は問題提起的発言をしがちで、女性は聴き役として会話進行に協力的な態度をとることが多いことを示唆しています。

会話のことば遣いは、社会的地位の指標になります。ことば遣いは社会的地位の上下、年齢の上下などで変化します。通常の会話場面では私たちは相手の風貌や服装などを手がかりにして年齢や社会的地位を推測し、それに合わせたことば遣いを調節しているのです。日本語学者の山口仲美埼玉大学名誉教授は、源氏物語のテキスト分析から「男の表現・女の表現」の特徴を鮮やかに描き出しておられます。男の表現と女の表現の違いから平安貴族の男性優位の社会構造がきわめて顕著な形で浮かび上がってくるのです（山口二〇二二）。

江原さん（一九八六）は男性のルール違反は「発話権」を奪うための戦略としてとらえています。本当でしょうか？　男性は、はたして発話権を奪うために〝戦略的〟に「割り込み」や「沈黙」などのルール違反をしているのでしょうか？

ジェンダー社会学者たちの、男の表現と女の表現の違いは、アメリカ社会の男性優位の社会構造を浮かび上がらせた知見としてとらえるべきなのではないでしょうか。私は女子高から女子大へと進学した女子校育ちです。大学院修士課程を修了後、はじめて男女共学校の一橋大学の助手になりました。すぐに、男子学生と女子学生の会話に違和感を覚えました。社会学部の学生は二〇〇名、そのうち女子学生は二〇名足らずと少数派でした。少数の女子学生は成績抜群でした。しかし、この「エリート」の女子学生が男子学生に対して、へりくだったことば遣いやふるまいをしているのです。社会に出る前にもうジェンダー格差の意識と行動が先取りされている！　驚きでした。

江原さんらも男女共学校の東大生の男女の会話を観察しています。男ことばと女ことばの違いは、男女共学校に見られる社会構造の先取りの中で生じたものと思われます。

もちろん、性差も会話行動を左右する手がかりの一つですが、唯一のものではありません。年齢や地位などの手がかりが判断できる場合には、性差よりもむしろ強い要因になるのではないかと思います。

日常の会話場面でも「これだけはゆずれない」という交渉場面や得意分野のことや関心がある話題のときには、相手が女性であろうと男性であろうと遠慮しません。気になるのは、ジマーマンらの研究も、江原さんらの研究も、これらの要因を統制していないという点です。また観察事例数も二、三例と少ないのも気になります。

さらに母語の談話構造の違いから会話の進め方やうなずき方に日米で違い――日本人は相手配慮関係調整型スタイル・米国人は自己主張完結型スタイル――があります（内田 一九九九）。アメリカで見られた会話行動の性差が日本人学生の会話にも同様であったと結論づけている点も気になりました。よしんば、日米の会話に差が見られなかったとしても、初対面男女の会話の観察回数が少なく統計分析もなされていないという点も、実験心理学の視点から見ると不安です。

そこで、会話の非対称性に影響すると思われる諸要因を統制して、初対面の男女の会話行動について調べることにしました。用いた方法論は、実験心理学方法論とエスノメソドロジー（民族誌的方法論）の二つで、両者を組み合わせて会話資料を分析することにしました（内田 一九九七）。

ルール違反は戦略ではない

先行研究と同様、初対面の男女学生をペアにして会話してもらいました。大学入試センター試験の偏差値を指標にして認知能力のほぼ等しい男女二〇組、女性同士一〇組、男性同士一〇組のあわせて四〇ペアをつくりました。また話題については内容によってシリアスな話題と軽い話題の二通り用意しました。①シリアスな話題は「男女の産み分けを考える」という朝日新聞の社説と②軽い話題は『フォーカス』という写真週刊誌に掲載された「入学式」(山本寛斎の赤・黄・緑のガウンをまとった新入生がぬいぐるみを抱っこして東大入学式典に出席した写真)です。ペアを半々に分けて①から②の順、②から①の順で二人で一〇分間ほど記事をめぐって討論し、結論を出してもらうことにしました。

事後調査として三つを行いました。第一に、会話行動を意識的に制御していたか否かを調べるために、討論が終わった後、討論中、何を意識したか、どんな役割をとったかについて内観を報告してもらいました。第二に、理想とする性役割意識を評定する尺度——「性役割志向性尺度」(例、「男性は国家の管理運営を担うべきだが女性は家庭の管理運営を担当すべき」等の五段階評定)(図7—1)に回答してもらいました。第三に、性役割意識の実態はどうかを調べる「PAQ質問用紙」(例、「意思決定の場面で積極的か受身的か」等の五段階評定)(図7—2)に回答してもらいました。

一〇分間の討論のうち、自己紹介後の五分間の会話を分析することにしました。会話プロトコルの例を表7—1に掲げます。先行研究の分析カテゴリー(表7—2a・b)を用いて会話プロトコルを分析しました。

役割志向性尺度（ISRO）

氏名　　　　　　　性別　男・女　　年齢　　歳　　所属

下に示した文章は、社会における女性の役割に対する態度をあらわしています。別にどれが正しく、どれが間違っているというのではなく、いわば単なる見解です。あなたは「A」非常に賛成・「B」やや賛成・「C」どちらでもない・「D」やや反対・「E」非常に反対のうち、自分の気持ちにあてはまると思うものに○印をつけてください。

	非常に賛成	やや賛成	どちらでもない	やや反対	非常に反対
1. 女性は家庭の管理にあたるべきであり、国家の管理運営は男性に任せておくべきだ。	A	B	C	D	E
2. 女性がキャリアを求めるならば、大方の女性は子どもを持つべきではない。	A	B	C	D	E
3. 母親が働いていると、就学前の児童には害のおよぶことがある。	A	B	C	D	E
4. 仕事を持つということは、自分自身の人生を生きているということだ。	A	B	C	D	E
5. 子どもを生むことが女性の証しである。	A	B	C	D	E
6. キャリアを求める女性にとって、出産や育児がその障害となることがあってはならない。	A	B	C	D	E
7. 特別なケースを除き、妻が料理や掃除をやり、夫が家族のために金を稼いでくるべきだ。	A	B	C	D	E
8. 女性にも男性と全く等しい雇用の機会が与えられるべきである。	A	B	C	D	E
9. 女性は家にいて、子どもの世話をしている方がずっと幸福である。	A	B	C	D	E
10. 働く母親でも、働いていない母親と全く同じように、子どもとの間にあたたかな安定した関係を確立することはできる。	A	B	C	D	E
11. 女性は自分のキャリアを考えるよりも、まず育児と家事を自分の仕事であると心得るべきである。	A	B	C	D	E
12. 女性は自分のキャリアを考えるよりも、まず育児と家事を自分の仕事であると心得るべきである。	A	B	C	D	E
13. 私は、夫が家庭内の雑用をうけもち、妻が家計をまかなってもいいと思う。	A	B	C	D	E
14. 男でも女でも、同じ仕事に対しては同じ賃金（報酬）が支払われるべきだ。	A	B	C	D	E
15. 私は、妻に働かせて自分は家で子どもの世話をするような男性を尊敬することはできない。	A	B	C	D	E
16. 肉体的な重労働が女性に向かないように、精神的、感情的特質ゆえに女性に向かない仕事もいろいろあるということを、女性自身が自覚すべきである。	A	B	C	D	E

図7-1　「理想」どうあるべきか？——「性役割志向性尺度（ISRO）」

PAQ 質問用紙

この尺度はあなたが自分自身をどんな人間だと思っているか、そのイメージをとらえるためのものです。それぞれの項目は、正反対の特徴を表わしているペアーからできています。たとえば次の例をごらんください。

全く芸術的でない　A　B　C　D　E　非常に芸術的である。(つまりあなたが、同時に非常に芸術的なのと全く芸術的でないのと両方であることはできないのです。) A から E のうち、あなた自身にあてはまると思う記号のところに○印をつけて下さい。

1. 全く積極的でない	A B C D E	非常に積極的である
2. 依頼心が非常に強い	A B C D E	依頼心がない
3. 全く感情的でない	A B C D E	非常に感情的である
4. 非常に従順である	A B C D E	非常に支配的である
5. 重大な危機にでも全く興奮しない	A B C D E	重大な危機に非常に興奮する
6. 非常に受身である	A B C D E	非常に能動的である
7. 献身的になることが全くできない	A B C D E	大いに献身的になることができる
8. 非常に荒っぽい	A B C D E	非常におとなしい
9. 人のために自分を役立たせることができない	A B C D E	人のために自分を役立たせることができる
10. 競争心が全くない	A B C D E	非常に競争心がある
11. 非常に家庭志向的である	A B C D E	非常に社会志向的である
12. 全く親切でない	A B C D E	非常に親切である
13. 自分のやったことを他人に認めてもらうことに無関心である	A B C D E	自分のやったことを他人に認めてもらうことを非常に必要とする
14. 全く傷つかない	A B C D E	非常に傷つきやすい
15. 全く人の気持ちに心を配らない	A B C D E	非常に人の気持ちに心を配る
16. 決断を簡単に下せる	A B C D E	決断を下すのに困難を伴う
17. 非常に簡単にあきらめる	A B C D E	簡単には決してあきらめない
18. 決して泣かない	A B C D E	すぐ泣く
19. 全く自信がない	A B C D E	非常に自信がある
20. 強い劣等意識を持っている	A B C D E	非常に優越感を持っている
21. 他人を全く理解しない	A B C D E	他人を非常に理解する
22. 他人との関係において非常に冷たい	A B C D E	他人との関係において非常に温かい
23. 安心を得るための何らかの保証をほとんど必要としない	A B C D E	安心を得るための何らかの保証を非常に強く必要とする
24. 圧力に屈する	A B C D E	圧力によくたえる

図7-2　「現実」実態はどうか?——「PAQ 質問用紙」

会話の過程で生ずる言語・非言語行動のトランスクリプト（書き起こした発話資料）を作成し、[番の交替] や [発話の重なり]、[発話停滞] の秒数などを記入した。

A：気持ち悪いですよねー、これ		うん。	
B：	ほんと、気持ち悪い。		

↿[番の交替] がスムーズ

A：	うん。ぜったいしたくない。	
B：　こういう人とは絶対結婚したくないでしょう？		

↿[発話の重なり」

A：（笑い）	いったりして。
B：P（4"）でもお見合いにこのぬいぐるみもって（笑い）	

↿P＝[発話停滞] ※（　）内は停滞の秒数

表7-1　発話プロトコルの分析方法

a 説得型（男＞女）	b 協力型（女＞男）
ルール違反	**相手を支持**
・割り込み	・あいづち
・同時発話	・反復
・無視（沈黙）	・付加疑問
主張・説得	**積極的協力**
・反論	・沈黙の修復
・話題提供	・発話の促し
・問題提起的質問	・援助的質問
・前置き	・援助
	・情報精緻化

表7-2　分析カテゴリー（先行研究の基準）

男性＞女性…「沈黙の修復」「情報精緻化」
女同＞男同…「割り込み」
男異＞女異…「沈黙の修復」
→ すべて先行知見と不一致だった

①男性の方が会話進行に協力的である
②男性は女性の場合に会話進行に協力的な役割を取る
→「沈黙の修復」「発話の促し」「援助的質問」「情報精緻化」が多くなる
③女性は相手が女性・男性にかかわらず、リラックスして会話に参加している
→「ぼかし」カジュアルな表現が多い

表7-3　結果――会話の非対称性

その結果、「割り込み」は先行の知見と同様、男性に多く見られました。ただ、実験参加者の内観に照らすと先行知見とは異なり、「割り込み」は会話の主導権を取るための戦略ではないのです。男子学生は女性との会話に不慣れなため、緊張してしまい、「なにか気のきいたことを言わなきゃ」と慌てて割り込んでしまうのです。

また先行研究では女性に多いとされていた「沈黙の修復」は男性に多かったのです。男性の内観には「相手が退屈しないよう気をつけた」「なにか言って対話をはずませなくては」などが多いのです。しかも対話の相手が女性のときほど、会話に気をつかっているのです。女性はリラックスして会話に臨み、「おもしろい討論になった」と前向きです。これらのことから、男女の会話場面では男性のほうが会話の進行に気を配っていることが明らかになりました（表7―3）。また、男性には「異性との会話に緊張を感じるが同性同士は気楽である」という内観を報告するものが多く、男性のほうが女性よりも相手との距離を保って（初対面の女性にやや緊張しながら）会話をしていることがう

「自信型」　＝理想と実態が一致している人

・男性度の高い男性
・両性具有的な女性
・「割り込み」「沈黙」少ない
・「沈黙の修復」多い

➡ いつでも自己主張できるので、
会話進行に協力的であり、
聞き上手になれる。

表7-4　結果――ジェンダー意識と会話の非対称性の関連

かがわれました。

性役割意識の評価点と会話行動の関係を分析すると、興味深いことが明らかになりました（表7―4）。理想とする性役割が実生活でもとれている「自信型」（両性具有的な女性、男性度の高い男性）は会話進行に協力的でした。内観からは、「自信型」に属する人は、女性も男性も「いつでも自己主張ができるので、相手の意見を十分に聞くゆとりがある」と答えていました。これらの結果はジマーマンや江原さんたちの知見とはことごとく正反対の結果となりました。

また最初に予測したとおり、話題によって会話行動がまるで異なることも明らかになりました（表7―5）。討論のプロトコルを「生産性」①一貫性・結束性、②対話者の貢献度、③結論の妥当性の観点で大学院生二〇名に評定してもらいました。その結果、「男女の産み分けを考える」というシリアスな話題では女性同士がもっとも生産的かつ現実的な結論を導くよい討論を行っていることがわかりました。男性同士の会話は自分たちに関係ないと思うのか、討論の生産性の得点は低かったのです。軽い話題「入学式」では、女性同士のペアの会話がもりあがりました。しかし、男女のペア（特に相手が東大生とわかったとき）では、いかにも話しづらそうで、苦笑いしながら「いろんな人がいるもんですね」とあたりさわりのない結論で締めくくりました。

対談番組「徹子の部屋」

テレビ朝日系列で一九七六年から放映されている「徹子の部屋」という対談番組は二〇二二年現在四七年目、放送回数一万一〇〇〇回を超える長寿番組です。司会者黒柳徹子さんが毎回各界の有名人をゲストに招き、その人となりを引き出していく話術の巧みさには感動します。この対談を分析することにしました。先に紹介した研究では、学生を対象にしているので社会的地位や年齢の上下の要因については検討できていません。そこで、「徹子の部屋」に招かれるゲストの性・年齢・社会的地位を統制して四〇組を抽出しました。話題がもりあがる場面、五分間の会話プロトコルを分析しました。年齢や社会的地位の上下によって会話進行的機能や問題解決的機能の発話が変化することが明らかになりました（表7―6）。

会話の非対称性の生起因――社会的地位

会話の非対称性に寄与すると想定される諸要因を統制した研究結果をまとめてみましょう。

第一に、会話の非対称は「社会的関係」を具現化した結果生ずるものです。社会的関係としては年齢や社会的地位が重要ですが、これらが同程度なら性差も社会的役割の上下を判断する手がかり

(1) 話題「男女の産み分け」vs「入学式」

→関心度や会話への参加態度に影響を与えた

⇒会話の生産性に影響した

(2) 会話の生産性

①一貫性・結束性、②対話者の貢献度、③結論の妥当性の3つの観点で、大学院生20名に5段階評定してもらい得点を算出した。

【会話の生産性の得点】
「男女の産み分け」＞「入学式」
「男女の産み分け」　女同＞男女＞男同
「入学式」　男同≒女同＞男女

表7-5　結果——話題への関心度は会話の生産性に影響した

方法　対談番組「徹子の部屋」
対談相手：性（男・女）×年齢（高・低）
各10組のプロトコルを分析

結果　性別では差がない。発話の差をもたらした要因は相手の社会的地位（年齢）

目下：「割り込み」「沈黙」多い
→発話権の発動→会話を引っ張る
目上：「沈黙の修復」多い
「敬語」「丁寧語」も極めて多い
→相手との心理的距離を大きく取る
→会話進行に協力的で、聞き上手

表7-6　対談番組の分析結果

になります。

第二に、社会的関係についての認知によって会話行動は意識的に制御され、その結果として会話表現に非対称性が生じます。

第三に、性役割意識は会話進行の強い関連要因です。「自信型（両性具有的な女性と男性度の高い男性）」は男性でも女性でも、「割り込み」や「沈黙」などのルール違反をしません。彼らは、ゆとりをもって会話に臨み、会話進行に協力的になり賢い聴き役になれるからです。

第四に、会話行動は会話の参加者の目標やトピックへの関心、既有知識の程度、説得の技能への熟達度、敬語の熟達度などによって状況依存的に変わります。

第五に、話し手は相手から自分がどのように見られるかを意識しながら、会話に参加していることがわかりました。

会話者同士の心理的距離は自分と相手との社会的関係にもとづいて決定されます。相手が初対面のときには、相手の年齢、服装、雰囲気、肩書きなどから判断します。性差も、社会的価値に埋め込まれていて、会話進行に影響を与えているのです。

相手を説得したり交渉するときには、性差の要因は潜伏してしまいます。

なんとか有利にことを進めようとして、人は発話権を奪うために、意図的・戦略的に「割り込み」や「沈黙」などのルール違反をおかすことがあります。

もちろん、特に意識しなくても、緊張するあまり、ルール違反をしてしまうことがあります。会話の相手が目下であるときや、親しい友人の場合、相手の出方を待たずに、会話に割り込み会話進行を立て直そうとすることもあります。

会話後の内観報告からは、女性が「展示ルール」を使って会話していることがうかがわれました。たとえば、「相手からどのように見られるかを配慮して表現を変えた」「相手はどういう意見を言うか、発言をさし控えた」というような内観は女性から報告されることが多かったのです。一方、男性のほうは初対面の相手から自分がどう思われるのか、相手がどんなふうに感じているかについては無頓着でした。

会話をスムーズに運び、相手との協調的な関係を保つためにも、想像力は不可欠です。ところが、男性は、こうした場面で、相手の反応を推測したり、自分の発言がどんな解釈をもたらすのか想像をめぐらすことをあまりしないようです。この実験に参加した男子学生は社会的技能が未熟であり、おまけに初対面の女子学生を前にあがってしまい、ルール違反をおかしてしまうのでしょう。

よい会話を交わすために

日米の会話行動を比較した言語心理学者のクランシー（Clancy 1982）や筆者（内田一九九七）の研究によると、アメリカ人にとっては、会話では情報伝達や意見の調整に力点が置かれることが多いので、ともかく自己主張に主眼をおいた話し方をします。しかし、日本人のそれは相手とのよい人間関係をつくりあげるほうに主眼があります。会話中は話し手が聴き手の態度に注意を払っていて、同意やあいづちを求めることが多くなります。ときには相手のあいづちや表情を見て、とっさに自分の意見を変えてしまうことすらあります。

日本人でも、交渉や説得の場面では、意図的・戦略的にルール違反をおかします。しかし、日常のおしゃべりでは、「聞き手」（聴き手ではない）の役割が特に重要です。おしゃべりは相手とのよい関係をつくるためなので、結論がどうあれ、相手と気楽に気持ちよく会話できればよいのです。

説得場面であれ、社交的なおしゃべりであれ、話し手は、聴き手・聞き手の表情やうなずきに気を配っています。発話の意味が不明なときには質問したり、いぶかしそうな表情をしてみせます。それを見て、話し手はあわててことばを補ったり、自分なりの解釈や理由づけを加えることになります。

会話の非対称性をめぐる研究結果から明らかになったことは、コミュニケーションは相手とリズムを共有することによって成立するということです。会話では相手のことばを聞くのではなく聴くことが肝心です。つまり相手の心の声を受けとめ・共感しながら、会話を進めます。相手との関係に配慮し、思いやりをもって会話を進めることがよいコミュニケーションの前提条件になる（内田・坂元二〇〇七）のでしょう。

2　都市伝説──「口裂け女」は生きていた!?

「口裂け女」は生きている？

噂話が人から人へと語り伝わるうちに、もとの情報はどんどん変わっていきます。噂を語り合う中で私たちは自省心を失ってしまうことがよくあります。恐怖や不安が「迷信」をつくりだします。私たちが何ごとかに接して、不安や恐怖を感じたときには、疑心暗鬼や憶測が生まれやすくなります。逆に期待をもってしまうと、ありもしない妄想に取り憑かれることにもなります。

噂が伝わる過程で、情報はどんどん変化していきます。語り手と聴き手、それぞれの関心や興味が結びつき、情報が改変されていくのです。その改変の過程を「口裂け女」の都市伝説からさぐってみましょう。

「整形手術の失敗で口が耳まで裂けた女があたりをうろついているようだ」これが人々の間で広まった「口裂け女」の噂です。昭和五三年（一九七八）の暮れに、小・中学生たちの間で語りはじめられ、やがて親や学校までも巻き込んでひろがります。他愛《たあい》のない「世間話」は岐阜県東部ないし中部に発生し、翌五四年（一九七九）には主として小中学生の生活圏をたどってほぼ全国的に波及していきました。この伝播をいち早くマスコミが取り上げました。噂の伝播の早さや広さもさることながら、発生の場所がある程度はっきりしている点でも、この種の噂話として稀有の例といってよいかもしれません。

幼稚園や小学校の庭の片隅でヒソヒソと語り伝えるたびに、語る子ども自身にも聴き手にも不安や恐怖心がわきあがります。幼児期に聞いたこの噂を子どもたちは覚えているだろうか？　こんな疑問から小学六年生にインタビューしてみました。子どもたちは幼稚園年長組、五、六歳の夏から秋にかけて噂をしあったのです。その六年後、この子たちが小学校六年生になったときに噂を思い出して語ってもらいました（内田 一九八六）。

口裂け女ってね、子どもしか見えなくて、大人には見えないの。そいで耳が口まで裂けてんの。大きなマスクしてて「私きれい？」って聞くから、「きれい」って答えると、だってマスクの上は目のきれいな人だから、……「これでも？」って言って、マスクをはずして耳まで裂けた口を見せんの。見せられた子どもは恐いから逃げるの。口裂け女は頭につける油がこわいんだよ。なんていうんだっけ？　ポ、ポ、ポ（実験者：ポマード？）そう、それとべっこう飴が好き、それを投げるとそっちのほうにいくから、その間に逃げんの。髪を結んだ子が嫌いだっていうことも聞いたことがある。それと鏡が嫌いだから幼稚園の頃、外にいくときは、鏡を持っていきたいなと思ってたんだ。

［千葉県市川市　U・T　一二歳］

口裂け女は七人きょうだい。きょうだいは一人を抜かして全部男の子だった。そいで男の子は口が大きかった。その家族は昔から口が大きかった。お母さんは死んじゃっていなかった。一人の女の子は、口が小さくて、かわいらしい口だったの。お父さんが口の小さい女の子の口を包丁で切った。自分の家族なら口は大きいはずだって。女の子は死んじゃったの。それからお父さんをのろって口に特徴のある人とか、男の人のところにゆうれいになって出るようになった。これが口裂け女なの。それと口裂け女は鏡がこわい。なぜ鏡がこわいかっていうと、口裂け女はもともと口が小さくて、かわいらしい口しててブスではなかった。だから自分用の鏡を持っていた。その鏡にはもとのかわいらしい口の自分がうつるの。でも、ふつうの鏡は全部、本当のことを映すからこわいの。

［千葉県船橋市　N・E　一二歳］

口裂け女はマスクをして、髪はおかっぱにしてんの。厚化粧をしている。そして人通りの少ない電柱や木のかげにいる。若い男の人だったら「そこの男の子」とか「ちょっとそこの子」とか「君」と言って呼び止める。「はい」って後ろをふりむくと、一回目は誰もいない。また声がするの。また後ろをふりむくと、後ろを向いた女の人が立っている。「私、きれい？」って聞くの。こわいから、男の人は「き、き、き、きれいです」って言う。するとその女の人は、マスクをピラッて取る。そうして裂けた口をむき出しにして、「これでも？」って言うの。男の人はこわいから逃げんの。そうすると、追いかけてきて殺しちゃうの。

〔千葉県船橋市　K・H　一二歳〕

この子どもたちが語った口裂け女のお話には、さまざまな要素が含まれています。小さいころに聞いたとおりを思い出して話してもらうという事態であるにもかかわらず、どの子も臨場感あふれる語り口で状況を描き出しました。たとえば、主人公の容貌や衣類についての描写の細かいもの、「百メートルを六秒で走る」とか、「セリカ（トヨタ自動車の車種）よりも速く走る」というように、走り方を具体的に説明するもの、襲う場面の描写の詳しいもの、また、口裂け女の出現の由来を話すものなどさまざまな語りを採集することができました。内観を聞いてみると、やはり子どもによって関心や注意を向ける箇所は違っていて、自分にとって特に目立つ情報を粉飾して語っていることがうかがえます。

また、子どもが解釈を加えながら語っていることも注目されます。「だってマスクの上は目のきれいな人だから」（U・T）、「なぜ鏡がこわいかっていうと」（N・E）、「こわいから」（K・H）などのメタコメントを語りに加えているのです。これらのメタコメントの挿入は噂を想起して再話する過程で自分なりに解釈を加え、納得しながら語っていることを示唆しています。子どもたちは、自分が聞いた話をそのまま語るというよりは、聴き手に向かってていねいに詳細に伝えようとしているのです。聴き手に伝えるという行為の中で、整合性ある話にまとめあげるために想像力が活発に働いていることがわかります。その結果、いつのまにか、語り手の解釈や理由づけなどが付け加えられ、噂にはさまざまな異型が生成されることになるのでしょう。

語りの類型化

民俗学者で國學院大学名誉教授の野村純一さんは、口裂け女の噂が地域によってどのように変化したかを明らかにしました（野村 一九八二）。國學院大学の新入生を対象にして噂をレポートに書いて提出させました。そのレポートを分析した結果、年を追うごとに、噂は類型化、典型化していくことが明らかになりました。

耳のところまである白い大きなマスクをしていて、それを取ると真っ赤な口が耳元まで裂けている。通行人と逆の方向に立っている。急に後を振り向き、「私、きれい？」と言ってマスクをはずす。その口を見せられた人は、みんな驚いて逃げだそうとする。「私、きれい？」に答えなければナイフで脅される。百メートルを三秒で走って追ってくる。口裂け女は髪につけるポマードが嫌い。

［昭和五六年（一九八一）春高校卒業　沖縄県那覇市　N・K］

この年度の調査結果では、北は北海道から南は沖縄にいたるまで、似たような話が全国各地にすさまじい勢いで広まっていったことがうかがわれるということです。では次の年はどうなったでしょうか？

赤い服に赤いマントを着ていて、大きなマスクをして鎌を隠し持っている。〝口裂け女〟が「私　きれい？」と聞いて、「はい」と答えると「これでも？」といって、自分のマスクを剝いで、相手に鎌で切りつける。髪の長い色白の美人で、口が耳まで裂けている。

［昭和五七年（一九八二）春高校卒業　福岡県直方市　I・E］

この年度の資料の特徴は、前年のものと比較して、「主人公の造型化」の傾向がうかがわれます。すなわち、「漠然とした恐怖の対象から一歩踏み込んで、話の主人公は〝赤い服に赤いマント〟を身にまとったり、〝髪の長い色白の美人〟といった具合いにその姿を具象化し特定しようとしている」（野村　一九八一、二四頁より）のです。

また、手にするものが「ナイフ」ではなく、「鎌」なのは注目されます。野村さんは「この国における伝統的な民俗社会の慣行習俗にあって、相手の身体を切り裂くに当たって鎌はしばしば陰惨なイメージを伴って用いられ、しかもこれを逆手に持つことによって、そこにはすでに非日常的な事件、つまりは異常事態の出来事を予告、予知する風があったからにほかならない」（野村 一九八四、二七頁より）と述べておられます。

資料には鎌を「逆手にかざす」という記述はなかったということですが、これは現代の、都会の語り手たちの鎌についての具体的知識のなさをあらわすものかもしれません。しかし、近代的な刃物ではなく、「人に向かって鎌をかざす」という非日常的な刃物を持ちだしている点に、異常事態を知らせる象徴的な様式化がうかがわれるのです。

では三年経つと「口裂け女」はどうなったのでしょうか？

三人姉妹がいる。一番上の姉は整形手術をして失敗して口が裂ける。二番目の姉は交通事故で口が裂ける。そのため末娘は気が狂って自分で口を裂いて病院に入っていた。そこを抜け出して町に現れる。髪が長く、いつもマスクをしていて片手に鎌を持っている。べっこうあめを渡すと追いかけてこない。ポマードと言うと逃げていく。

〔昭和五八年（一九八三） 春高校卒業　神奈川県横須賀市　K・S〕

この例に示すように、三年後には話はいっそうの類型化・定型化を見せるようになります。まず、主人公の造型化はいっそう進み、「口裂け女は三人娘の末娘」というように、続柄を明確にする記述が目立つようになります。『三匹のこぶた』『白鳥の王子』『オオカミと七ひきのこやぎ』などの例を出すまでもなく、童話には、「みそっかす」が解決の鍵を握る話は多く見られます。

時の経過とともに、噂話は昔話の典型的な展開の仕方に類似していき、類型化が進んでいくことがわかります。

また、難を避ける方策として「〝ポマード〟と三回唱えればよい」とか「〝べっこうあめ〟を三個投げればよい」というように、あとになるほど、三にこだわるようになります。同じことが三回繰り返されるのは稀《まれ》なことです。それが起こるということは夢のような超現実感を与えることになります。と同時に、形式的に安定感も与えるのです。

さらに、先の六年生の再生の語りに見られるように、なぜ人を襲うようになったかの由来を語るという特徴がはっきりしてきます。奇妙な出来事を目の前にしたとき、人は、「どうして？」「なぜ？」と問いたくなります。その問いに答えを与えようとして想像をめぐらせます。

では、こうした解釈や展開の仕方は何によって支えられているのでしょうか？　「口裂け女」の伝播のスピードや地域の広がり方を見ると、人間の心に潜む何らかの心理的基盤がその伝播を支えているように思われます。

「うそから出たまこと」となる瞬間、フェイクがリアルに転ずる瞬間にどんなことが起こるのか、想像から創造への道筋をたどってみましょう。

3　フェイクがリアルに転ずるとき

噂がリアルに変わるとき

口裂け女の噂は子どもたちの好奇心や不安の喚起を媒介にして自然に伝わっただけではありません。学校や警察などの公共機関の介入が、いっそうリアルな人間としての「口裂け女」に対応せざるをえなくなるのです。たとえば、岐阜県の加茂署や大垣署などをはじめ学校などの公共機関は、子どもたちから噂を聞いたという母親たちからの問い合わせの電話を受けて、それなりの対応をせざるをえなかったそうです。また、神奈川県平塚市では、パトカーが出動しました。東京のある小学校では「口裂け女が出ているのでまっすぐ家に帰りましょう」と連絡簿に記入され、茨城では「マスクをした人を見たらすぐに逃げなさい」などと通知しました（朝倉一九八九）。

こうした公共機関の対応ぶりがさらに噂に「信憑《しんぴょう》性」を持たせて、噂の流布を勢いづけたのかもしれません。子どもたちの語る〝口裂け女像〟についてのリアルな描写は、噂の主たる伝え手であった子どもたちに、口裂け女が犯罪者や痴漢などというリアルな存在として扱われたことを示唆しています。フェイクをリアルに変えることに親や警察署、学校の連絡帳も加担して、子どもを不安にさせました。フェイクがリアル化したことで子どもの生活世界は脅かされ、異形者（異常者・不審者）の像が鮮明になっていきました。

ある小学生は「教室で口裂け女の話にのらないと仲間はずれの雰囲気なの。で一緒にいろいろな話をしているうちに怖くて怖くてふるえてくる」と家で話したそうです。このような報道記事からは、当時の教室の雰囲気にその規制力・指導力が生成されていく様子が垣間《かいま》見《み》えます。

先に紹介した六年生の、「幼稚園に行くとき、鏡をお守りのようにもっていきたいと考えた」という内観から見ても、ほんの短い間であったにせよ、子どもたちにとって「口裂け女」は単なる想像世界の表象（イメージ）、つまり、フェイク（虚像）にとどまらず、リアルな実像であったのです。語り、聞き・聴き、また伝える過程で、フェイクはリアルとして現実味を帯びてゆきます。

「ヒトは自分の見たいものしか見（え）ない」（下條 二〇一九）のです。現実にはススキであっても、幽霊を「知覚する」のです。現実にはたんなる植物が、ひょっとして幽霊が出やしないかと恐怖する心や暗黙知によって、幽霊を「見させて」しまうのかもしれません。「暗がりで、髪の長い女の人に出会ったら、口裂け女ではないかと恐怖でからだが動かなくなった」と報告した六年生もいました。いずれの例も、想像世界を現実のものにしてしまうという人間の特性が、現実認識を誤らせることを示唆しています。

うそから出た「まこと（真・誠）」

「口裂け女」のような他愛ない世間話はともかくも、自分の生活に関わりの深い噂話では、「こうなってほしくない」、「こうなりはしまいか」という不安や心配や期待が、ちょっとした情報の解釈と結びつくととんでもない行動を人々に引き起こしてしまうことになります。やっかいなのは、つじつまをあわせようとしてますます自分の判断に固執し引き返せなくなることです（下條 二〇一九）。

デマの発生・展開・消滅の過程

噂には、それを発生させ、その流布を勢いづかせる社会的背景と心理的基盤があると思われます。特に自分に関わりのある噂、損得に関わりのある噂に人々は敏感です。噂話から実行為が起こった事例については社会心理学の領域でよく研究されています。

人々がパニックになったとき、避難行動や預金の引き出しなど具体的な行動に駆り立てられます。一九七三年に館山市内の小中学生の他愛のないおしゃべりに端を発した「地震予言」は房総全域に流布した例として知られています。このときには、館山市内の電気器具店の懐中電灯が飛ぶように売れ、雑貨店ではロウソクが売り切れてしまったのです。

このようなデマが発生する背後には、館山市は千葉県下でもっとも地質が悪く、関東大震災で最大の被害を受けたという経験をもっていること、あるいは、地震の六九年周期説の危険範囲内にあることなどの現実的な基盤があります。

しかし、このデマを支えたのはむしろ社会心理的基盤がもっと大きいのではないかと思われます。当時、小松左京の『日本沈没』がベストセラーになり、五島勉の『ノストラダムスの大予言』などから、日本中が終末論ブームに包まれていました。大人たちは一種の「社会不安」の状況におかれていたのです。このような社会心理的基盤を背景にして、噂がフェイクでなくなり、虚構と現実の距離感がゆらぎはじめます。これが、人々に、本当に地震が来そうな予感を引き起こします。不安が人々を懐中電灯やロウソクを買うことに駆り立てたのです。

デマとは共同でつくりあげた物語の典型です。その発生や展開、消滅の過程を見事に示してみせるものとして、また、想像的かつ創造的改作がどんどん起こっていく過程を示しているものとして、一九七三年に愛知県で発生した「豊川信用金庫の取り付けパニック」が知られています（木下 二〇一六）。

「豊川信用金庫があぶない」「豊川信用金庫がつぶれる」というデマによって、一九七三年一二月一三日に、愛知県豊川信用金庫小坂井支店で取り付けパニックが起こりました。

デマは一二月八日の朝、電車の中での女子高校生三人の他愛のないおしゃべりに端を発していま す。豊川信用金庫に就職が内定している一人（A）に向かって、他の一人が「信用金庫なんて、あぶないわよ」とひやかすように言ったのだそうです。この他愛のない軽口が小坂井町全体を巻き込んだ「騒ぎ」の発端になりました。

Aはこの話を寄宿先の豊川市国府のおば（B）に話しました。「豊川信金、あぶないみたいよ」と自分が内定している豊川信用金庫という固有名詞を使って話している点は注目されます。Bはさっそく豊川信用金庫本店近くに住む実兄の妻（C）に電話をかけ、「豊川信金があぶないという噂があるが、本当か」と問い合わせました［以上一二月八日］。

翌日Cから近所の美容院の女主人（D）に噂が伝えられました［一二月九日］。Dは親戚の女性（E）に「噂」としてこの話を伝えました。ここにたまたま隣町の小坂井町からクリーニング店主（F）が遊びに来ており、噂の舞台は小坂井町に移ることになります［一二月一〇日］。ここでデマはいったん停止しました。

ところが、一三日の午前一一時半ごろ、たまたまこのクリーニング店に電話を借りにきた男がいました。通話内容は家の者に「豊川信用金庫に行って、すぐ一二〇万円おろすように」というものでした。これを聞いたクリーニング店の女主人（G）は、デマを真実のことと思い込んでしまいます。

「ひょっとしたら豊川信金はあぶないのでは……」という疑いが胸につかえている状態で、実際に預金の引き出しを行う人を目のあたりにしたために、噂は現実味を帯びてしまいます。「やっぱり豊川信金はあぶないんだ」と確信し、思い込んでしまいます。

そこで彼女は外出中の夫を電話で呼び出し、信金から預金（一八〇万円）を引き出すよう伝えます。その後、夫婦二人で手分けして、友人、知人、得意先など二十数軒に電話をしたり、近所に出向いて伝えたりしました。この近所の住人の中にアマチュア無線（ハム）の利用仲間の支部長がいて、ハム仲間二十数人に無線を使ってこの話を流しました。こうしてデマは当時の近代的な「飛び道具」に乗せられ、急速に拡大したのです。今なら、SNSに乗せられて、噂は一瞬にして世界中に拡大するでしょう。

かつて小坂井町民の多くが、七年前、中日本産業という町の金融機関の倒産によって大きな被害を被っていました。この経験が「もしかすると豊川信金もつぶれるかもしれない」という漠然とした不安を呼び起こし、取り付けパニックという実行行為に駆り立てたのかもしれません。

このような社会心理的基盤が、自分も被害者の一人であり、「信用金庫」を「豊川信金」と思い込んでしまった女子校生のおば（B）と、電話と「噂」を結びつけ、現実に起こっていると確信してしまったクリーニング店の女主人（G）のパニックに果たした役割は大きいと思われます。「金融機関はあぶない」という先入見や「もしかしたらまた」という不安感、「もう二度と損はしたくない」という願望や欲求が虚構を真実のものととらえさせることになったのでしょう。

噂は、ことばで伝えられることを通して、語り手と聞き手の間で、すぐに「現実のこと」に転化するための心理的基盤をつくりあげ、リアルと思えるような物語にしたてあげてしまうのです。この過程では虚構と現実の間には距離感がなく、人々の集合的意識――暗黙知を活性化させ、実行行為にまで走らせることになります。

フェイクもリアルも創造的想像の産物

アメリカの教育心理学者ブルーナー（Bruner 1993）は、表象の機能の本質は世界を再構築することにあると述べています。既有知識や現実世界から取り出された素材から整合的な表象をつくりだします。

私は、知識や経験の断片からまとまりのある表象がつくられるまでに、次の三段階を想定しています。

第一に、いくつかの仮説を思いつきます。第二に、事象を考慮してその仮説の中から目的や規準にかなったものを選び出します。第三に、第一と第二の所産を、「信憑性」の視点から吟味し評価します。この話は信ずるに足りるか、受け入れるべきかどうかを判断し、修正・改変・革新するのです。この第三段階は通常は表に現れず、意識化されない暗黙知であることが多いと思われます。

こうして、事象についての整合性ある解釈がつくり出され、理解可能なものに変化します。未知だったものが既知になり一種の「リアルな物語」ができあがります。

もちろん、未知のものを解釈する仕方は、無数にあります。たとえば、神話は「死とは何か」とか「宇宙はいかにしてできたか」という根源的な問いに対する一つの答えであると考えられます。ある文化、一つの集団、共同体のなかで伝達され、再生される解釈としての語り、つまり、物語は決して虚構のものではありません。偽りの絵空事でもないのです。コミュニティのメンバーたちが主体的に取捨選択し、選びとってきた価値体系の表現そのものなのではないでしょうか。

編集工学者の高橋秀元さんは同様な考えを述べています。

物語とは、設問の自由と解答の自由の間におこるフレキシブルな解釈の自由をゆるす大脳のシステムにあり、その多様な選択肢は、人間が生きるという行為のなかで描く過去と未来のイメージの創造によって、淘汰され、限定されるものなのであろう。

こうして発生した物語に集団の意志の流れをつくりあげたり、また解体させたりする実効があることは興味深い。物語はたしかに作為であり、広い意味での虚偽である。しかも、この虚偽は、よし虚偽であったとしても、物語を形成した当人によって望まれた解釈であり、それが複数の集団の意識環境のなかで、共有される解釈であるとき、集団を動かす実効のある虚偽である。こうした虚偽は、いわゆる真偽という尺度によって葬られるような虚偽ではない。それは大きな意味で価値の選択を迫る機能をはたしている。

この物語効果は、物語を所有した集団の命運を定めるものでさえある。物語はわれわれの個々の頭脳に内蔵された基本的な思考構造であり、それは人間がひとりで自然のなかで生きていくだけではなく、複数の集団として生きていくための行動をつくりだす。いわば、了解するところに物語の流布があり、納得する背景に物語がひそむのである。

〔高橋秀元（一九八八）「幻想的時空間と物語構造——世界観共有装置としての物語」、清水博監修『解釈の冒険』NTT出版、二六七—二六八頁より〕

噂はまさに共同で解釈を構成した物語です。この物語は、人々が想像力を働かせて、人間が生きるという行為のなかで描く過去と未来のイメージを創造し、淘汰し、限定していった「所産」なのです。このようにして発生した物語が、ある社会集団の意志の流れをつくりあげたり、また解体させたりするのに実効があり、社会心理的基盤そのものを構築したり、修正したりすることになるのです。

このように考えると、個人のレベルで見れば、一種の世界づくりの手段として物語が位置づけられ、集団のレベルで見れば、価値体系すなわち文化の創造や伝承として物語を位置づけることができると思われます。噂やデマもそうした物語の一種です。生産的な物語も必ずしも生産的ではない物語も生成されます。人をパニックに陥れ、愚かな行動に駆り立てるような物語もあるのです。

しかし、リアルもフェイクも、情報の断片から意味のある全体をつくりあげようとする欲求、make senseしたい、整合性ある解釈を構成したいという意味を求める意志によって生産されるという点では同じなのです。

人が語り、噂話をするのが決して嫌いでないというのも、人の認識のメカニズムがなせる業《わざ》なのです。創造的想像という点から見れば、噂も創造的想像の一端を担うものです。もちろん、噂やデマとして非生産的なものになるか、それとも世界づくりの一環として人の成長に資するのか、ときにはもっと生産的で創造的かは、現象としては大いに違って見えるけれども、いずれも創造的想像の軸では連続的なものととらえることができるのです。

次章では、描画活動から創造的想像のメカニズムについてさぐってみたいと思います。

第8章　描くこと・想像すること

イメージに形を与える

人間の歴史のなかで、音楽、絵画、彫刻、舞踊、身体装飾や服飾などは時代や文化を超えて存在します。これらの表現様式は想像～創造の過程でどんな役割を果たしているのでしょうか？　本章では視覚芸術の基本である描画活動をとりあげ、想像にどう寄与しているか、語る活動とどのように違うのかを見てみましょう。

1　想像世界の生き物たち

物語に登場する生き物たち

物語の世界では人間が想像によってつくりあげたさまざまな生き物が登場します。生き物の姿かたちやふるまい方の特性は人間になぞらえて描き出されていきます。生き物は人間のようにふるまい、口をきき、人間界との壁は低いかないに等しいので、人間と楽々関わりあうことができます。『桃太郎』『舌切りすずめ』『おむすびころりん』など、昔話に登場する犬や、きじ、猿、すずめ、ねずみなどは人間とことばを交わし、人間を支え、ときには人間とかけひきすらする存在です。『白鳥の王子』では悪い魔女に魔法をかけられたため人間が白鳥に化身し、末の妹の機転でまた人間に姿を変えることができます。『鶴の恩返し』では、鶴が自分を助けてくれた「与ひょう」の妻に化身して恩返しをします。

動物たちの姿はあくまでも現実世界の動物です。しかし、人間のように自由にことばを操り、ときには姿を人間に変えたり、逆に人間がその姿を動物に変えることにより、実在しない虚構の世界の住人として想像上の生き物になります。彼らは物語世界の中で人間の夢を実現し、人間の欲求を満たしてくれるのです。

怪老人「エトロ」

想像上の動物たちは、日本だけでなく他の文化圏の民話やおとぎ話に広く見られます。たとえば、アフリカ中部のコンゴ民主共和国の辺地に住むモンゴ族は、森の中に狩りに行ったときに先祖から語り伝えられた民話を語り手が歌を交えながら話し、聴き手は拍子をとりながら、ときにはまぜっかえしたりしながら楽しむ習慣があるということです（加納・加納一九八七）。

これらの民話には現地の生き物がたくさん登場します。その中から「森の怪老人エトロ」の話のあらすじを紹介したいと思います。この物語には、モンゴ族が創り出した人間ともお化けともつかない想像上の生き物が登場し、人間に悪さをします。しかし、大鷲《おおわし》が人間を助け、最後は人間の知恵で災難が回避できるというお話です。この物語は狩猟生活で出会うさまざまな災難も知恵と勇気をもって対処すれば乗り越えることができるという教訓が暗示されているのです。その物語をご覧ください。

狩りの好きな少年が森にケマ（猿）狩りにでかけた。狩りをするために、仮小屋を作ることから始めた。少年は小屋の材料にするボッコンベ（細い竹に似た植物）の茎とそれを束ねる藤のつるを探しに出かけた。帰って来ると不思議なことに誰のしわざかわからないが、きちんと束ねたボッコンベがたくさん置いてあった。少年は、自分で採ってきたものと置いてあったものとを使って、仮小屋をつくりあげた。ここを根城にして翌日からケマ狩りをはじめた。

一日目、たくさんとれたことを喜びながら仮小屋に帰って来ると、中から見たこともない老人が転がり出てきて、「息子よ、よく帰ってきた」と迎える。

老人は「ガリガリに痩せて、髪はぼうぼう伸びほうだい、目はやにだらけで、体からはいやな生臭いにおいがただよって」いる。少年は「自分の親は村にいるのに変なことを言うじいさんだ」と思ったが、おとなしい少年は黙って、捕ってきた猿を料理すると、老人は一人でペロリと平らげてしまい、少年には肉をまったく食べさせなかった。

こうして次の日も、その次の日も、老人は少年の捕ってきた猿を「骨ひとつ、毛一本」残さず、平らげてしまった。さらに次の日は六匹捕ってきたので、少年は「半分こずつ分けよう」

と提案するが、結局、老人一人でそれを全部平らげてしまった。

次の日には人のいい少年もさすがに業《ごう》をにやして一計を案じ、肉をロコンゴ（筆者注：ゴムの木の一種）の葉でくるみ、老人には見えないようにして、やっと肉にありつけたのだった。

次の朝、いつもどおり狩りに出かけると、見たこともないほど大きなポンゴ（大鷲）が舞いおりてきて、「あの老人は化物で、このままいっしょにいるとお前の命はとられてしまうぞ」と忠告し、角笛を与えた。これは危急を知らせるためのもので、ポンゴは笛の音が聞こえたら助けに飛んでいくという。その晩、一〇匹ものケマを捕らえて帰り、いつものように料理をして老人が食べはじめたときに、少年はポンゴからもらった角笛を吹いた。すると、ポンゴがさっと舞い降りてきた。これを見ると老人は「げえっ」と叫んで森の中に逃げ込んでいった。

少年は猿の肉の入った袋を背負うと、自分の村へ一目散に逃げ帰ろうと道を急ぐ。老人も逃がしてなるものかと少年を追いかけた。何度も捕まりそうになりながらも、少年は機転をきかせ、甘い蜂蜜のある木の陰に隠れて老人から逃れることができた。甘味といえば蜂蜜くらいしかないその地域では、蜂蜜は貴重な甘味であり、誰でも大好物である。こんなにたくさんある蜂蜜を放ってはおけない。少年は、その蜂蜜もたくさん採って、無事、自分の村に帰り着くことができた。

少年は親から、「あれはエトロという化物だから、エトロに会った森には決して行ってはいけない」ときつく言われた。しかし、しばらくすると少年はまた蜂蜜を採りに、あの森へ行きたくなった。やむをえず父親は、「あの老人に出会ったらこの葉っぱにさわらせるように」と言い、ロッカンボという呪術に用いる木の葉を渡して、少年が森に出かけるのを許した。
少年が木の上で、たくさん蜂蜜を採って包をこしらえたとき、例の老人が「蜂蜜を俺によこせ」と言って、木の下でうれしそうに笑っていた。少年はロッカンボの葉を取り出して巣穴の中に入れ、「この中に蜂蜜がまだたくさんつまっているんだがなぁ」と言うと、老人は木に登ってきて巣穴に手をつっこむ。しかし、魔法のかかったロッカンボの葉に手がくっついてしまい、老人はそのまま木から離れることができなくなってしまった。こうして少年は無事、その老人から逃げることができた。それからは、少年は二度と一人で森に出かけようとはしなくなったということだ。

〔加納隆至・加納典子（一九八七）『エーリアの火――アフリカの密林の不思議な話』どうぶつ社、三二―三五頁より〕

図8-1　村人が描いたエトロの図

このような話を聞きながら、聴き手たちはエトロに擬人化された能力や人間の願望の暗い面を見たり、獲物を横取りする天然自然の現象がもつ不思議さを想像し、その表象（イメージ）を人間の姿を借りた「お化け」（図8―1）として描き出します。村人が想像したエトロについての表象は、怖い化物というよりもユーモラスな小父《おじ》さんといった感じのものに仕上がっていますね。

また、大鷲（クラウンド・ホーク・イーグル）が少年の救い主として現れます。人間が鳥にあこがれるのは、彼らが人間にない能力を備えているからかもしれません。とりわけ、大鷲が空をゆったりと舞うときの雄々しさ、獲物をしとめるときの猛々《たけだけ》しさなど、人間にはない飛翔力と強さを兼ね備えたものを人間の味方につければもう怖いものなしです。

この地域の人々の狩猟生活は厳しく、生命を脅かすことすらあります。そうした災難を、人間に災いをもたらす生き物として象徴的に表現し、またそれを避ける術を、「飛翔力」というような人間にはない能力を備えた鳥などに象徴させて表現しているのかもしれません。このような物語は、それを語る人にも、また聴く人々にも、飛翔力をもつ鳥のような勇気と知恵を働かせることによって災難を避け、強く生きていけるということを暗示しているのかもしれません。

民話や物語の中で、想像によってつくりだされた生き物たちとの出会いは、人類の進化に合わせて創造されてきました。人は実在する生き物に超能力や長寿を願う人間の願望を託してきたのでしょう。

想像上の生き物

超自然的な力をもつ生き物に生きる希望を託すのは、人間が目の前にないものを思い描く想像力とことばをもって以来、原始の時代から行われていたと考えられます。このような想像上の生き物は、物語に登場して、人々の想像力を刺激するだけでなく、絵に描かれることも多いのです。絵という具体的形象を与えることによって、想像の産物が可視化されるのです。

図8-2　巻きあがる竜

図8-3　矢の舌、山羊の頭、こうもりの羽、蛇の尻尾をもつ竜

図8-4　人面の竜

図8-5　水かきのある竜

「想像上の」生き物といっても実在の生き物とかけ離れているわけではありません。人間の特性やふるまい方の特徴を模した生き物たちは、物語で語られるのと同様、驚くほど人間的で、実在の生き物に似ているものが多いのです。人間と実在の生き物を混成して描画されることもあります。たとえば、天を突いて巻きあがる竜（図8―2）は竜巻のイメージと蛇がいっしょになったような動きを連想させ、そのからだは「鯉の鱗、鷹の爪、虎の掌、牛の耳、大蛇のからだ」など、いずれも強い動物の特徴を合体することによって創り出されたものと思われます。さらに、図8―3のように、矢の舌をもつ山羊の頭とこうもりの羽、蛇の尻尾を合体したようなものもあります。みかけはグロテスクですが、じっと見ていると、どことなく親近感が湧くのも想像の素材がなじみのある動物から取り出されているためでしょう。

創造の母体となる生き物の中では、人間を連想させるものも少なくありません。図8－4は、蝸《かたつむり》の殻や刃物のように見えるものを装備した亀の甲をつけ、ライオンの掌が合体しているように見えますが、五感やことばが集中する頭部は人間を連想させる人面です。図8－5もこのヴァリエーションで、足にはあひるの水かきがついており、陸でも水でも自由に動きまわれるものとして描かれ、頭部は人間のものになっています。

また、図8－6は幼児期後期の子どもたちに支持されている『かいじゅうたちのいるところ』という絵本に登場する「かいじゅう」です。このかいじゅうはライオンや山羊の変形であることが容易に想像されますね。

図8-6　センダック『かいじゅうたちのいるところ』冨山房、1975年

こうした想像上の動物たちはいずれも、生活に関わりのあるものから素材を取り出し、かつてなかった組み合わせで表現されているのです。これらの虚構の生き物たちを見ると、自分たちの既有知識や経験にないものは想像できないのではないかと思われます。

では、本当に、人は「この世に存在しないもの」を思い描くことができないのでしょうか？　あるいは、実在しないものを描くときに実在物との差異と共通性はどの点にあるのでしょうか？　これらの疑問を検討することにより、既有知識や経験の取り出し、組み合わせ、そして加工がどのようになされるのかを推測することができるのではないかと思います。

2　表象の形象化の限界

この世に存在しないものを描く

「この世に存在しない生き物を描いてください」。こう言われたら、私たちはどのようなイメージを浮かべるでしょうか？　実際にこの世に存在しない生き物を描くように言われたとしても、私たちは実在物から素材を取り出して組み合わせるというやり方をしてしまいます。その絵を見る側も、素材のどんな些細な点でも実在物との共通点や類似点があることを瞬時に見破ってしまうでしょう。

イギリスの認知発達心理学者のカーミロフ - スミス（Karmiroff-Smith 1990）は幼児（四～六歳児）、児童（八～一〇歳児）を対象にして、「この世に実在しない」架空の動物や家を描かせてみました。実在しない家や実在しない動物を描くようにという課題を与えられた子どもたちが描いた絵を分類すると、六つのタイプに分かれました。

①実在物の要素の形やサイズを変化させる（図8―7）。
②全体の形を変化させる（図8―8）。
③要素を省く（図8―9）。
④要素を加える（図8―10）。
⑤姿勢や方向を変化させる（図8―11）。

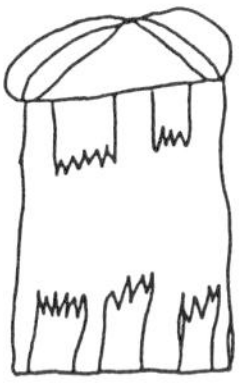

4歳11ヵ月

5歳7ヵ月

5歳11ヵ月

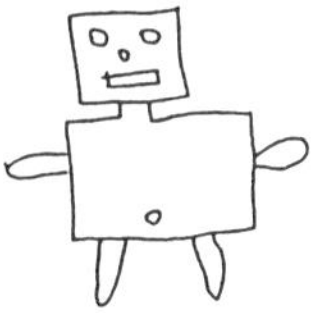

8歳6ヵ月

図8-7　形やサイズの変化

4歳11ヵ月

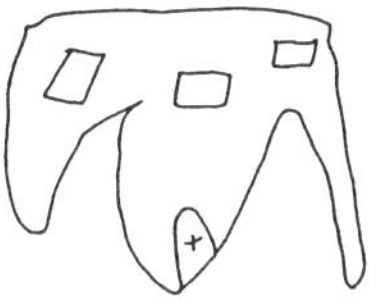

5歳1ヵ月

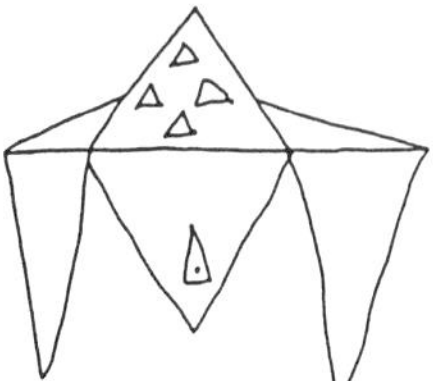

8歳6ヵ月

9歳4ヵ月

図8-8　全体の形の変化

図8-9　要素を省く

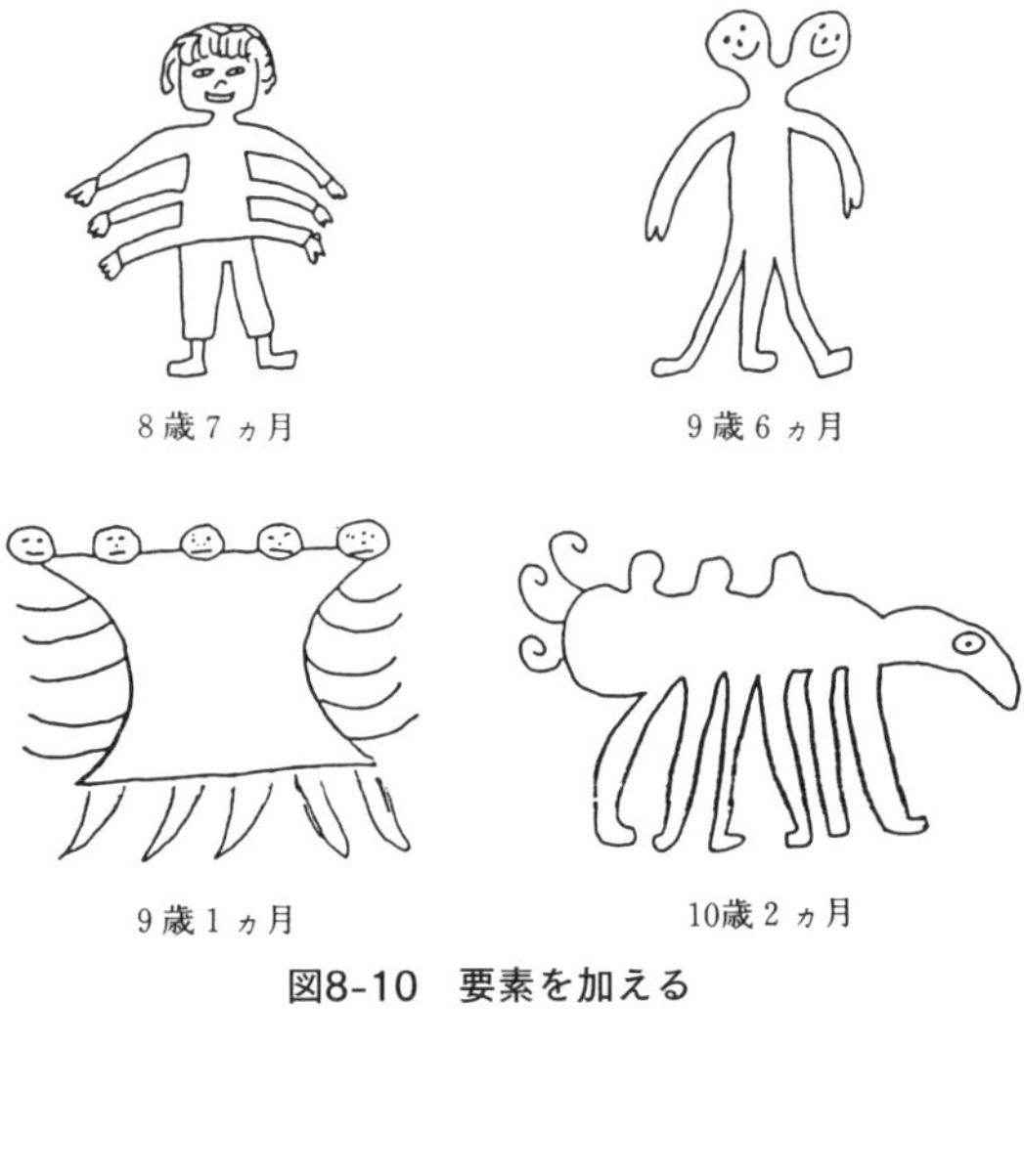

図8-10　要素を加える

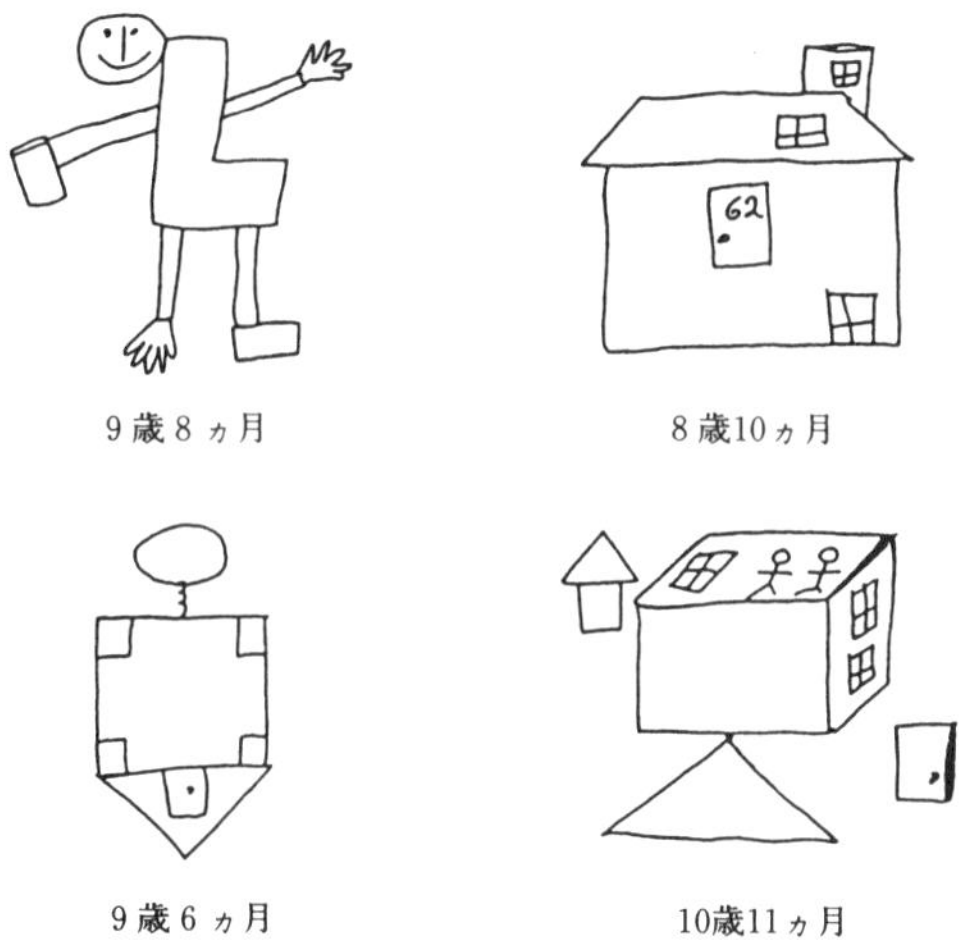

図8-11　姿勢や方向の変化

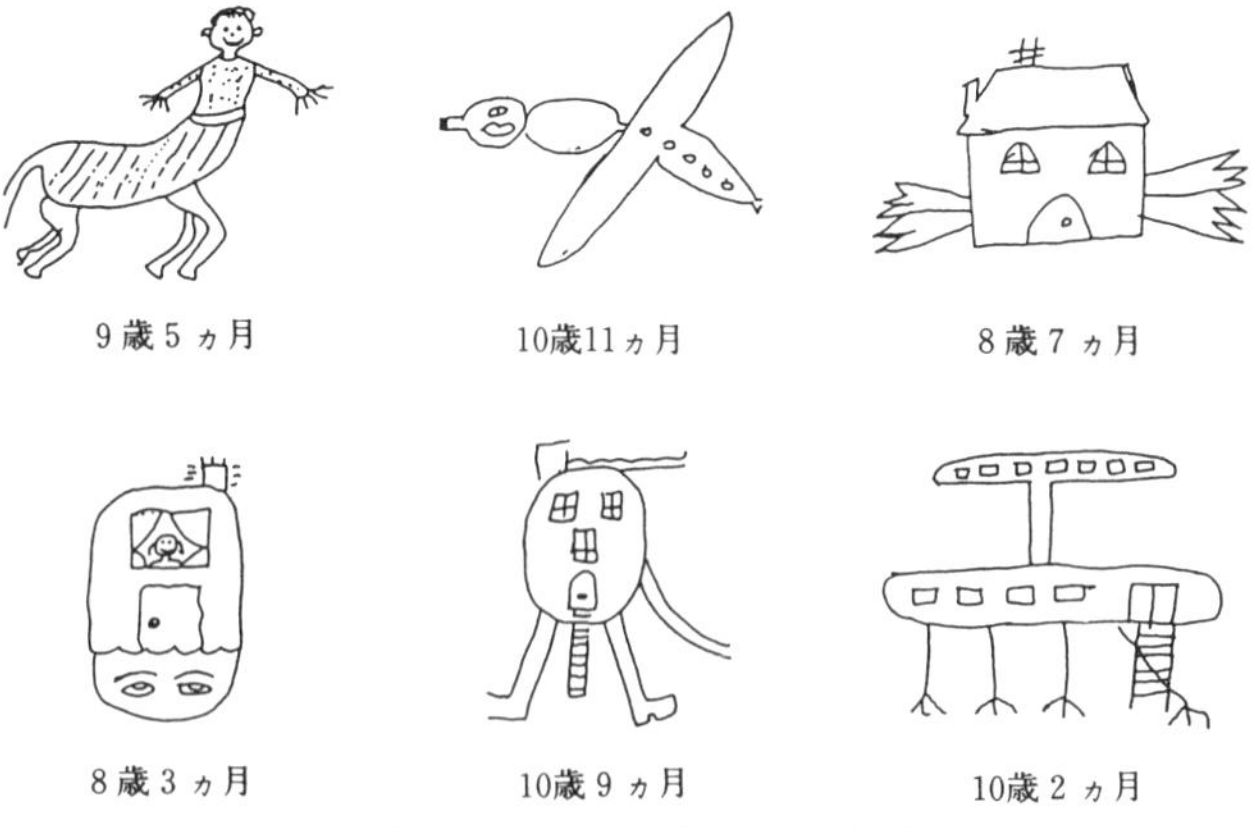

図8-12　いくつかのカテゴリーからの要素の複合

⑥カテゴリーにまたがって要素を取り出し合成する（図8—12）。

分析の対象になった子どもたち五四名がどのような変化をもちこんだかを①〜⑥に分類したところ、図8—13のようになりました。この図を見ると、幼児は、①〜③の変化が多いことがわかります。児童になると④〜⑥の変化も多くなります。このことから、要素を省略することは比較的容易で、幼児期から省略する絵を描くことがわかります。しかし、新たな要素を付け加えたり別のカテゴリーの要素同士を組み合わせるなどの加工は、児童期にならないと行えないのです。高度な加工は児童にとっても難しいようです。

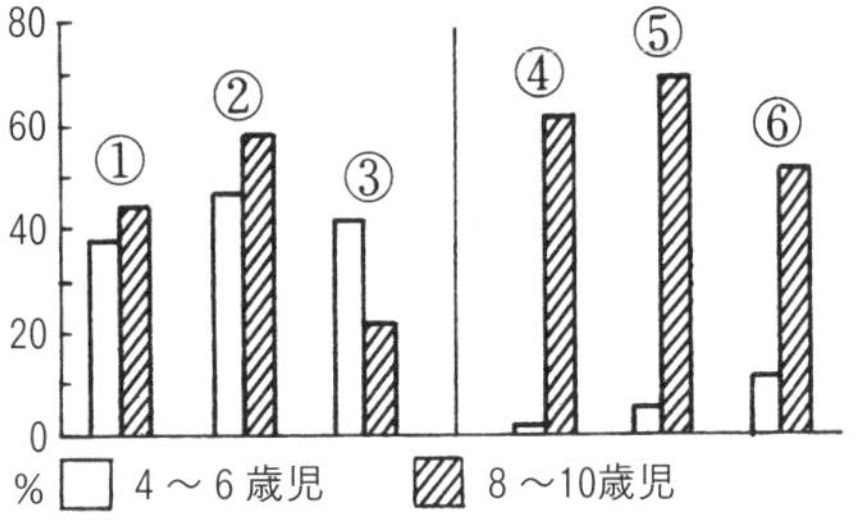

図8-13　どのような変化をもちこんだか

描く手続きの柔軟性

子どもたちが実在物にほどこす変化は絵の描き方と関係があります。描画過程のどの段階で変化させようとするかを観察したところ、幼児期には最後のところで変化させようとするので、どうしても最後に描くべき要素を省くことが多いのです。しかし、児童期の子どもたちは、最初の段階で変化させたり、描画の中途段階で要素を省略したりすることができます。もちろん最後も変化をつけてしあげますので、児童期の子どもの変化のさせ方はとても豊富です。

以上のデータは何を示唆しているでしょうか？　年少児にとって

は、描画手順に時系列的制約が加えられているのではないかと思われます。つまり、描く順番が固定されていて、その順に描いていかないと頭の中にある表象を紙の上に具現化することが難しいのではないかと思われます。しかし、手順の最後ならば最後に描くのを省いてしまえばよいので、幼児にもできるようです。もちろん手順通り描く幼児たちも、大きさや色を変えることはできるでしょう。

では児童期の子どもはどうするでしょうか？　彼らは描画をスタートさせるときに「変化させる」というもくろみをもって描画を開始します。途中でも変化させようとしますので、描画活動への時系列的制約はゆるくなり、描画の途中で他の手順を組み込む自由度が大きくなります。そのために、描く途中で加工することが増えるのでしょう。

頭の中で想像した表象は幼児と児童で似かよっているかもしれませんが、知覚的に具体化・具象化された表現は大きく異なっていると思われます。幼児と児童のこの違いは、描く手続きの柔軟性に由来しています。第二次認知革命以後、プランを立てて描画活動に取り組みます。描画過程でもメタ認知が働き、プラン通り進行しているかをたえずモニターしながら描画活動に取り組むようになります。時系列的制約をゆるやかにして、計画的に変更したり加工する余地が大きくなるのでしょう。また児童期には手指の運動調整能力も発達し、ことばが運動調整に関わるようになります。それによって子どもの描画活動は質的に高い段階へと進化・発展していきます。

描画の手順の柔軟性

さらに、カーミロフ‐スミスは「二つの頭をもつ人間」と「翼のはえた家」を描くように子どもたちに要求しました。すると、児童のほうはこの二つの課題をなんなくこなしました。しかし、幼児は「二つの頭をもつ人間」を描くのにおおいにてこずったのです。

これについても、これまで述べたことと同様に解釈することができるでしょう。鳥の「翼」を描き込むことは、人工物の家を描く手順とは独立しています。最後に翼を付け加えれば課題の要求を満たすことができます。しかし、「二つの頭」を描くためには、いったん手順通りに実行するのを中断して、もう一つ頭を描き込むという手順をさしはさまなくてはなりません。ところが、手順通り実行するという時系列的制約が強く働く段階にある幼児にとっては、いったん走り始めた手順を途中で中断して別のことを組み込むことは難しいのです。そこで、「二つの頭」を描き込むことにてこずったものと思われます。

しかし、描画手順の制約がゆるめられ、他のオプションとしての手順を組み込むというように、手順の自由度が大きくなれば途中での変更はいくらでも可能です。このような段階になれば、頭の中に描いた表象を描画によって可視化することはずっと容易になります。描画手順の制約がゆるくなると、表象の書き換えが自由に起こりやすくなるからです。

以上に述べた描画手順の発達過程についての仮説――発達初期には手続きが固定化しているが、やがて、加齢に応じて描画手順の手続きの自由度が増すのではないかという仮説――は、年少児と年長児の描き方の違いと対応しています。四歳ごろには、具象画を描く手順はしだいに自動化されるようになりますが、まだ変更はきかない段階です。手順が自動化され、時系列的制約がゆるめられると、その中に別のカテゴリーの知識を組み込むことができるようになります。長ずるに従って、イメージの作り替え（表象の書き換え）が自由にできるようになっていくと思われます。

最初は一連の手順を全部走らせ終わった最後のほうで何かを付け加えたり、省いたりするような変更がなされますが、手順の途中で変更を組み込むことはできません。そのような描画途中での変更は児童期になって可能になるのです。おそらく、児童期には自分が想像したモノやコトをかなりよく具体化できるようになっていると思われます。

子どもの創造的想像の可能性は、描画行動の技術的発達と歩調を合わせているものと考えられます。描画の技術的発達はことばとシンボルを操作する象徴機能のはたらきと軌を一にしているのではないかと思われます。この仮説を検証するにはヒトの幼児とことばをもたない類人猿の描画行動とを比較することが近道です。

ヒトと類人猿の描画行動の違い

比較認知科学者の齋藤亜矢さんは、先行知見を概観して、幼児は三歳ごろから何かを見立てて表象を描くが、チンパンジーをはじめ大型類人猿の描画は「なぐり描き」のレベルに留まっていて、何かを見立てて表象を描くことはないと述べています。見えないものを思い浮かべて描画するかどうかはチンパンジーとヒトの幼児の描画行動の決定的な違いであることを明らかにしました。

齋藤さんは、見えないモノを表象して描くことができるかどうかを分かつ要因として、次の三つをあげています。第一に、「描線をうまくコントロールできないという技術的な要因」、第二に、

「表象を描くことに関わる認知的な要因」、第三に、「描こうとは思わないという意欲の要因」の三つです。

第三の描画意欲の要因については、幼児と大型類人猿を分ける要因ではありません。大型類人猿は特別な訓練をしたり食物報酬を与えたりしなくても描く活動をするという先行知見（松沢 二〇一一：二〇一九）から、大型類人猿にも描画意欲は十分あると考えられるからです。

では見えないものを思い浮かべて描画するかどうかの決定的な要因は何でしょうか？ 第一の「描線をコントロールする技術的要因」でしょうか？ あるいは、第二の「表象を描くことに関わる認知的な要因」でしょうか？

どちらの要因が目の前にない表象を描く行動のネックになっているかをさぐるため、齋藤さんはチンパンジーとヒトの幼児の描画行動の違いを比較することにしました。まず、「描画模倣課題」を与えたところ、大人のチンパンジーの描線をコントロールする技術的な能力はヒトの幼児に劣らないことがわかりました。しかし「描画補完課題」ではヒトとチンパンジーで大きな違いがありました。すなわち、幼児は描画技能が未熟なうちから「ない」部位を補完して描こうとします。これに対して、チンパンジーは線を細かくコントロールして「ある」部位に重ね描きはしますが、「ない」部位を補って描くことはないのです（齋藤 二〇〇八；Saito et al. 2010; 2011）。

チンパンジーが表象を描かないのは、運動の制御という技術的な要因の制約によるものではなく、「ない」ものを補うという認知的な要因、象徴機能の成熟の要因であると結論づけられます。この齋藤さんらの研究は、描画行動の進化についての実証的証拠を提供した画期的な知見と言えましょう。

さらに、この知見は言語の発生起源についても着想を与えてくれます。発語に適した発語器官の構造の変化と発語運動の制御という技術的な問題はまずクリアしなくてはならない必要条件であると考えられます。しかし、発語を支える十分条件は、認知的な要因、すなわち象徴機能がどの程度成熟しているかにかかっています。

最初に直立歩行した猿人（アウストラロピテクス）には、発声運動の制御を司るブローカ野の痕跡が認められますが、彼らはまだことばは話していなかったと想定されます。彼らの頭蓋骨の形状から推定される象徴機能の成熟の程度はチンパンジーとそう変わりない段階にあるのです（内田 二〇一二）。言語シンボルの操作を可能にする象徴機能の進化こそが、音声言語発生の鍵を握っているのでないかと推定されます。私はことば（発語）の獲得と象徴機能の進化とは相互循環的・互恵的に進化したのではないかと考えています（内田 二〇一七）。

ことば（発語）と象徴機能の循環的進化

齋藤さんの知見によると、ヒトの幼児には描画技能が未熟なうちから「ない」部位を補完しようとする行動が観察されます。この補完行動が完成するまでにいくつかの下位段階を経過します。まず、①すでに描かれて「ある」ものを描く段階から、②顔全体への大まかな方向づけから顔の「ある」部位に収束して焦点化する段階を経て、③全体構造・形態（ゲシュタルト）において本来あるべき要素が欠けていることに敏感に反応して、その要素を補完しようとする段階へと移行していくのです。

二歳六カ月以降の幼児は、描線にさまざまなイメージを想起し、そのイメージに足りないものを補って表象を描く傾向があります。齋藤さんが見本として円を描き出すと、「アンパンマンかな?」などと声をかけてくることもあったそうです。この発話は、描線の一部を手がかりにして、既有知識を検索し、何が表象されているかを意味づけようとしていることの証拠になります。

チンパンジーは見たモノを、そのまま一次的記憶表象として想起します。しかし、ヒトの乳幼児は、直感的な一次的記憶表象を保持することが難しいので、断片的な情報のわずかな特徴から具体像をまとめて一般化し「メンタルモデル（心的枠組み）」に圧縮するというリソース（認知的処理資源）の節約の仕組みを進化させたのではないでしょうか。

ことばによって、見たものの一般化や抽象化が可能になります。ことばを話し、ことばを理解するときには時系列処理が使われます。時系列処理にはたくさんのリソースが消費されます。しかし、ヒトのリソースは狭小で限りがあるため、リソースを節約するための方法、つまり、入力情報（見たもの）の一般化や抽象化によって圧縮してモデル化する仕組みをも進化させたのではないかと推測されます。つまり、ことばによって心に浮かんだあいまいなイメージに形を与え、「メンタルモデル」として縮約し、一般化して、状況にあわせて描画活動をしているのではないかと思われます。こうして、ことばと象徴機能の循環的進化により、ヒトの描画行動は類人猿に比べて飛躍的に進化したのではないでしょうか（内田二〇一七）。

3　描画による表象の形象化

描画手順の形成過程

カーミロフ - スミスの研究は、人間の描画行動は乳幼児から児童にいたるまでに表象が書き換えられていく過程であることを明らかにしました。では、描画の手順はどのように確立され、時系列的制約が加わるのでしょうか。幼児初期の子どもの描画行動の変化を見てみましょう。

発達心理学者の遠藤めぐみさんと斉藤こずゑさんは、電車についての知識を描画を手段にしてつくりあげる過程を、二歳半～三歳半までの一年間にわたり追跡しました（遠藤・斉藤 一九九二）。描画は、描画行動の手の動きの発達に加えて、電車に乗った経験、電車や踏切を観察した経験を重ねるうちに、だんだん複雑で精緻な絵が描かれるようになりました。

最初は電車の外形を示す枠組みをなぐりがきしています（図8―14ａ）。次に、電車が走る線路が加わり（図8―14ｂ）、降りている遮断機と信号、線路などに興味が引かれ、その部分を描き加えるようになります。しだいに連結部が描かれるようになります（図8―14ｃ）。この頃から、子どもは遮断機と線路をしっかり観察して描画にも遮断機と線路を描き込むようになります（図8―15ａ）。実際にしっかり観察したことがイメージとして再現され紙の上にもそれを表現することができるようになったのでしょう。さらに、運転席同士が連結されている電車に乗った経験は、この男児に強いインパクトを与えたようです。この経験を経て、運転席同士が連結される絵が描かれるようになりました（図8―14d）。

遮断機の観察は、より詳細になります。遮断機には、その動きに応じてピラピラ動く薄い板が付けられています。遮断機が降りている間は止まって待っているバスまでが描き込まれています（図8―15b）。踏切で子どもが念入りに観察した経験を踏まえて、しだいに遮断機を詳細に再現できるようになっているのです。三歳半のころの描画からは、この子どもは遮断機が降りているときには車や人は通れないことに気づくようになります。つまり、子どもが、遮断機の「機能」に気づきはじめたことがうかがわれます。

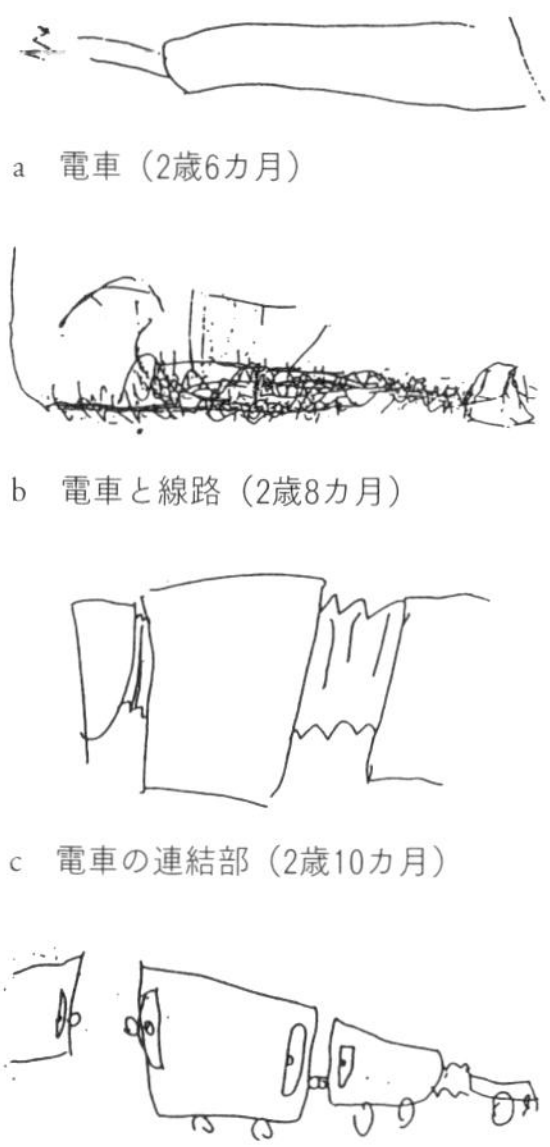

a　電車（2歳6カ月）

b　電車と線路（2歳8カ月）

c　電車の連結部（2歳10カ月）

d　電車の運転席同士の連結（3歳4カ月）

図8-14　電車

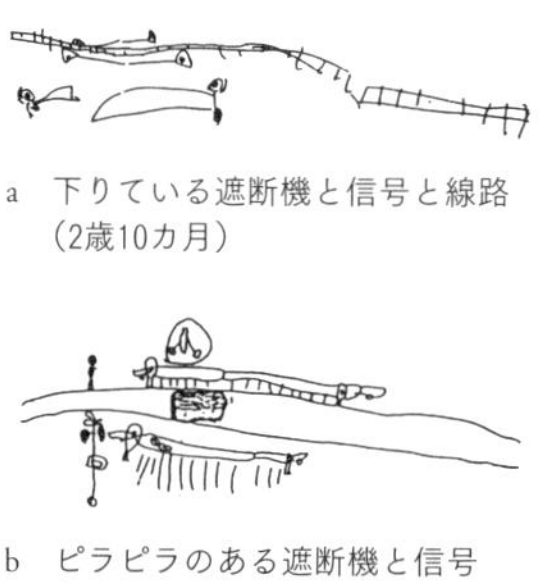

a　下りている遮断機と信号と線路（2歳10カ月）

b　ピラピラのある遮断機と信号（方向指示付き）と踏切板と待っているバスのワイパー（3歳6カ月）

図8-15　遮断機と信号と線路

描画手順の繰り返しによる自動化

それぞれの発達段階では、同じ手順で似たような絵を何度も繰り返し描くことが観察されています。これは、手順を自動化し、処理資源を効率的に消費しようとすることのあらわれなのです。絵の内容が変化するのは、ある部分がしっかり理解され、自分なりに納得できた時点まで手順が自動化されてからのことです。

子どもは、納得がいかない間は、何度でも同じ絵を繰り返し描きます。そして、同じ絵が同じ手順で描けるようになると、別の部分を描くようになります。これは電車の構造のある部分が理解されると、その部分の描き方の手順はある程度自動化され、子どもの意識が別の部分に焦点化するようになったためだと推測されます。

あらたに電車に乗ったときや交通博物館で電車をよく観察したなど、実生活で電車に対する経験をするたびに、子どもが注目する部分が変わります。子どもは、新しく目に入った部分に注意を焦点化させ、その部分を描画で再現しようとします。そしてその部分について一定の手順で描けるようになり、その部分の構造が理解でき、「これでわかった、マスターした」という実感がえられると、注意の焦点は別の部分に移っていくようです。こうして描くという実践を通して、子どもの描画は詳細になり、同時に電車についての表象も明確になっていくと思われます。

幼児初期の子どもの描画活動を一年間追跡した事例研究から描画行動と想像過程の関係を推測することができます。この子は電車が好きでよく電車を通りから観察していたのです。紙と鉛筆をわたされると、「電車を描きたい」という描画意欲がむくむくわきあがります。電車を「見た」経験が想起され、その素材を組み合わせるという想像過程が続きます。電車についての表象が構成されます。その表象を描画という手段で具象化・具現化する過程が進行していきます。しかも、表象の構成とその具体化とが反復的に往復運動を繰り返す中で、対象への理解が深まっていくのでしょう。

表象の構成と描画による具現化の往復運動には快感が伴っています。電車を真剣に観察し、観察して構成した表象を楽しみながら描画しているのです。これは語りの進化の過程と酷似しています。描画行動と物語を語ることは、想像による創造という点では同じ精神過程なのでしょう。

「描画文法」の獲得

私は、物語を語る枠組みを「談話文法」と呼んで考察を進めてきました。これに倣って、何をどんなふうに描くか、また描く手順はどのようなものかを「描画文法」と呼ぶことにしたいと思います。

この描画文法の獲得には、子ども自身が電車を観察したり、実際に電車に乗るという経験が不可欠です。しかし子どもの経験だけではなく身近な親の果たす役割も大きいのです。この子どもはしばしば母親に頼んで電車（図8―16）や遮断機（図8―17）を描いてもらっています。母親が描いてくれた絵をよく観察するたびに子どもの描画は精緻化していきます。子どもの絵は、親の描く絵と細部まで類似するようになります。

遠藤さんらが指摘しているように、この子どもにとって描画活動は電車をしっかり知るための手段になっているのではないかと思われます。最初は、手の巧緻性を左右する大脳の抑制機能が成熟していないため、手は自分の思うようには動いてくれません。そこで、自分の頭の中にある電車の表象と、その表象を具象化した紙の上の表現とのずれが生じてしまいます。このずれを埋めるために、親に描いてもらうという行動が見られるのかもしれません。

親の描いた描画をモデルに頭の中の電車の表象とつきあわせながら、自ら繰り返し描画します。ずれは少なくなり、同時に電車や遮断機に関する知識が精緻化され、明確になっていきます。

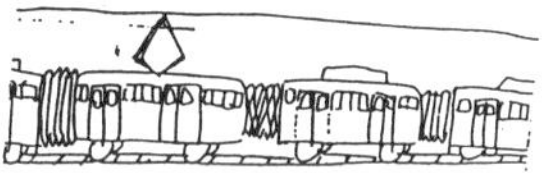

図8-16　親が描いた電車

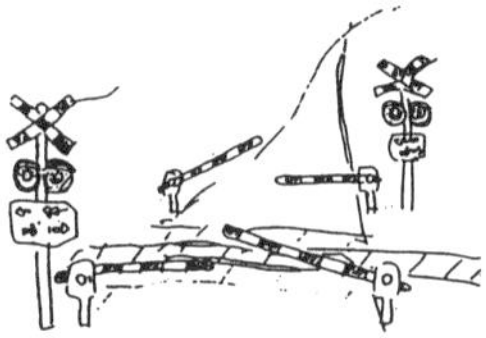

図8-17　親が描いた遮断機

子どもは親が描く手順をよく観察しています。その手順は模倣され、内面化されていきます。この段階になると描画手順は子どもの頭の中で「メンタルモデル」として抽象化・一般化され、自分自身で描くときの内的規準となるのでしょう。子どもはメンタルモデルに従って親と類似した手順で電車を描くようになります。こうして、何度も繰り返し同じ手順が使われるうちに描画の手順には「時系列的制約」が見られるようになります。しかし、描画に習熟するにつれて時系列的制約はゆるやかになり、決まりきった手順を自由に変更するようになると思われます。

技能の熟達化

カーミロフ - スミスが提案した時系列的制約という考え方は、他の領域でも認められます。イギリスの発達心理学者ブライアントら（Bryant & Alegria 1987）は、音素を省略するという課題を行わせたところ、まず最初は、単語の最後の音素を省きます。アメリカの心理学者モレイスら（Morais, Alegria, & Content 1987）では、読み書きができるようになったばかりの大人に音素を省かせるという課題をやらせたところ、同様に、まず語の最後の音素を省き、ついで最初の音素を省くようになったのです。

このことは表象の書き換えが子どもだけに見られるのではなく、技能の習熟段階には似たような過程が生ずるということの証拠になります。カーミロフ－スミスは、ピアノ演奏でも、最初は音符の系列を苦労して学習しますが、しだいに自動的に演奏できるようになり、熟達化して上手になるといいます。この段階になると、楽曲の途中から演奏を始めたり、曲の主題を変えて演奏できるようになるのです。

以上、手の動きの発達や描画手順の自動化段階で加わる時系列的制約によって、想像の所産の具象化に表象の書き換えが起こることを見てきました。

では、表象が描画によって明瞭になるとするなら、何が心内で起こっているのでしょうか。熟達化研究がこの点を推測する手がかりを与えてくれるかもしれません。

認知科学者の波多野誼余夫さんと稲垣佳世子さんは技能の熟達化には次の二つのタイプがあると想定しておられます（Hatano & Inagaki 1986）。

（1）「日常的エキスパート（routine expert）」一通り手続きを理解していて、こういうときにはこうすればよいということがわかり無難に課題を解決できるエキスパート：覚えた手順を正確に使って仕事をする場合。

（2）「適応的エキスパート（adaptive expert）」たんに手続きがわかるだけではなく、いろいろな場面に活用・応用できる「心的モデル」を創り上げていて、臨機応変にさまざまな状況や課題に対応できるエキスパート：自分の考えを口で説明したり、自分のしていることをはっきりと言語化でき、自分の能力の限界や欠点までも評価したり、状況に応じて手持ちの手続きを修正し、より適応的なものに変えることができる場合。

対象を操作する心的モデルのことを認知心理学分野では「メンタルモデル」とか、「概念的知識」と呼んでいます。波多野さんらの「適応的エキスパート：達人」は、世界全体、ないしその一部である手続き（手順）がどのように作動するかについて、抽象化されたメンタルモデルにもとづいていると想定しておられます。このモデルを使って、人は、シミュレーション（心内の模擬実験）を行い、新しい問題を解いたり、手続きを柔軟に修正したり、新しい手続きを案出したり、案出した手続きを評価・批評したり、人に説明したりすることができるようになるのです。

これまで、情報処理の枠組みとして、バートレットをはじめとして「図式（スキーマ）」という概念がよく使われてきました。「図式」という用語は静的なものを暗示しています。しかし、「メンタルモデル」は図式よりもっとダイナミックで、シミュレーションを可能にしてくれる構成概念です。

メンタルモデルのダイナミックな動き方と、私がこれまで想像力と呼んで議論してきたことと、どの点が共通でどこが相違するのかについてはわかりません。しかし、少なくとも、創造的想像力が働く過程で、主体の中で一般化・抽象化されたメンタルモデルが活性化され、モニターやファシリテーターとしての役割を担っているのではないかと考えています。

アートに対峙し創造が始まる

古今東西で創造された「この世に存在しない動物」が、実在の人間や生き物に驚くほど類似しているのも、この世に実在する生き物やなじみの生き物からいくつかの特徴を借りてきて、それらの断片を寄せ集め、新しい組み合わせを作り出すという創造的想像力のはたらきによっています。描画活動においても既知のものを土台にして新しいものを創り出すという人間の認識の仕組みに制約を受けているのです。

このように考えてみると、描画の技術を確立するときの大人の援助のあり方や、身のまわりにある絵画や彫刻、環境の色彩などが、人間の創造的想像を発揮することのできる新しい段階へと子どもを導く案内人、ファシリテーターになるに違いないと思います。

> 絵や彫刻は制作し終わった時に完成するのではない。作品に対峙し、鑑賞する過程で、作品の魂と鑑賞者の魂の対話によって新しい命が与えられる！
>
> 〔「ピカソの言葉」より：箱根　彫刻の森美術館〕

美術館で絵を鑑賞するとき、まず絵に対峙し、やや遅れてタイトルに目がいきます。画家はどんな思いをこの作品に込めたのだろうか？　タイトルを見たとたん、想像の扉が開かれるような気分になるのは、私が素人だからでしょうか。いずれにしてもタイトルから既有知識や経験、一般化されたメンタルモデルが喚起され、関係づけられて解釈がはじまります。その作品をつくった画家との対話が始まるのです。鑑賞者のこころ・あたま・からだの中で、あらたな創造的想像が始まるのです。

これまでの章を通じて、物語として語る、世間話をする、あるいは噂を伝えたり、絵で表現するといった活動には、現実の「もの」や「こと」についての、フィクション的要素が多分に含まれることを見てまいりました。フィクションに立脚していては、地に足のついた議論はできないと思われるかもしれません。しかし、想像力が未来を創る、建設的な営みであるとすれば、フィクションは吟味するに値するでしょう。科学的な予測は、とかく人間の言語的思考を離れて飛躍することが多いのです。フィクションならば、状況を設定して、人物も配置し、好きなように人物を動かすことができます。まさに、その状況の中でその人物がどのように動くのかについてメンタルモデルをつくり、一種のシミュレーションを行うことになるのです。

物語世界の中で人物を動かしてみると、現実に解釈したり推理したりしなければならない問題や矛盾が見えてきます。私たちは、わかりにくい「もの」や「こと」を目にしたときには、メンタルモデルに照らして整合性ある意味表象をつくりあげようとします。自分でも腑に落ちる、「アハー(Aha!)」と納得できる段階、「着地点」にたどりつくのです。

では、メンタルモデルはどのようにつくられるのでしょうか。モデルは外から「目に見える」形で与えられるのでありません。人は五官を駆使して体験したことがらにもとづいて、その特徴や目立って訴えかける情報を一般化し抽象化してメンタルモデルをつくりあげます。この世に存在しないものを頭の中で描いたり、紙の上に描いたりするときにも同様に、既知のものにもとづいて表象をつくりあげるのです。

人は、対象（「もの」や「こと」）についての語りや描画活動に従事しながら対象を理解しようとします。対象を理解する過程で、その対象についての概念化が起こり、より柔軟なメンタルモデルが形成されていきます。メンタルモデルも創造的想像の所産であり、その所産がさらなる想像の担い手となって人の世界づくりに貢献するのでしょう。

これまでは、創造的想像の生産的な面に光をあてて考察を進めました。次章では、想像の負の面、人を破壊的な行動へと駆り立てる「破壊的な」想像力について考察を進めたいと思います。

第9章 想像にひそむ破壊力

前章までは、人の日常の営みである、語る、伝える、描く活動を通して新たな表象がつくりだされることを考察しました。想像のはたらきを生産的な面、つまり光の面に焦点をあてて考察してきました。本章では、想像による破壊という影の面も考えてみたいと思います。想像力が破壊性を帯びるのはどういう場合なのか、それが、創造をもたらす想像力とどのような点で異なるのかについて考察を進めたいと思います。歪んだ、病的な想像力のはたらきについて知ることにより、想像の光の面へ転化する方途はあるのかさぐりたいと思います。

1　歪んだ想像の引き金

想像と身体

哲学者サルトル（1980）は実在しない像をつくりだすときには、中枢神経系のレベルでは現実知覚の場合とほとんど大差ない身体反応が起こると指摘しています。サルトルは大脳生理学者ピエロンの学説を踏まえて、感覚刺激の連合中枢機構によって表象がつくられるときには、外界からの直接的な感覚刺激が入ったときと同じ神経活動が起こると述べています。たとえば、「暗さ」の観念が瞳孔拡大をともない、暗がりを現実にあるように「知覚」するのです。つまり、想像しただけで、現実世界の知覚と同様の嘔吐感や瞳孔の拡大などの身体変化を引き起こすのです。このことは、心とからだと頭が一体となって表象の構築に参与していることを意味しています。

光の美しさを追求する水彩画家の中野瑞枝さんは光に照らされて映える雲や草原、道などをカンバスに描き出します。拙宅の居間に向かう壁にかかげた中野さんの水彩画「ようこそ花園へ」は、光は描かれていないというのに、バラ園に続く道が明るく白っぽく照らし出され、観る人をバラ園へといざなってくれるようです。観るたびに、描かれていない光の輝きとあたたかさが伝わって深い染み込むような感覚がもたらされます。中野さんは「世界はなんと美しく、限りなく、そして深いのだろう。美しいものは私の中ではなく外の世界で完結している。私は何もそれに付け加える必要はない。自然が見せてくれた遥かな世界に惹きつけられて、私はただそれを写し取ろうとした。実際の風景とはかなり違っているかもしれないが、これは私にとっての〝真実〟である」と述べています（中野瑞枝水彩画ＨＰ；mizue.main.jp/より）。画家は外の世界で完結している自然をただ「写し取ろう」としただけだというのです。

こうして写し取られたはずの表現は、実際の風景、物理的存在としての風景とはかなり違っているかもしれませんが、画家にとってはたしかに実在した「真実」なのでしょう。外の世界の表現（presentation）と心内に構築した表象（representation）とは、客観的実在という点では、似て非なるものかもしれませんが、心内の表象こそがたしかに実在した真実なのです。

共感をもたらすもの

たとえば、かわいいわが子を病気でなくしてうちひしがれている母親の話を聞いて、「気の毒に」と言ったとしても、本当に内面で「気の毒に」という感情や情緒が起こっているとは限りません。このような話に対して「気の毒に」という感情表現をすることが必要だという常識を働かせてそうした反応をしただけにすぎないかもしれないからです。こうした感情や情緒が身体反応として起こるためには、何かを失った、喪失感を体験していることが必要です。

子どもをなくした母親の気持ちや状況は、自分がかわいがっていた小鳥に逃げられたときの悲しく、寂しい気持ちを味わったというような「類似した」体験があってはじめて共感的に受けとめられ、類似の感情が生じうるのです（久保・無藤 一九八四）。

あるいは、美味しそうな料理を目の前にしても、食欲がまったくなければ唾液が分泌することもありません。逆に、高揚した気分のときに楽しい話を聞けば、その話を聞いたときの楽しさによって喚起された気分が身体面にも同様の気分をもたらすのです。

新型コロナ禍で流言蜚語が急増

一般に、非現実的対象を超えて心理的基盤や集団に共有された社会心理的基盤が作られているときに身体的反応が引き起こされます。このときの心内表象は「虚像」なのですが、人々をつき動かす力という点から考えると、限りなく「現実的」で、リアルなものなのです。

二〇二〇年一月ごろから世界中で新型コロナウイルス（COVID-19）の爆発的大流行（パンデミック）が始まりました。政府から緊急事態宣言が出され「三密」を避けての「家庭自粛（Stay Home）」が求められました。しかし、流行のグラフは横ばい状態であったため、罹患者が急増した東京都や北海道などは家庭自粛宣言が延長されました。

このコロナ危機のなかで疑心デマが増幅し、流言蜚語が人々を追いつめています。ウイルスと闘っている医療従事者や介護施設、保育所や学童クラブなどの職員の子どもを教室に入れないという措置をとる学校まであらわれたのです。未知のウイルスを人は恐れ、SNSにデマが発信され炎上して閉業を余儀なくされた被害者も出ています。

コロナ危機　疑心デマ増幅

長野県飯田市の居酒屋「つぼ八」を経営する谷口亜貴子さん（33）のスマートフォンに、

ＳＮＳで友人からメッセージと画像が届いたのは3月28日夜。画像は、誰かが手書きのメモを撮影した写真のようだ。「飯田でコロナ発見　感染者は入院中　立ち寄った店は以下の通り」カラオケ、焼き肉、ボウリング……八つ並んだ店名の中に、つぼ八もあった。

〈中略〉

（筆者注：28日）午後1時42分「アップルロードの居酒屋、コンビニにばらまいた」

午後1時45分「最新の情報、この方は帰省後、かなり出歩いているようです」。8店の名が挙げられていた。

前日、飯田市周辺では初となる感染者が確認されたが、自分に影響が及ぶとは思っていなかった。「これはまずい」

翌29日、保健所に問い合わせ、感染者は店には来ていないという感触を得た。店のＬＩＮＥで「デマ」「とても悪質で恐怖を覚えました」と発言した。

〈中略〉

「ＬＩＮＥで回って来たけどそんなに片っ端から行く?」。8軒もの立ち寄り情報を疑問視する書き込みもあったが、「このリストのは確実に行ってるとこ」と断定する投稿がかぶせられた。

ツイッターには不安や怒りの声が相次いで投稿された。28日には「プライバシーだの何だのって言ってる場合じゃないんだよ。それを分かれ!」「大きな街ではないし車移動がほとんどだから菌の道筋だけ教えてくれればなんとかなりそうな気がするんだけど。たるくせぇ行政だなぁと思ってるうちに感染させられて家族を殺されちまう」。30日には「自治体の名誉が大事なのか、市民の命が大事なのか、行動歴を開示していただかないと、感染を増やすだけではないですか？」という投稿もあった。

〔「朝日新聞」二〇二〇年四月二九日朝刊、一面より〕

スマートフォンで発信することが簡単にできる現在、流言はSNSにのって瞬時にバラまかれ、拡散していきます。疑心デマが増幅する背景には、見えないウィルスに感染し大勢死んでしまうのではないかといった社会心理的な不安感があります。

こうした流言蜚語がとんでもない行動を引き起こした実例は過去にもありました。テレビはもちろんラジオ放送も開始されていない時代、新聞だけが頼りの時代にあっても、流言はあっという間に飛散し、恐るべき速さで伝わっていきました。

不安がつくりだす流言

大正一二年（一九二三）九月一日に起きた関東大震災では、さまざまな流言が流れました。地震は東京、横浜、埼玉、千葉、山梨など広範囲にわたり、家屋の全焼三八万一〇九〇戸、全壊八万三八一九戸、死者九万一三三四人、行方不明者一万三二七五人というかつてない被害をもたらしました。ちょうど昼食時で火を使う家庭が多かったため、火災による被害も甚大でした。

当時、東京では新聞社は一六社ありましたが、そのうち一三社が焼け落ち、残りの三社も電気や水道が停止し、活字も組めない状況で、新聞の発行も止まってしまいました。唯一の情報源としての新聞の発行がなされなかったため、情報は口コミで伝えられることになります。社会的混乱をテコにして噂は誇張されデマに姿を変えながら、人々の間を駆け回り始めました。

噂やデマ、世間話は人から人へと伝わる過程で、7章で見たように、しだいに本当にあったことのように語られるようになります。特に、自我関与の強い語り手や本当の話と思い込んだ語り手は、臨場感あふれる語り方で聴き手の不安感をますますかきたてました。噂に尾ひれがついてデマとなり、広範囲に広がっていきました。

デマから「確信」への筋道

当時流れたデマには、「富士山噴火説」や「東京駅全焼」などがあり、災害そのものが誇張されて伝わっていきました。デマの中でも、「朝鮮人が日本人を襲撃する」という流言は恐ろしい勢いで広がっていき、朝鮮人虐殺という恐ろしい実行行為まで引き起こしてしまいました。どうしてこんなことになってしまったのでしょうか？

人々は、地震によって心をかき乱されパニックになりました。すぐに、自分たちがこれまでひどい仕打ちをしてきた朝鮮人が、自分たちに仕返しをするのではあるまいかという不安や恐怖の混じりこんだ妄想をつくりだしてしまったのです。妄想が、一人ではなく、集団の心の中に共有されたとき、社会心理的基盤となり、デマは「現実的なもの」で「現実にわが身にふりかかるもの」となります。

かつて朝鮮人を迫害したという記憶は、日本人への報復を予測させ、人々を不安に陥れ、人々を恐怖させました。これが社会心理的基盤となって、実際には起こっていないにもかかわらず、現実に「起こっている」かのような錯覚をもたらしたのです。

人々は武装して自警団をつくり、この「仕返し」に対抗しようと身構えます。朝鮮人を見つけるや「攻めるが勝ち」とばかり、みなでよってたかって暴行を加え、六千人以上もの朝鮮人を虐殺してしまったのです。

情報が極端に制限された事態で、自分たちが朝鮮の人々を迫害してきた記憶は、朝鮮人は自分たちに「仕返しをするかもしれない」という漠然とした不安を引き起こします。やがて「きっと仕返しをするだろう」と徐々に確信にかわっていきます。最後には、彼らが「仕返しをするため、井戸に毒を流し、身体には爆弾をつけて、日本人を殺している」という「確信」を抱かせるまでになるのです。

このように、正確な情報がない事態では、地震のもたらした状況について、なんらかの説明をしたい、原因は何で、何が起こっているのかについて解釈をして自分なりに納得したいと思い始めるのです。想像力が活発に働いて、デマは確信となり、朝鮮人の虐殺という実行行為に及んだと言えましょう。

朝鮮人襲撃までの「タイムラグ」

作家の松山巌さんはこの流言の伝播過程について、警視庁管内各署の報告にもとづき、次のように考察しています。

各警察署の報告を読むかぎりでは、地震のあった九月一日にこの流言が流れたところはむしろ少ない。だが二日の午後になると東京神奈川のほぼ全域に広がっている。警視庁に報告された流言をみると、しかも「鮮人約三千名、既に多摩川を渉りて洗足村及び中延付近に来襲」（午後二時頃）とか「大塚火薬庫襲撃の目的を有する鮮人は、今や将に其付近に密集せんとす」（午後四時頃）、「鮮人等は予てより、或る機会に乗じて、暴動を起すの計画ありしか、震火災の突発に鑑み、予定の行動を変じ、夙に其用意せる爆弾及び劇毒薬を流用して、帝都の全滅を期せんとす。井水を飲み、菓子を食するは危険なり」「鮮人約二百名、中野署管内雑色方面より、代々幡に進撃中なり」（午後六時）と流言の語る内容がより大きくなっている。非常事態においてはデマは距離ばかりか、時間の長さもテコとしてはたらくらしい。

〔松山巌（一九九三）『うわさの遠近法』青土社、二四八頁より〕

この流言がささやかれ始めたのは、地震の起きた当日ではなく、この文章にあるように九月二日の午後になってからのことです。あるいは、三日目の夕方になって初めてこの流言が伝わったところすらあるのです。

流言が「真実味」を帯びるまでにはタイムラグがあります。地震当日は何が何だかわけがわからず、パニック状態の中に置かれた人々は、何か悪いことが起こるかもしれないというぼんやりとした恐怖心を抱きます。やり場のない、源が定かではない恐怖心は、日ごろ迫害を加えていた「朝鮮人の報復」という「落ち着き先」を見つけると、急速に現実味を帯びた「認識」として姿を変えてしまうのです。

恐怖心がデマを生み、デマがまた恐怖を煽ることになります。想像力は社会心理的基盤をよりどころにして悪循環を加速させ、「真実のこと」と認識されるようになり、恐怖をつのらせる表象を作り出します。漠然とした恐怖心に形が与えられ、「朝鮮人の日本人襲撃」という表象をつくりだすことになります。この表象が自警団による朝鮮人の虐殺を引き起こす、引き金となったのです。犯罪を取り締まるべき官憲までが虐殺に加わっていったのです。

このようなデマの歴史から、想像力は社会心理的基盤と重なることにより、現実とは異なる歪んだ表象を作り出し、それが、歪んだ認識につながり、ときとして実際行動の引き金になることもあるということを私たちに警告しているのです。

しかし、その一方で、悪いことを口にし、他人に伝える過程で、それが現実に起こるのを防ごうとすることもあります。口で表現する、あるいはメモに記すなどの表現活動によって、生成された表象を対象化し可視化したときに、そのことの愚かさが客観視できるようになる場合です。

八千代市に住む、震災当時子どもだった女性は、そのころをふりかえって、目隠しして引っぱられていく朝鮮人に対して、「こいつらがおれたちをこんな目に遭わせたんだ」と罵る大人たちを見て恐怖感にかられました。しかし、同時に、「同じように生まれ育った人をこんなふうに殺すなんて」という怒りすら感じたということです（一九九三年八月二五日夕方六時のＮＨＫニュースより）。「同じように生まれ育った人をこんなふうに殺すなんて」という「怒り」！　これです。これこそが、デマと実行為の悪循環を断ち切る鍵になるはずです。

虐殺を目にしたときのこの少女の恐怖心は情動的な共感です。しかしすぐに、「同じように生まれ育った人をこんなふうに殺すなんて」と理不尽さへの怒りが起こります。この怒りは、認知的共感と呼べる感情経験です。ことばが感情コントロールに関わり、怒りをともなった異議申し立てになったと言えましょう。

私たちは目の前で展開される理不尽な出来事を省察して、感情を冷却し、怒りの表出を軌道修正することがあります。このとき、想像の過程や所産を意識対象として評価、判断するようなメタ認知が働きます。自分の想像過程をモニターし、想像の所産をメタ化し客観視する力を、私は「メタ的想像力」と呼んでいます。

2　メタ的想像力による破壊力の抑止

想像力に潜在する破壊的な力

これまで何度も繰り返してきましたが、想像力は生きる力であり人間力です。想像力を発揮することにより、人は未来に希望をもち、逆境に耐えて生き抜くことができます。

しかし、先に見たように、コロナ禍でのＳＮＳによるフェイクの拡散や関東大震災のデマの伝播を見ると、想像力を本来創造的なものと理想化したり過大評価したりしてはならないと思います。

想像力を働かせることで新しいものが生まれ創造される一方で、想像力には、負の側面——残虐性や破壊性をもたらすこともあるということにも配慮しなくてはなりません。恐怖心から人は疑心暗鬼になり、現実認識を誤らせることがあるのです。

アメリカの環境学者ギフォードは英語圏では想像力について、二つの対立する考え方があると指摘しています（ギフォード 一九八九）。ギフォードは、想像力による創造と現実の知覚とをはっきり二分しています。一つは、フィクションやありもしない空想は想像力による所産であり、事実は知覚によってもたらされるものであると捉える立場ということになります。もう一つは、想像力は現実の創造・知覚のための必要条件であるとみなす考え方です。ギフォードによれば、これら二つの立場のいずれをとるにしても、想像力には消極的で否定的な面があることを忘れてはならないというのです。

第一の考え方によれば、想像力を行使した結果、虚構や幻想が生み出されることになります。これらは実際的—功利主義的見地からは、虚説であり虚偽とみなされます。詩人や小説家が「虚構の館」の住人であるのに対して、科学者や発明家、政治家、実業家などは「事実の館」の住人ということになります。「事実の館」では、移り行く「時間」対「永遠」、「愛情」対「憎悪」など相互に対立するものは排除しあうことになります。

第二の考え方によると、想像力が現実の創造、認識に欠かせないものと位置づけられます。それは同時に事実の認識を狂わせ、危険で破壊的な現実を造り上げるという可能性をはらんでいることになります。この立場では、科学者や実業家、さらに、詩人や画家たちも想像力による現実化というただ一つの館のさまざまな部屋に住んでいることになります。「想像力の館」では、「時間」対「永遠」、「愛情」対「憎悪」、「悲劇」対「喜劇」、「創造」対「破壊」といった対立項は相互に依存関係をもつものとなります。

私の立場は、第二の立場に立っています。何かに出会う前にそれを想像することができなければそれに実際に出会ったときに現実として認識することはできません。これはコッブが「事前に対象を形づくる想像力」と呼んだ想像力のはたらきの重要な部分なのです。しかし、第二の立場をとったとしても、ギフォードが言うように、「事前に対象を形づくる想像力」が破壊性を潜在させていることを忘れてはなりません。

想像に潜む破壊力

武器開発という科学と発明の分野を例にとれば、創造的な想像力に潜む暗い面を浮き彫りにすることができましょう。原子力の発明は、たしかに新しいエネルギーをもたらし、人々の生活を豊かにしました。しかしその一方で、広島や長崎で被爆した人々やチェルノブイリの事故とその後遺症に苦しむ人々、そして、三・一一の史上類を見ない大規模な福島第一原子力発電所の事故の例を出すまでもなく、人類を、地球規模で死に追いやる危険性をもたらしもしたのです。

「防衛」の名のもとで武器の開発を進める想像力に破壊的な力が潜んでいることは誰の目にも明らかです。自動車や道路計画の推進にあずかった想像力は、その代償としての環境破壊と汚染を見通していたのでしょうか。

こうしてみると、想像力の行使が人間にとって否定的なものをもたらす可能性が含まれていることは確かなことでしょう。このように、想像力には、新しいものを生み出す創造的で生産的なものと、同時に、破壊的で生命を脅かすものとがあります。破壊的想像力は次のような特質からいって、最終的には人間の生命を脅かすものとなるのです。

破壊的想像力は、理性による議論を受けつけず、また、対をなす創造的想像力の声を聞き入れることもなく、自己増殖していく。もし、すべてを単純に黒と白（あるいは、ばら色）に塗り分けたいという、抗しがたい通俗的欲求に惑わされたときには、恐れといつくしみの気持ちをこめて、シラーの名言*を思い出すべきである。

我々はしばしば謂れのない恐怖に身を震わせることがある。が、真の恐怖をもたらすのは錯誤に陥った空想「偽りの想像力」なのである。

〔ドン・C・ギフォード／藤本陽子訳（一九八九）「想像力に潜在する破壊的な力」黒坂三和子編『自然への共鳴——子どもの想像力と創造性を育む』思索社、二五五頁より〕

しかし、このように想像力のもつ否定的な側面は、また、想像力によって再否定することができます。開発や進歩を目指しての活動に、人間の生存を脅かす危険性があるかどうかを予測し、事前に地球規模での破壊が進行していることを思い描くのも、想像力によっています。自動車と道路の開発を進めることによって、どのような代償を支払わねばならないかを見通すことも想像力を働かせて思い描くことができるのです。先述しましたが、私は、想像力そのものの働き方とその想像の所産までを対象化し客観視するという意味でそれを「メタ的想像力」と呼んでいます。

メタ的想像力は、ギフォードが「生態的想像力」と呼ぶ、歴史的、包括的、生態的な観点からの想像力のはたらきを指しています。メタ的、生態的な想像力を働かせれば、目の前の交通の改善やエネルギー問題を社会全体や地球規模で捉え、矮小化された想像力のもたらす破壊から解放する可能性が拓かれることになります。ここにおいて、はじめて想像力は、人間の生存にとって不可欠の機能を果たしうるようになるのです。

エビデンスにもとづく想像

物理学者で随筆家の寺田寅彦さんは、流言蜚語の伝播は燃焼現象と幾分似ていると指摘しておられます。寺田さんの言う燃焼現象とは次のようなものです。まず長い管の中に水素と酸素を適当な割合に混合したものを入れておきます。管の一端の近いところで小さな電気の火花を飛ばすと、火花のところで始まった燃焼が次から次へと伝播していきます。伝播の速度が急速に増加すると、ついには爆発の波になって驚くような速さで燃焼が進行します。ところが水素と酸素の割合があまり多すぎたり、逆に少なすぎたりしたら、火花の近くでは化学作用は起こりますが、燃焼として伝播

＊「誰をも恐れない者は、誰からも恐れられている者に劣らず強い」——一八世紀に活躍したドイツの詩人フリードリッヒ・フォン・シラー

するようにはならないのです。

流言蜚語の伝播も、火花に相当する流言の「源」と、それを次へ次へと受け継ぎ、取り次ぐ媒体が存在しなくては「伝播」は起こらないのです。「朝鮮人が井戸に毒を入れる」という流言が伝播した責任は媒体となった市民にあります。市民の想像力が刺激され、一定の表象を作り出す想像過程が進行しなければ、伝播の媒質になりえないはずです。そのときには流言は成立しないからです。次の文章に見られるように、「朝鮮人が井戸に毒を入れる」という流言を、冷静に、論理的に解釈しようとする人々がいたら、朝鮮人虐殺の惨事は起こらなかったかもしれません。

例へば市中の井戸の一割に毒薬を投ずると仮定する。さうして、その井戸水を一人の人間が一度飲んだ時に、その人を殺すか、ひどい目に逢はせるに充分なだけの濃度にその毒薬を混ずるとする。さうした時に果してどれだけの分量の毒薬を要するだらうか。この問題に的確に答へる為には、勿論まづ毒薬の種類を仮定した上で、その極量を推定し、また一人が一日に飲む水の量や、井戸水の平均全量や、市中の井戸の総数や、さういふもの、概略な数値を知らなければならない。併し、いはゆる化学的常識といふものからくる漠然とした概念的の推算をして見ただけでも、それが如何に多大な分量を要するだらうかといふ想像ぐらゐはつくだらうと思はれる。いづれにしても、暴徒は、地震前から可也大きな毒薬のストックをもつて居たと考へなければならない。さういふ事は有り得ない事ではないかも知れないが、少しをかしい事である。

〔寺田寅彦（一九五〇）『寺田寅彦全集』第二巻、岩波書店、四三一頁より。文字遣いは原文通り〕

少し冷静に考えてみれば、この流言の矛盾や不自然さにすぐに気づくはずです。非常な天災の場合に、こんな冷静な判断はできないのではないかという反論もあるかもしれません。寺田さんは、もし冷静に考える力がないとしたら、「ほんとうの意味で活きた科学的常識が欠乏している」ためではないかと推測しています。判断の標準となるような活きた科学的知識が働けば、「〝科学的な省察〟の機会と余裕」を与えてくれるはずだからです。こうした省察ができる人々の中では、流言蜚語はその熱度と伝播能力は弱められるのではないかと思われます。まさに、この冷静に考える力、想像過程を、あるいは、想像の所産を内省し、認識や分析対象としてメタ化する力、「メタ的想像力」を働かせることによって、避けることは可能なのですから。

メタ的想像力の減衰

メタ的想像力が働く余地がない窮状では、健常な人ですら、歪んだ表象が構築されることになります。では、メタ的想像力が発揮されないような「窮状」とはどのようなものでしょうか。

物音を聞いたので、扉を開いてみると誰もいない。こうしたときに普通は「ああ、思い違いだったか」と思うことでしょう。このとき、物音は「想像による産物」であり「幻聴」ということになります。幻聴か否かを検証するには、事実と照らし合わせればよいことになります。この場合は、「物音」という聴覚的事実と「誰も見えない」という視覚的事実が矛盾することになるからです。

たとえば、図９―１（ヘッブ　一九七五、三〇三頁より引用）をご覧ください。後ろの円筒ほど背が高

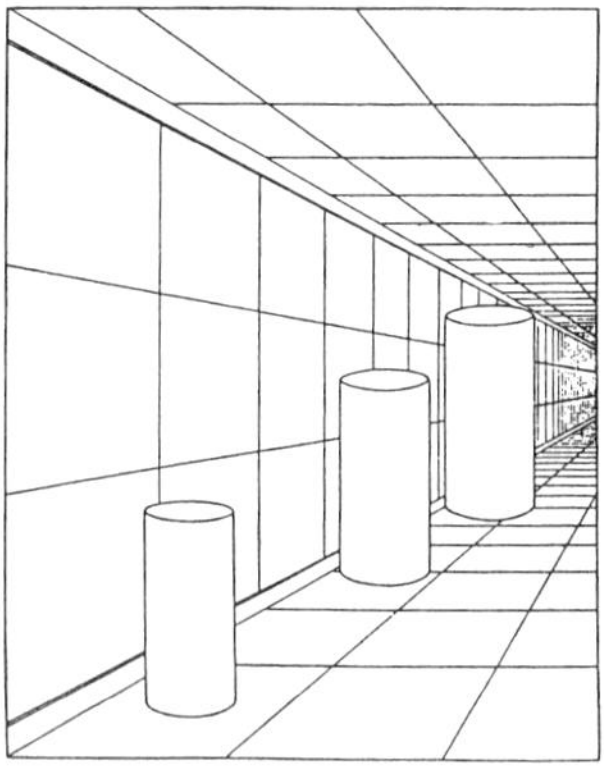

図9-1　3つの円筒

く見えるのではないでしょうか。しかし、実測してみればすぐにわかることですが、「見え」の大きさとは相違して、円筒はまったく同じ大きさなのです。つまり見えの大きさの相違は錯覚によるものなのです。

このように想像の場合も、錯覚の場合も、外界の見えを手がかりにして判断し、自分自身の心のはたらきについて「実在物の認識だった」のか、それとも「幻聴だった」「錯覚だった」のかの区別が可能になります。

しかし、このように現実との照らし合わせができない場合があります。想像力が現実と非現実の食い違いや情報に内在する論理的矛盾を飛び越してしまうことがあるのです。特に、外界との照らし合わせができないうえに、流言を受け入れるような社会心理的基盤のあるときには、省察や分析と冷静な判断の立ち入る余地はなくなり、私たちは自省することを見失ってしまうのです。

以上に述べたように、恐怖や不安は流言や迷信をつくりだします。しかし、それ以上に、私たちは何ごとかに接するとき、過剰な期待を抱くものです。そのために、無際限な憶測や仮定を信じ込み、それに捕らわれてしまいます。人は「期待した」ようにものごとを認識し、「聴きたい」ように聴いてしまうのです。こうしたときは、幻聴や錯覚を「事実」「実在物」として受け入れ、それに沿った行動をしてしまうことになります。

想像は嘘の証拠にもなれば、真実の証拠にもなりえます。アリエティ（Arieti 1976）は、コンディヤクの「想像とは観念を結びつけて虚構をつくりだすことができる力であり、また想像は両刃の道具であり、知識と理解の手助けになるが、あざむく力ももっているため危険である」という指摘を引用して、想像力を働かせることが人間の認識の両刃の剣となりうると述べています。

想像によって、素材を統合してもっともらしい表象をつくりだすのは、一面から見れば「創造」とも捉えられますが、統制がきかなくなると「危険」にもなりうるのです。では、なぜ統制がきかなくなるのでしょうか。

感覚遮断がもたらす「思考停止」

情報が極端に制限された状況では人間の内省力や判断力はどうなるのでしょうか。

知覚的刺激を剥奪され、外界からの情報が極端に制限されているときに、判断力は著しく低下することが次のような感覚遮断実験によって明らかにされています。ベクストンら（Bexton et al. 1954）は大学生に一日二〇ドル払って安楽なベッドに一日中横になっているというアルバイトをしてもらいました。ただし、被験者の目は半透明のプラスチックで覆われており、光は入ってきますが、物の形は見えない状況です。また手は筒状のもので包まれており、関節が痛くならない程度には動かすことはできますが、何かに触ってその感触を確かめるようなことはできない状況に置かれています。耳にはイヤホンが装着され、テストを受けるとき以外はつねにブーンという雑音が流れていました。大学生は感覚刺激をできるかぎり最小限に低減した条件でベッドに横になるように求められたのです。このような制約条件は、食事をするときと洗面所に行くときのみゆるめられました。

このような条件のもとで、可能なかぎり長く生活してほしいと言われたにもかかわらず、最高六日間留まっていた一名を除き、他のほとんどの学生は二、三日以上この状況に耐えることはできなかったのです。

しかも、感覚遮断状況では、ありもしない話を信じ込むといった被暗示効果も高くなります。大学生たちは、普通なら軽蔑してしまうような話にも好んで耳を傾け、ありもしない幽霊の話を実験室から出たあとも信じ込んでしまうなど、通常の判断力がかなり低下し、計算能力も低くなってしまいました。

また普段はクラシック音楽しか聞かないと言っている学生に、ボタンを押すと短時間通俗的なポピュラー音楽が聞き取れる装置を渡してやると、何度でも繰り返しボタンを押して、ポピュラー音楽を楽しむ様子が見られました。ふだんは株式市況にまったく興味がない学生であっても、単調な株式市況の放送を熱心に聴取しようとする行動も観察されたのです。

これらのことから、人は刺激のない退屈な状況に耐えられないということがわかります。また、刺激のない状況では単調さを破ってくれるものなら、どんな刺激であっても見境なく求めようとするのです。環境との正常な接触をもつようになりたい、活動的になりたいという要求はきわめて強くなります。たとえ、骨折などして自分の足でまったく動くことができないとしても、本を読んだり、テレビを視聴することなどが自由にできる環境にいれば、この大学生が感じたような情報に対する渇望感や切迫感は決して湧くことはないと思われます。こうしてみると、情報への渇望は、身体的な活動ではなく、精神的活動を活性化することへの要求であると考えられます。

大震災下での流言は、朝鮮人が仕返しをするかもしれないという予測をもたせるような心理的基盤ができており、さらに情報が極度に制限されていたことが相まって、人間の判断力や分析力が鈍らされたことによるものだと考えられます。

統合失調症患者の想像

健常者であっても情報が極端に制限された条件のもとでは想像活動がかえって人の行動を歪めてしまい、メタ的想像力が働きにくくなることを見てまいりました。では、病理的な状態にある人々ではどうでしょうか。

統合失調症患者は、自分の想像の産物が非現実であることをよく知っているということです。ある患者は次のような内観を報告しています。

> 私は昔私が起こした発作のことを憶い出す。私は自分がスペインの女王であるといった。心の奥では私はそれが真実でないことをよく知っていた。私は、人形遊びをしていて、その人形が生きていないことをよく知っていた。私は、人形遊びをしていて、その人形が生きていないことを知っているが、しかもそれが生きていると思い込みたがっている女の子のようなものであった………一切が私には魔法にかかっているように思われた………私は、ある配役を演じてその人物の体内に入り込んでしまった女優にも似ていた。私は、確信はもっていたが

……………全然というわけではなかった。私は想像上の世界に生きていたのだ。

〔サルトル（一九五五）『想像力の問題――想像力の現象学的心理学』人文書院、二〇六頁より〕

この統合失調症の女性は、彼女の描いた像が架空のものであることを知っていたのです。しかし、その物語は真実ではありませんが、彼女自身に関わる点については真理を含んでいるものと捉えていたのです。

では、内観をことばで表現することは想像世界の可視化とどのような関係があるのでしょうか？ことばを働かせ、メタ認知を働かせれば、想像活動に潜む破壊力を超えることはできるのでしょうか？

3 疑う心を開いておく

表象とことばの関係

ことばは記号です。想像することによって心の中に抱くものやことについての心的表象は、現実対象の写しであり、代替物です。あるいは観念のうえの対象の代替物であることもあります。この代替物の機能と、ことばの機能には共通点がありません。ことばは表象を描くのに必要不可欠のものではないのです。8章で考察したように、描画も表象の表現手段になります。

語りと描画の共通点をあげるとすれば、表象もことばも、それぞれ固有のやり方で、ある対象を代替物で代表させるという点にあります。表象は、知覚的物理的特徴からなる類同的代替物として頭の中に描き出すものですし、ことばも、現実のことやものの代替として機能しているのです。

しかし、ここで忘れてはならないのは、類同的代替物は、ことばと関わることによって明確化され、ことばの法則のもとに形が整えられるという点です。類同的代替物は、最初は意識の中ではその特徴が明瞭になっていないこともありえます。ことばは類同的代替物の分節化を行い、その中に多くの分化した諸性質を探索できるようにしてくれます。この点において、ことばは心内の表象を明瞭化し、形象化し、意識対象にするうえで不可欠な手段となるのです。

疑う心を開いておく

科学的思考の肝はエビデンスにもとづく論証の仕方にあります。相対的なものの見方、批判的思考力がその真髄となります。しかし私たちの目をおおう鱗は厚く、目から鱗が落ちる経験は少なくありません。

寺田寅彦さんの言う「科学的省察」や、冷静な判断と分析が起こるきっかけは、まず、自分が構成した表象がどのようなものかを意識化し、距離を置いて眺めることで与えられるのです。この作業の過程で、ことばと想像力と絡みあい、強化しあうのです。

新型コロナウイルスの流行も、確実なエビデンスにもとづき、解決の方途が見つかるはずです。そもそも新型コロナウイルスの正体は何なのか？　新型コロナウイルスは、一本鎖のＤＮＡをもつウイルスで、二本鎖のＤＮＡをもつタイプ（ＳＡＲＳなど）と比べて変異しやすいと言われています。遺伝子の配列がどんどん変わって新しいものに変化していく確率が高いのです。ちなみに、日本型は、中国武漢型や欧米型とは違う遺伝子配列をもっているらしいということも明らかになっています。

行動生態学者で総合研究大学院大学学長の長谷川眞理子さんは、「特定の遺伝子にターゲットを絞ってのワクチンが作りにくくなるので、対応はやっかいになるだろう」と指摘しておられます（長谷川 二〇二〇）。

ウイルスは、本物の生物とは違って自分自身では自分の複製ができません。自分を複製するための最低限の遺伝情報はもっていますが、複製を実行に移す装置を何ももっていないので、本物の生物の細胞を利用しなければならないのです。エボラのように毒性の強いウイルスは患者が劇症を起こして死亡する確率が高く、宿主が死んでしまえば、エボラも滅びてしまいます。しかし、今回の新型コロナウイルスの毒性はあまり強くないので、症状が出ない罹患者は歩き回り、感染が広がってしまいます。自分の形を変えてどんどん宿主を増やしていきます。症状の出ていない人でも感染させる力があるので、感染力はかなり強く、エボラよりもはるかに手強いと言わざるをえません。

そこで、私たちがとれる対策とはどういうものでしょうか？　症状の出ない潜在的な感染者でも他人にうつす可能性があるとなると、健康そうであっても、なるべく人ごみには行かない、人との接触を避ける、会話しないという「三疎」がベストということになります。「三疎」（あわない・ふれない・しゃべらない）は人間の本性の対極にある行為です。それによるダメージは心理的にも経済的にもきわめて大きいものです。

しかし、*Never Waste a Good Crisis!* 危機を好機に転化するのはメタ的想像力です。二〇二〇年四月には、作家で素粒子物理学者のパオロ・ジョルダーノが次のようなメッセージを発しています。

> 家《レスティアーモ・イン・カーサ》にいよう。そうすることが必要な限り、ずっと、家にいよう。患者を助けよう。死者を悼《いた》み、弔《とむら》おう。でも、**今のうちから、あとのことを想像しておこう。「まさかの事態」に、もう二度と、不意を突かれないために。**
>
> 〔J・パオロ・ジョルダーノ（二〇二〇）『コロナの時代の僕ら』早川書房、一一五―一一六頁より。
>
> 太字と傍線は筆者〕

ジョルダーノのメッセージは、医療崩壊が起こり、人口あたりの死者数が世界一を（執筆時点で）記録したイタリアからのタイムリーな発信です。コロナと共存しながら、心理的なダメージをできる限り少なくするために、そして、危機を好機に転ずるためには、「創造的想像力」を発揮して未来世界を創造し、「メタ的想像力」を働かせて、創造した表象を光と影の両面から照らしてみることが不可欠なのです。

本章の締めくくりに、すてきなことばに乗せて、光と影の両面から照らし出すことの重要性を教えてくれる絵本を紹介したいと思います。

ある日　お月さまが　たいように　いいました。

「わたしは　まだいちども　したのせかいをみたことがないの。」

「ぼくは　あるさ。」たいようは　じまんげにいいました。

「それじゃ　きみに　したのせかいを　あんないしてあげよう。」

「あれは　まち。たくさんのいえやビルが　ならんでいるだろう。」

「これは　むら。いえは　すこししか　たっていないんだ。」

「これは　そとがわからみた　おうち。

そのまま　そっと　のぞいてごらん。

まどのむこうは、うちのなか。」

「こんどは　もっと　とおくを見てみようか。大きな　もりがみえるだろう。

ほら、ちっちゃな　花がさいてる。」

「これは　犬。まえからみたところ。

あれ、うしろ　むいちゃったね。」

「これは　ぞうさん。とても　おもそうだろ。

こっちは　ことり。とっても　かるいんだ。」

「ひょうのコートは　てん　てん　てんのみずたまもよう。

ライオンのたてがみは　もようのない　えりまきさ。」

「ふとっちょ　かばさん。

やせっぽちは　とかげくん。」
「ペリカンは　はねのよろいを　きてるみたいだね。
ラマは　ふわふわセーター　あったかそう。」
「きりんは　ひょろひょろ　ながーいくび。
あらいぐまのくびは　ずんぐり　みじかい。」
「いるいる　あそこに　こわそうな　とら。
こっちに　いるのは　おくびょう　うさぎ。」
「よわむし　こねこ。
ちからじまんの　くま。」
「チータは　かけっこのめいじんさ。
だけど　かめさん、いつだってのんびりや。」
「みえるって　すばらしいことじゃないか。」　たいようが　いいました。
「ぼくは　なんて　しあわせものだ。
ぼくには　みえないものなんて　ひとつもありゃしない。」
「いいえ、あるわ。」　お月さまがいいました。
「あなたが　いちども　みたことがなくて、
これからも　ぜったいにみられないもの。

わたしが　まいばん　みてるもの。――それはね、く　ら　や　み。」

〔ブライアン・ワイルドスミス／わたなべひさよ訳（一九八三）『お月さまのさんぽ』らくだ出版。訳者の許可を得て掲載〕

すてきな絵と美しい日本語で語られる『お月さまのさんぽ』は私たちに大事なことを教えてくれます。太陽は、上から下から前から後ろから、外から内から、世界を見せてくれます。でも、いろいろ見えるはずの太陽にも見えない世界があったのです。……それは、く　ら　や　み。

私たちは「もの」や「こと」を見るとき、つねに疑う心を開いておかなければなりません。いつも、私たちは見えているものを疑う心――メタ的想像力――を開いておくことが求められるのです。

「物事について考えを固めてしまわず、見えているものを疑うよう心を開いておけば、世界を眺める目も丁寧になる。」

ポール・オースター*

それを「注意深さ」と米国の作家は呼ぶ。「爆笑もののヘマ、胸を締めつけられるような偶然」やさまざまの夢、混乱。自分が答えをもつ訳ではない事柄に人は翻弄されつつ生きるのだからと。ラジオのリスナーたちの悲喜こもごもの体験談を集めた『ナショナル・ストーリー・プロジェクト　Ｉ』（柴田元幸他訳）の「編集者まえがき」から。

〔「朝日新聞」二〇二〇年一月二六日、鷲田清一「折々のことば」より〕

疑うこころを開いておくために、私たちは想像力を磨いておかねばなりません。同時に見えないこともあると疑うこころ——メタ的想像力も磨いておかねばならないのです。

最終章では、書くこと・考えること・生きることの関係について論考を進め、創造の泉をさぐる旅を締めくくりたいと思います。

＊Paul Auster：米国作家・詩人・批評家

第10章 創造的想像者として生きる

AIに負けない力を育む

いよいよ創造の泉を訪ねる旅も終わりに近づきました。これまでの章を通して、人々の日々の営みや活動で想像力が発揮されていることを見てまいりました。本章では、人々の日常の営みや活動における創造的想像のはたらきが活発になるのはどのようなときか、ことばと想像力の関係はどのようなものか、創造的想像力を育むために大人はどのように子どもに関わったらよいかについて提案して、創造の泉を訪ねる旅を締めくくりたいと思います。

1　創造力——発明や発見への道筋

創造がうまれるとき

新しいアイディアが生まれるとき、あるいは発見がなされるとき、人はどのように想像活動を行っているのでしょうか？

思考心理学者のウォリス（Wallas 1929）は創造についての仮説を述べた最初の人です。発明や発見は、発明者が「準備期」「孵化期」「啓示期」「検証期」の四期を経て創造にいたると述べています。

準備期は、創造する人が問題の所在を明らかにしたり、それを解くための素材を収集したりという準備的な活動に従事する段階です。準備期に行われる活動は内的にも外的にも見えるのです。孵化期は準備期とアイディアを啓示される間にあるはずの過程で、準備期に集めた素材をあたためる段階と想定されています。外からは発明者の心の中で何が起こっているかわからないので、あたかも考えることを休止しているように見える段階です。外からはその活動は見えなくても新しいアイディアが熟成されているはずなので、とても大事な段階です。啓示期は創造する人が最初の問題が解決できたと思われる瞬間、「アハー」体験が起こる瞬間を指しています。さらにアハー体験をともなう解に対して批判的・批評的に評価することによって、受け入れ可能な状態になるのが検証期です。この段階で、「納得した」とか「腑に落ちる」という実感がわきあがるのです。

創造性の研究者たちの多くが、ウォリスの創造の四段階説を受け入れ、それを継承するか、多少の修正を加える形で論を展開しています。たとえば、思考心理学者のオズボーン（Osborn 1953）は、創造過程についてウォリスの四段階説を精緻化し、七つの位相に分類しています。

1　見当づけ：問題の所在を指摘する

2　準備期：適切な資料を収集する

3　分析期：関連する素材を分析する
4　着想期：さまざまなアイディアによる選択を積み重ねる
5　孵化期：啓示を得るために休止したり、あたためたりする
6　統合期：個々の素材の断片を整合性あるものに統合する
7　評価期：生成したアイディアの評価

このように創造過程を何段階に分化して捉えるかは研究者によって異なっていますが、その発想の源はウォリスにあります。どの説も問題を解決するための準備期があり、浮かんだアイディアをあたため、醸成して解として可視化するという点も共通しています。アイディアを醸成する「孵化期」が重要であることも注目されます。孵化期ではいったいどんな精神過程が展開しているのでしょうか？

「創造的思考」の特性

創造性研究で著名なギルフォード（Guilford 1967）は四段階説とは異なる学説――創造的思考の特徴について提案しています。ギルフォードは創造性のもっとも重要な要素は「拡散的思考」であると考えます。拡散的思考とは、解は一つ、解を求める道筋も一定という、「収束的思考」、いわゆる「暗記能力」と対比されるもので、通常の規範や慣習で踏みならされた軌道から逸脱して、独創的な解決を求める思考の形式を指しています。拡散的思考では、解にいたる道筋は四方八方へと拡散

れます。解も一つとは限られません。解の中にはただの「粘土」も、輝ける「金脈」も含まれています。

ギルフォードと同時代に活躍したゲシュタルト学派は、過去の経験を適用する再生的思考と新しい解を創造する生産的思考を区別しています。6章で取り上げた、この学派の代表であるウェルトハイマー（Weltheimer 1945）は、「生産的（=創造的）思考」についてギルフォードとは正反対の特性を仮定しています。彼は、創造の過程というものは、構造的に不安定な状況や不満足の状況から安定した状況への変化として捉えました。不安定から安定への道程で、ギャップが埋められ、もっともよい「ゲシュタルト（安定した構造的布置）」がもたらされると想定しています。想像の素材となる断片を整合性ある全体へと集合化し、構造化して、安定した形態へと体制化することが創造のもっとも大事な精神過程なのです。安定したゲシュタルトが顕現するきっかけは「ひらめき」や「インスピレーション」だと捉えています。心理学分野では「あっ、そうか！（Aha!）」という直感のわく瞬間を「アハー体験」と呼びますが、まさにアハー体験をきっかけに、安定したゲシュタルトが出現するのです。創造的思考は、さまざまな構成要素間の相互依存性や相互排他性に支えられて進行し、諸要素が安定したゲシュタルトに収まったところで終結するのです。

では、安定したゲシュタルトにたどりついたとき、生産されたゲシュタルトが泥粘土か金脈かをどのようにして見分けるのでしょうか？　作文を書く過程でアイディアが発見され、それを吟味して納得して受け入れる過程から考えてみたいと思います。

アイディアの発見

小学六年生の女児、T・Yさんが三度推敲してしあげた作文をご覧ください。

自分を書き表すことによって

六年一組　T・Y

私はこの頃よく考えます。自分についてもっと知りたい。それもことばという形によって表したいと思うのです。そのために、今私が、「私自身」について知っていることから考え始めたいと思います。

私はどういうことが好きなのでしょうか。

「本を読む」。読む時間と本があれば、なにをさしおいても本を読み始める私です。けれど、じっくりと読むわけではありません。軽い読書が、私は好きなのです。

本を読むのが好きなのには、きちんとしたわけがあります。本を読んでいると、頭の中の空気が新しくなっていくような気持ちになるのです。登場人物の姿を思い浮かべ、次から次へとページをめくります。だから、西遊記のように、空想していて楽しいもの、すっきりしたものが、私のお気に入りの本となるのです。

「放送委員であること」。私は放送委員であることに、非常に満足しています。小さい頃から目立ちたがりやの私にぴったりの仕事です。五年生のときから続けていますが、自分の声をみんなが聞いている、と思うのは気持ちのよいものです。今では、あこがれの委員長となっています。

とにかく、委員長の仕事も含めて、先生方に信頼され、学校の仕事をする、そういうことが、私は好きなのです。

このようにして考えてくると、何か私というものの、具体的な像が浮かんできたような気がしてきました。始終いろいろなことを考えている私。目立ちたがりやの私。責任ある仕事をまかされたいと思っている私……。

ここで私は、はたと考えこみました。私という人間は、こんなにも単純な構造の人間なのだろうか、という疑問を持ったからです。それは、書き出した数が少なかったせいかもしれません。私の表現力が足りなかったせいかもしれません。けれど、それだけではないような気がするのです。人間というのは、なみのことばでは表せないものなのではないでしょうか。なぜならそれは、人間が作り出したことばだからです。心の中でだけ通用することばでこそ表せる、私はそんなふうに思いました。

結局、私がはじめに考えていたようにはできませんでした。しかし、それでも、よいではありませんか。自分を書き表そうと考えたことによって、「心の中のことば」に気づくことができたのですから。

〔内田伸子（一九九〇）『子どもの文章――書くこと・考えること』東京大学出版会、一七九〜一八〇頁より。傍線筆者〕

T・Yさんは、自分について知りたい、ことばによって表現したいと考え、組立メモを作って文章を綴り始めました。綴っていくうちに、ことばで表現した自分と、実際の自分が違うようだと感じ始めるのです。書き出した数が少ないのか、表現力が足りないのか……表現意図と書いた作文のずれの原因を探り始めます。

書きながら考え、書いたことを読み直してまた考える……それを繰り返すうちに、いわゆる「並のことば」には限界があるのではないかと思いつきます。なぜかといえば、並のことばとは人間がつくったものだから……と考えつきます。そうしてかなり長い沈黙の後に、私が傍線を付した文にたどりつきます。「ことば」には、「表現することば」以外に、自分とは何かをとらえるための「心の中のことば」があるのではないかという考えにいたったのです。

表象がはっきりとした形になる

7章で考察したように、口で語ることによって経験や知識が整理されますが、経験や知識を書き記すことによって、経験や知識が可視化され目で見てふりかえることができます。書くことによって考えが整理され、書きたいと思っていた表象（イメージ）と表現された表象（作文）の食い違いに気づきやすくなるのです。この点が話しことばよりも書きことばのほうが優れている点と言えましょう。

この作文の最後の段落には、構想を立てた段階には存在しなかった「心の中のことば」というアイディアが生まれたことが記されています。最後の段落はどのように変化したかを見てみましょう。

〈下書き〉→〈推敲〉→第一回目の〈清書〉へと経過する中で、表現はどんどん変化していきます。

〈下書き〉私がはじめに考えていたようにはできなかったようだけど……。

〈推　敲〉私がはじめに考えていたようにはできなかったようだけど、それでもいいと思いました。このことについて考えたことによって〝心の中のことば〟に気づくことができたからです。

〈清　書〉結局、私がはじめに考えていたようにはできませんでした。けれどそれでもよいではありませんか。このことについて考えたことによって〝心の中のことば〟に気づくことができたのですから。

この作文を書く過程を観察すると、〈下書き〉段階では〝……〟の後半の部分は書き込まれていませんでした。しかし思い浮かんではいたのでしょうが、ことばで表現するほどはっきりとした考えにはなっていなかったと推測されます。

〈推敲〉段階で、「できなかったようだけど」→「そのかわり」という逆接関係の接続語が口から出てきました。T・Yさんはこの接続語を何度も口で繰り返していました。ぴったりした理由を求めて考えがさまよっている様子でした。「できなかった」という否定的状況を「そのかわり」で逆転させ「期待をもった終わり方」(表象)にしたいと表現を探してもがいている様子でした。

やがて、「できなかったようだけど、そのかわり」ということばを何度も口で繰り返すうちに、肯定的な締めくくり・期待をもった終わり方の表現がぼんやり浮かんできたようです。でも、自分で納得のいくような締めくくり表現が見つからない……。ここでいったん締めくくり表現にこだわるのをやめ、「組立メモ」を見直し、締めくくりは構想通りにはいかないという印として逆向き矢印（↑）を書き加えました。

他の部分を推敲し、今一度締めくくりの部分に戻ってきました。「できなかったようだけど、そのかわり」と何度も繰り返し、「私ははじめに考えていたようにはできなかった。しかし作文を書いたことで何か発見はなかったか。それは何か」と口で何度も繰り返し、締めくくりの表現を探そうとしました。すると、突然「それでもいいと思いました」という表現がフワっと飛び出してきました。

三分間の沈黙の後に、「このことについて考えたことによって〝心の中のことば〟に気づくことができたからです」という文が浮かび上がりました。これを書きつけて、視線を文に走らせ納得したようにうなずきました。すぐに、「そのかわり」の接続語を削除しました。

削除した理由をT・Yさんに質問したところ、T・Yさんは「接続語をあまり使いすぎると表現がくどくなるから。接続詞なしでも言いたいことがわかるから。ほら、〝そして〟〝そして〟を繰り返して文をつなげると、まるで一年生が書く作文みたいでしょ？」と答えてくれました。さらに続けて、「でもね、昔話なんかは同じ文末表現を繰り返すよね。リズムがよくなるからだと思う」と付け加えてくれました。

まさに孵化期とは、この三分間の沈黙の時間に対応しているのではないかと思います。この沈黙の間にぼんやりとした表象が醸成し、徐々に形があらわれてくると考えられます。

表象のゲシュタルト化

文章を書くとき、書き手は、自分が書きたいことは何かを考えます。まだ表象はぼんやりしています。それを具体的な表現に置き換えるためにことばをあれこれ探索します。対案が次々生まれ、口で繰り返したりメモをとったりします。自分の頭の中にあった表象（表現意図）ははっきりしていませんが、つぶやきを聞きながら、メモを見ながら、自分が言いたかったのはどんな思いだったのかを見きわめようとします。対案の中に「アハー体験」をさせてくれるものが見つかりました。その対案を解釈し、そうそう、これこそが自分が言いたかったことだと納得します。

T・Yさんには「なにか期待をもった終わり方をしたい」という方向のみが見えていたのですが、具体的にどう表現するかはわかっていなかったのです。浮かんでくることばを口で何度も繰り返すうちに、締めくくりとして納得のいく終わり方をするための表現につきあたりました。推敲（ことばを探す）と彫琢《ちょうたく》（文章を整え磨く）の往復運動によって、浮かんだ表現の形を整え、おさまりのよい締めくくりにたどりつきました。

作文を書く過程では、具体的な表現を探すことと表象の内実を明瞭にはっきりさせることは重なっているように思われます。あいまいな表象はことばを見つけることで可視化され、自覚されるのです。T・Yさんは、ことばの力を借りて自分が本当に書きたいと思っていることは何かをはっきりさせることができたのです。ことばを見つけたことで、ぼんやりしたあいまいな表象が具体的な形象へと転化しました。ことばの「引き出し」から「アハー」と納得のいくことばを探りあてたときに、表現意図がはっきりします。

人が、心内の表象をことばにする活動に従事している間中、表象は変容し続けます。さらに、ことばによる具体化の作業によってメタ的想像力も働く余地が生まれます。生産されたアイディアが金脈か粘土かを見分け評価するためにメタ的想像力が働いていると考えられます。

2　創造的想像のスイッチを入れる

作文を書きながらの自問自答

文章を書く過程をふりかえってみると、ことばを探したり、文章を整えたり、表現したいことと書きつけられた表現がずれていないか、選んだことばは適切か、文が文脈全体に調和しているかなどを自問自答しながら書き進めています。このように、文章を書く過程では自己内対話が活発になります。

私は、文章を書く過程で起こる自己内対話の正体を探るために「発話プロトコル法」と「内観報告法」を使って作文過程を観察することにしました。作文実験参加者は作文が得意な小学六年生一〇名（男女半々）に、一人ずつ実験室にきてもらい、好きなテーマで、頭に浮かんだことはすべてしゃべりながら作文を書いてもらいました。一カ月後と二カ月後に自分の作文を推敲してもらいました。全員、四カ月間にわたる推敲実験に参加してもらいました（内田 一九九〇）。先ほどT・Yさんの作文をご覧いただきましたが、彼女も作文実験参加者の一人です。

作文を書く過程で得られた発話プロトコルを分析してみると、どの子も作文の推敲過程で思想（表現意図）と表現の調整をするための自己内対話が活発に起こっていました（表10―1）。思想と表現がずれているという感覚が起こると、表現の探索が始まります。さまざまな対案のうち、「アハー体験」を喚起する対案が浮かんだときに、はじめて、意識的な評価や解釈をしようとします。T・Yさんは、「思い浮かべ」という表現がどうもずれているように感じて、ぴったりしたことばを探そうとしています。この部分の発話プロトコルの例を表10―2に示しましょう。このプロトコルから、自分の表現意図の確認、表現の探索、表現の評価による納得などの過程が重なっていて、たえず循環していることが読み取れます。「ぴったり」という感覚や「アハー体験」が起こるまで、表現探しを繰り返します。アハー体験をもたらした対案について解釈し、表現意図も自覚され、表現も定まっていきます（表10―2）。

表現決定までのプロセスは、ウェルトハイマーの「インスピレーションを得て、安定した構造に到達する」という考えに近いと言えます。しかしインスピレーションを得て直ちに安定したゲシュタルトになるわけではありません。インスピレーションをもたらした対案を解釈し、表現意図と照らし合わせて決定するという自覚的な自己内対話が起こります、T・Yさんを含め、参加者一〇名全員が同じ過程をたどって作文を完成させました。

作文を書く過程は、組立メモを準備しそれを表現として具現化し、評価するというように順序よく整然と進むわけではありません。作文を産出する過程は、料理人がレシピ通りに調理するように整然と進んでいくのではなく、忙しい電話交換手のように適切なことばを求めて拡散的・循環的に

しかし、それでもよいではありませんか。このことについて考えたことによって、“心のなかのことば”*1／①※	（注）意識経験 *1 ここまで清書したところで書いてあることを読み返して確認する。
「……ことばに気づくことができたのですから」でもいいし、／②	
「心の中のことばの存在*2」なんつったら気持ち悪いなあ。／③そんな、まるっきり気がつかなかったわけではないんだけれど*3、	*2 笑いながら対案を出す。 *3 自分自身が気づいていたかどうか事実のほうを吟味する。
／④その、「心の中のことば」ってのは結局、口で言ってるっていうか、普通のことばっていうのにあらわす前の段階の、そのモヤモヤした気持ちっていうんで、／⑤	原稿に書いてある「心の中のことば」という表現の意味を解釈している。
そこで、そのことばっていうのは結局きまりがあって、その決まりの外にあるっていう…… **P**／⑥	**P**：ポーズ
だから存在に気づかなかったわけではないな…… **P***4／⑦	*4 対案を否定する理由がはっきりする。
心の中のことば、やっぱり、このまんまでいい*5／⑧	*5 原案を納得して受け入れる。
に気づくことができたのですから*6。／⑨	*6 ※に続けて清書する。

「意味単位」への分割と各単位カテゴリー名：①「読み返し」②「対案1賦活」③「対案2賦活」＋「不一致感」④「吟味」⑤「意味解釈1」⑥「意味解釈2」⑦「対案1・2を否定する理由づけ」⑧「原案の受け入れ」⑨①に続く文の残りを清書するための「書字」。

表10-1　発話プロトコル例（内田1989より）

登場人物の姿を――――	**〈清書〉**
「姿を浮かべ」だとわからないから ――	**ズレ**
姿を頭の中に浮かべ、頭の中……がでてくるのかなあ ――――	**対案の探索**
頭の中に浮かべてっていうか、考えていろいろと さまざまに思い浮かべ、――――	**対案の浮上**
それだ！――――	**納得**
頭の中に浮かべてっていうか、考えていろいろと さまざまに……ウウ……空想して、―	**解釈**
思い浮かべ――――	**〈清書〉**

表10-2　ことばが発見される瞬間

進んでいきます。ぴったりのことばが発見されるとアイディア（表現意図）が形になって可視化され、同時に「アハー体験」が湧きあがるのです（内田一九九〇：一九九九：二〇一七）。

アイディアを発見する瞬間、つまり、インスピレーションの瞬間は自覚されないようです。思考心理学者のギゼリンは、「発見は突然なされ、発見までの過程は意識化できない」と述べています。

発見は自動的に、明白な前兆もなく現れる。ときどきは単なるひらめきとか、発芽しかかった芽をその手がかりとすることもある。萌芽的で、まだ形をなしていなかろうと、すでにその最終的な形が所産としてできあがっていようと、発見の手がかりは、全体のほんの一断片にすぎないこともあるのである。所産が現れると、さらに、この芽を目に見えるものに発展させたり、検証などが必要になるのである。

〔Ghiselin 1952, p. 15より〕

このように、書き手はアハー体験が起こる瞬間を意識することはできません。したがって、発話プロトコルにも現れないのです。アハー体験は、なぜ意識されないのでしょうか？　アメリカの認知心理学者ジョンソン－レアード（Johnson-Laird 1993）は、創造性が次の三つの段階を経過すると述べています。まず、生成段階では新たなアイディアが完全にランダムに形成され、次に評価段階では、結果が一連の規準に則って評価されます。必要とあれば、いくつかのアイディアのうちから恣意的な選択を行うことになります。これらの段階は再帰的に繰り返されます。新しいアイディアは規準や目標に照らしつつ生成されますが、推敲や彫琢を繰り返すうちに、アハー体験をもたらすことばに遭遇する瞬間に安定したゲシュタルトが顕現するのです。

「孵化」と「啓示」の神経学的基盤

作文を書くだけではなく、詩や俳句、または絵画の創作過程では、推敲や彫琢が繰り返され、孵化や啓示が生じているものと思われます。ヴィナク（Vinacke 1952）は、絵画制作の全過程を通して、孵化や啓示がつねに起こっていると指摘しています。

作文でも絵画でも、その創造過程で重要なのは「孵化」と「啓示」です。どちらも意識化することはできないので、「内観法」や「発話プロトコル法」で心内過程を明らかにすることはできません。しかし心内にはたしかに存在する心的過程です。

認知心理学者の北原靖子さん（一九九三）は、創造性は特定の天賦の才のある人々だけではなく、一般の人々が発揮するものとして捉えています。その根拠にヴァーチャル・リアリティ（人工現実観）の例を引いています。ヴァーチャル・リアリティとは、「立体メガネ」をかけると、絵が飛び出して見えるように、たとえ、現実には奥行きがなくとも「奥行きがある」という「見え」が生じ、あたかも自分がその中を散歩しているかのような実感が与えられるものです。このような感覚が生ずるのは、二次元の網膜から、三次元空間の配置を構成する「両眼立体視の情報処理機構」が私たちの脳に存在していることによります。これによって平面から立体を「創り出す」見えが生じるのです。このような創造的な見えを保証する仕組みは誰もがもっています。

聴覚の仕組みも同様に大いなる創造の可能性を私たちにもたらしているよい例です。旧ソビエトの心理学者レオンチェフ（一九六七）は人間に特有な能力はすべて後天的に形成されるということを示すために、音楽を聞き取るときに音程の変化を感受する手がかりとなる「音高聴覚」という聴覚のプリミティヴ（原初的）な機能を取り上げました。言語音を聞くときには、言語音の音色、周波数の特徴を把握することが必要です。音楽を聞くときには、音の高さや高低比を分離することができなくてはなりません。

多くの言語は音色聴覚を発達させます。しかし、言語にも例外があって、中国語やヴェトナム語は音程の変化が意味弁別機能を担っています。このような音調言語（音の純粋な高低要素が意味弁別機能をもつ言語）を母語とする人々は音高聴覚が発達しています。ここで注意しておかなくてはならないのは、言語音を聞き取るときに一方の聴覚が働くと他方は抑制されてしまうという仕組みになっていることです。したがって、音色聴覚を発達させている人は、音高言語を聞き取るときに音高の弁別はできません。

レオンチェフは、音高聴覚を発達させていない人々に音高聴覚を形成する学習実験を行いました。彼は被験者に音叉装置で継次的に二音を聴かせ、その二音が同じか否かを弁別させました。ここで問題になるのは古典的方法で弁別実験を行ったときには、一般に低い音は「暗い」感じを与え、高い音は「明るい」感じを与えるということです。そこで、このような音色的成分を完全に排除し、周波数だけが異なるような二つの音を聞かせる方法を案出しました。この方法を用いて、音高の区別ができない、完全な音高聾の被験者に音高聴覚を獲得させる補助として、聞かせた音の高さに声を「合わせる」経験を与えると弁別が可能になることを見いだしました。

次に、訓練過程で実際に声を出さなくても頭の中で標準音の高さに合わせることもできるようになりました。これは与えられた音の高さに合わせて声を出す過程から、定位機能（高さはどれくらいか）が分離されるようになったことを意味しています。これは同時に音の高さを能動的に表象する能力を生み出す行為なのです。

さらに、周波数の弁別を指に代行させることが可能か否かを検証しました。通常、私たちは聴覚器官で周波数を弁別しています。しかし、耳を使わなくても人差指で音の高さの弁別ができるかどうかを問題にしたのです。まず、振動器の軸の先端が人差指にあたるようにしました。同じ高さの音を「発声する」という行為を指先の振動を「感知する」行為へと変えたのです。このような状態での弁別を訓練した結果、聴覚器官を使わなくても音高を弁別することができるようになったのです。

以上の結果は何を意味しているでしょうか。訓練によって、大脳皮質において新しい結合（ネットワーク）が形成されたことを意味しています。指先からの信号を受け取る体制感覚野と耳からの信号を受け取る聴覚野との間が連結されたのです。このことにより、指先という新しい機能的な「聴覚器官」が形成され、「指で聴く」可能性が拓かれたのです。この機能的器官は同じ課題にたいして異なる様式・異なる神経ネットワークによって応答することができるということを証明したきわめて画期的な研究です。

「機能的脳器官」はポテンシャリティを無限大にした

レオンチェフの実験は情報の受容面についての例ですが、表出面でも同様のことが起こります。たとえば、体操のクラブ活動の指導時に首から下が麻痺してしまうという事故に遭われた画家の星野富弘さんは、機能訓練の結果、まったく使えない手にかわって口に絵筆やペンをくわえて、絵を描き、文字を書くことができるようになりました。口で、私たちの心を打つ作品を創造し続けておられます。この場合も、食べたり話をしたりするための発語器官が手としての役割を果たせるよう、脳内に新しい「機能的脳器官」が形成されたものと考えられます。

人間の大脳は、このような「機能的脳器官」を形成することができる可塑性の高い器官です。人間に特有な機能の発達において観察される補償作用のほとんど無限の可能性も、人間の脳が機能的脳器官となるという能力をもっているゆえなのです。描く、文字を書くなどの高度な活動だけでなく、見る、聞くというような一見プリミティブな機能においても、高次な処理が行われています。それを保証しているのは大脳が機能的脳器官を形成できる能力を獲得したことに他ならないのです。

想像力のような複合的な能力もこのように大脳が機能的脳器官に支えられているものと考えられます。私たちは、以前の経験を保持し、再生することができるだけでなく、以前の経験や印象の諸要素からイメージや行動を複合し、創造的に創り直すことができます。これは人間が「創造する脳」をもつようになったためと考えられます。

額のあたりに位置する大脳の前頭連合野（2章の図2—3参照）は創造や意欲、判断、情緒などの精神活動を営んでいます。この領野が大脳新皮質において占める割合は他の種に比べて、人間が群をぬいています。九〜一〇歳ごろに第三次認知革命が起こり、この前頭連合野（前野）のネットワークが一段と発達します。児童期の中期から抽象的思考段階に入り、メタ言語意識も一段と発達するのです。

人間の高次の認識は前頭連合野（前野）によってハード面での基盤を与えられ、創造的想像が可能になったものと考えられます。

以上に見てきたように、創造性につながる創造的想像は、ニュートンやシェークスピアのような偉大な天賦の才を与えられた人たちだけが発揮できるものではありません。創造的想像力は遺伝された才能にも、環境にも、成育史にもよるものではなく、すべての人にポテンシャリティ（潜在的な認知機能）として存在しています。しかし、人が創造性を発揮できるかどうか、その引き金となるのは環境、他者との関わり方しだいであると思われます。子どもの遊びを手がかりにして潜在的な認知機能が顕在化する鍵は何かをさぐってみたいと思います。

3　人間力——創造的想像者として生きる

「学力」とは何か

日本はこれまで暗記能力を育てる教育には成功したと言えます。しかし、創造的想像力や論理的思考力の育成には十分な成果をあげていません。文部科学省が小学六年生と中学三年生を対象に毎年実施している全国学力・学習状況調査（以下、学力テストと略記する）では、暗記で回答できる基礎基本課題の成績は平均八〇点くらいの成績をとっています。しかし、残念なことに、文章題を解く力や自分の考えを表現し記述する力が育っていないのです。二〇二一年九月一日に新聞各紙に学力テストの結果と分析が発表されました。朝日新聞の記事によると、「必要な情報　見つけ出す力に課題」という見出しのもと、児童・生徒の学力の課題は何かが分析されていました。国語では、スピーチの原稿とメモ、資料を比べる問題（小六）の成績が低いのです。また、各校代表によるテレビ会議での意見や資料の問題、SNSの言葉の使い方についての意見文の問題（いずれも中三）の正答率が低いのです。「情報を読み取って意見を発信」する力が育っていないことがうかがわれました。算数・数学では記述式問題の正答率が低く、無回答率が高い傾向が見られました。「文字で考えを説明する練習が必要」であると思われます（「朝日新聞」二〇二一年九月一日・19面より）。学力テストが実施されるようになって以来、毎年指摘されてきたことですが、またしても、考える力や探究心、自分の考えをことばや文字で表現する力が育っていないという残念な結果でした。

これまでの授業のやり方では、考える力や探究心、自分の考えを表現する記述力が育たないという反省に立ち、二〇二〇年度に「学習指導要領」が改訂されました。改訂の目玉は、「学びの質を改善すること」でした。「何を学ぶか」ではなく「どのように学ぶか」に力点をシフトしなくてはならないというものです。つまり、一方的に知識を教える「知識伝達型授業」ではなく、子どもたちが主体的・能動的に授業に参加できるように「アクティブ・ラーニング」（主体的で対話的な深い学び）を組織していくことが掲げられました。

情報教育にも力を入れようと、二〇二二年四月からは公立小中高校生には、一人一台タブレット端末が配られました。このさなかに実施された二〇二二年度の学力テストでは、中学三年生の理科の正答率が平均四八点と下がってしまいました。コロナ感染対策で理科の実験ができない小中学校が多く、フィールド調査や博物館の見学など探究学習の機会が大幅に減ってしまったことも影響しているのではないかと思われます。算数、数学では計算はできても文章題は歯が立たないのです。

認知科学者の今井むつみさんは、文章題が解けない子どもたちが何につまずいているかを明らかにするため広島県や広島県福山市の小学三、四、五年生を対象にした大がかりな実験研究や調査研究に取り組んで、学力とことば・考える力との関連を見事に明らかにしています（今井他 二〇二二）。誤答の例をあげてみましょう。

２５０ｇ入りのお菓子が、30％増量して売られるそうです。お菓子の量は、何ｇになりますか。

250×0.3＝750　（内観：75だと減ってしまうから0を足してみた）

250÷0.3＝800　（内観：ふつうなら×だけど、×だと減ってしまうから÷にして増やした）

〔今井むつみ他（二〇二二）『算数文章題が解けない子どもたち――ことば・思考の力と学力不振』岩波書店、裏表紙より〕

内観からは、どちらの子どもも、文章の意味を理解しようとはせず、問題文の数字をこねくりまわしているだけだということがわかります。問題を解くとき、子どもの生活世界から切り離されているのです。「大好きなポテトチップに〝三〇%もおまけがつく〟なんてラッキー!」と、おまけのついた袋を買うにちがいありません。通常の袋が二五〇グラムなら、おまけのついた袋が七五〇グラムや八〇〇グラムであるはずはありません。

日本の学力の課題は、算数・数学、理科や国語も子どもの生活世界と切り離され、「勉強」として学校の中だけに閉じ込められてしまっていることにあるように思われます。では、授業が子どもの生活経験と関連づけて展開されたらどうなるでしょう。熊本大学附属小学校の原口純一先生(現・合志市立合志南小学校副校長)の理科の授業は、子どもが教室にもちこむ生活経験を活性化するところから始まります。五年理科の「とける」という単元では、塩田で塩を採る仕組みのシミュレーション実験をしていました。原口先生は実験開始時に、子どもたちの「とける」現象についての素朴概念や生活経験を思い出させる教示を与え、ワークシートにメモさせました。食塩を水に入れると「ドロドロの液体に変化する」のは、溶かした食塩が見えなくなることや、食塩水を触っても固体らしきものがないことからの類推です。また食塩が水に溶ける様子を観察して「食塩の粒そのものが見えないくらい小さくなる」と記録しています。子どもたちは「アイスがとけるのと同じ。アイスそのものは見えなくても甘い味は残っている」、「もともとあったものがどんどん小さくなって、見えなくなる」、「紅茶に角砂糖を入れてかき混ぜると砂糖の粒は見えなくなるけど紅茶は甘くなる、でも塩水はしょっぱい味」……など、実験で起こることを生活経験と比較して、類推し、似ている点と違っている点をメモしていました。子どもの生活体験と実験で起こる現象を比較対照させ、両者の共通性と差異を考えさせています。実験も生活経験に結びつけることで相対化し客観的にとらえることができるようになります。

ものごとを相対化する力

今井さんらは、「相対的にものごとを見ることのできる能力」が学力と深いつながりがあると指摘しています。相対的にものごとを見ることができるということは「視点を柔軟に変更・変換できる」ことなのです。まさに批判的思考力の肝であり、論理的思考力を育めるかどうかの鍵とも言えます。

全国の小中学校では批判的思考力や論理的思考力を育てる授業改革に取り組んでいます。私も熊本大学附属小学校の「論理科」単元開発に関わることができました（内田他 二〇一二；内田 二〇一五；二〇一七）。

論理科の教育目標は、第一に、情報（図表・文章など）に表された内容を読み解く、第二に、内容の真正性や考えの妥当性について判断する、第三に、事実や判断の根拠を筋道立てて表現する、の三点です。授業の流れは次のような順序で構成されています。①二つの「もの」や「こと」を比較・対照・類推し、②ワークシートに相違点と共通点を記し、③ワークシートに記された自分の考えを「トゥールミンの論証モデル」（図10―1）に照らして省察し、④二つの考え方のうちのどちらがしっくりくるか論拠や根拠、データをあげて結論づけ、⑤二人の対話・四人討論・六人討論・クラス全体の討論を適宜組み合わせ、自己内対話と他者との対話を繰り返しながら、自分が納得のい

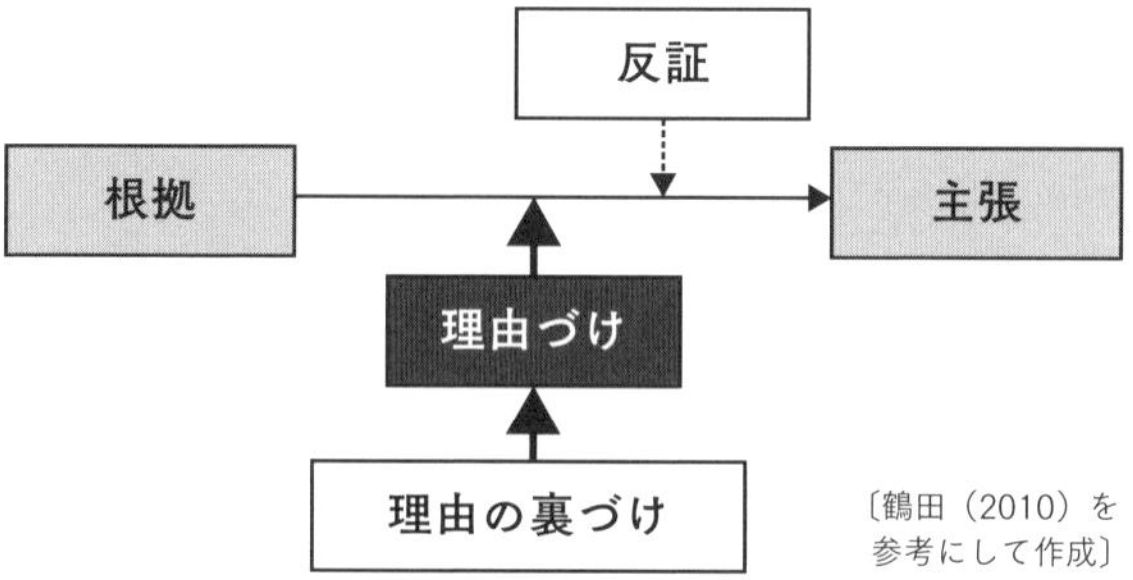

図10-1　トゥールミンの論証モデル

く、つまり、腑に落ちる結論を導き出していく――という流れで展開していきます。

対話や討論の中で、自分の意見と異なる意見にぶつかると、自分の見方を変更するか、主張し続けるか迫られます。あくまでも自分の意見を主張し続ける場合には、「なぜかというと、○○だと考えられるから」と論拠や根拠をあげて反対意見の相手を説得しようとします。相手も反論します。それらを比較対照し、自分なりに納得して結論を導きだすのです。自己内対話と他者との対話や討論を通して、はじめはぼんやりしていた表象がことばによって意見となり、口で発表し、聴き手を説得しようとするのです。熊本大学附属小学校の井上伸円先生（現・副校長）の国語の授業でこの流れを見てみましょう。

「この絵、わたしはこう見る」

井上先生は授業の最初にワークシート（図10―2）を配布しました。ワークシートには、①俵屋宗達「風神雷神図屏風」（琳派・江戸時代一七世紀）と②パブロ・ピカソ「三人の音楽家」（キュービズム・一九世紀）〔光村図書の国語教科書〕の絵が載っていて、「二つ

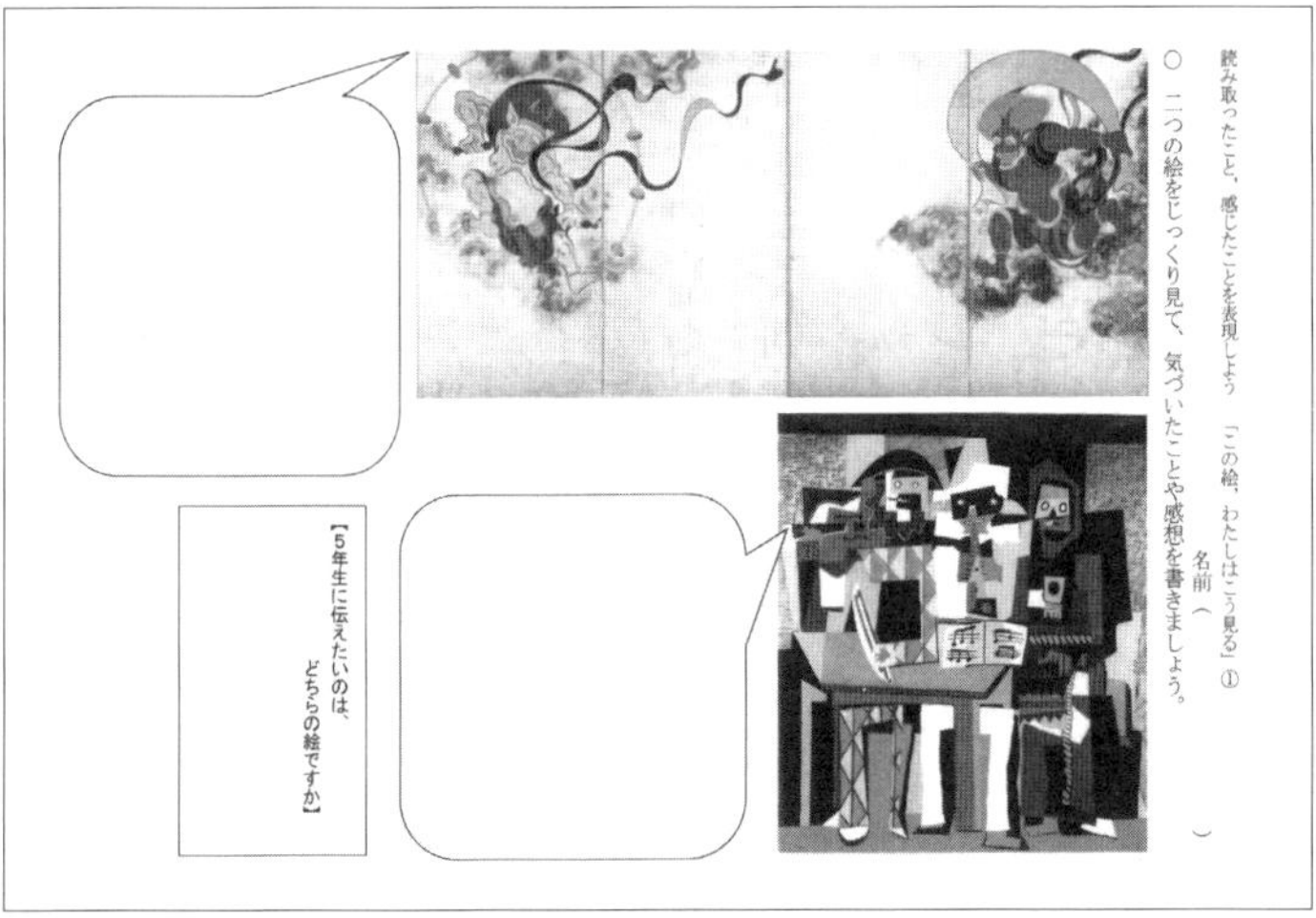

図10-2　ワークシート

の絵をじっくり見て、気づいたことや感想を書きましょう」という教示が書かれています。子どもが二枚の絵を見比べ、気づいたことや感じたことをメモするふきだしが描かれています。ワークシートの最後には「5年生に伝えたいのは、どちらの絵ですか」という問いが書かれていて、四角の中になぜその絵を伝えたいか理由を記入し、配布された原稿用紙に一方を選択するにいたった理由を書くよう求められました。

「風神雷神」S・Kさん（国語が得意な優等生）

私は、「風神雷神」という絵を二つの目線からとらえます。

まずは、二人の神の目線が下を向いている事から、下に第三者がいて二人の神が第三者をめぐって、争いをしていると思います。これは、二人の神の目線からとらえました。

次に、二人の雲の動き方に目線を変えました。

よく見ると、二人の雲は引き合うようにどんどん進んでいっているように見えるので、この事から、この二人の神は友達で、久しぶりの再会の様子を表しているのではないかととらえました。

五年生の皆さんは、この絵をどうとらえますか。私は、異なる二つの目線からこの絵をとらえましたが、一つ注目する一点を様々な形でとらえるのもいいと思います。

「三人の音楽家」 A・Kくん（国語が苦手・他教科も成績はふるわない）

ぼくは、この絵は三人の音楽家がみんな並んで写真を撮っていると解しゃくしました。まず、三人の表情を見てください。三人ともこちらを見ていますね。

そこから楽ふに視点を移すと楽譜がこちら側に向いているのが見えるはずです。という事は演奏できる状態になっていません。そこで僕は二つの仮定をしました。

①今から演奏する……意外と可能性が低いです。なぜならこの三人はきん張感をもっていないからです。

②記念写真……すごく可能性が高いです。なぜなら楽譜がこちらを向いているのはどんな曲をひいているのか教えるため、記念写真をとるため当然きん張感を持たないはずです。なので、この絵の三人はすこし笑っているように見えます。

このため、このピカソの絵は三人の演奏家が並んで記念写真を撮っていると思いました。みなさんはどう思いますか。

二人の作文をご覧になって読者のみなさまはどんな感想をおもちでしょうか？　私は優等生のS・Kさんの作文よりも、国語嫌いのA・Kくんの作文に魅力を感じました。A・Kくんの作文には不注意な混ぜ書き、表記の一貫性に欠けているところもありますが、それでも、私はこちらの作文のほうが好きです。

ふだんの国語の授業では、A・Kくんは、ぼんやり机に座っています。原稿用紙が配られるとげんなりという表情になります。しかし「論理科」の時間になると、A・Kくんはがぜん張り切ります。目が輝き出します。前のめりになって友だちの意見に聴き入り、元気よく手をあげて反対意見を堂々と述べるのです。

日常授業と論理科とでA・Kくんの授業態度はどうしてこうも違うのでしょうか。論理科は「社会的構成主義の学びの理論」に立って自己内対話と他者との対話を組み込んでいます。社会的構成主義の学びの理論の特徴は大きく三つにまとめられます。（1）構成主義とは、知識は主体自ら学び編成していくものとする立場であり、唯一絶対の知識や技能を否定するものです。教室で認められるのは、序列ではなく多様性です。（2）教育の場から知識の詰め込みや強制を一切排除し、子どもが自ら学ぶことを励まします。（3）適宜、交流・協働・互恵学習を組織していきます。子ども同士や子どもと教師の交流によって知が社会的に創成されることをミッションに授業を組み立てるのです。

子ども主体の対話型授業では、少数意見であっても説得力があれば仲間からも先生からも認められます。知識伝達型授業ではほめられた経験のない子どもも認められ、活躍の場が与えられるのです。ですから、ふだんの授業では目立たないA・Kくんのような子どもも、論理科ではがぜん、がんばります。うれしくなって頭が忙しく働きはじめます。一生懸命考えて、意見を発表するようになるのです。

この授業では、クラスの三分の二が五年生に伝えたい絵としてピカソの絵を選びました。

【S・Tくん】「すごい！」この絵は僕の今年一年間で学んだことが全て描いてある。

【A・Tくん】この絵はとても不思議で見る人が違えば、見方も違ってきます。

【W・Kくん】僕が選んだのはピカソの「三人の音楽家」です。もう片方の絵もたしかに素晴らしいですが、こちらの絵の方が色々と考えさせられるので、こちらを選びました。

ピカソの絵を選んだわけをまとめると「ピカソの絵のほうが不思議で、考える楽しさや探究する歓びを与えてくれるから」というものでした。

論理科の授業を受けているうちに、子どもたちは「考えることが楽しい」「未知の世界を探究することがおもしろい」と感じるのです。熊本大学附属小の先生がたが全員で「自律的探究者を育てる」という目標をかかげて授業で論理力を育てることばの教育に取り組んだ結果、子どもたちは先生がたの期待にみごとに応え、論理力と記述力、そして探究心や批判的思考力をも身につけることができたのです。

「気分一致効果」――楽しいときに楽習が起こる

叱られながらやった勉強は身につきません。しかし「楽しい」「おもしろい」と思える課題に取り組んでいるときには、頭が活性化され、次々と課題を解決することができます。自発的な活動としての遊びを通して子どもの「勉強」は「楽習」に変わります。楽しく活動しているときには「好きこそものの上手」という状態になり、考える力や課題を解決する力がわいてきます。社会心理学分野では、楽しい気分のときには記憶力や学習能力が高まり、不快なときには記憶力や学習能力が低下するという現象を「気分一致効果」と呼んで、たくさんの実証研究がなされています（富山 二〇〇三）。

脳科学分野でも気分一致効果の神経学的基盤が明らかにされています。人はストレスの高い状態に置かれると、大脳辺縁系の「扁桃体」が不快感でいっぱいになります。すると、記憶を司る「海馬」で失敗例がよみがえってしまい、頭が真っ白になって、思考停止状態に陥ります。逆に、気分がよいときや好きなことに夢中になっているときには、扁桃体が「おもしろい」「楽しい」という快感情で満たされます。すると、情報処理の指令を出す「ブローカ野（ワーキング・メモリー）」に情報伝達物質がどんどん送られ、海馬が活性化されて記憶能力が高まるのです。快適な気分のときは、知識や経験が記憶として記憶貯蔵庫にどんどん蓄えられ、「好きこそものの上手」になります。難題に直面しても記憶貯蔵庫を検索してすばやく解決策を見つけることができるのです。

「遊び」は仕事に対立する概念ではありません。また「怠けること」を意味しているのでもないのです。子どもも大人も、遊びとは、こころ・あたま・からだが活発に働いている状態を指しています。漢文学者の白川静さんは、「遊」の語源を「遊ぶとは絶対の自由と創造の世界のこと」と定義しています。まさに「遊」の時空間に置かれたとき、人は創造的想像力を働かせることができるのです。

創造的想像力――AIに負けない力

人間は長い進化の末に遺伝子の呪縛から脱することに成功した唯一の生物です。生物学者の福岡伸一さんによれば、「遺伝子の呪縛」とは「争え、奪え、縄張りを作れ、そして自分だけが増えよ、という利己的な命令」のことです（「福岡伸一の動的平衡」、「朝日新聞」二〇一六年六月三〇日）。

しかしながら、われわれ人間は、争うのではなく、協力することができます。奪うのではなく、分け与え、縄張りをなくして、交流し、自分だけの利益を超えて、対話し絆をつくることができるのです。

われわれ人間は遺伝子の呪縛から脱して自由意志で新しい価値を生み出すことができるようになった唯一の種です。われわれ人間は、種に「自動的に」奉仕するよりも、個と個を「主体的に」尊重する生命観に支えられ、共存し協働して生きています。

それは、われわれ人間が、創造的想像力を進化させ、ことばと読み書き能力を使いこなす能力を身につけたことによるのです。「ヒト」から「人」へ、「人」から「人間」へと進化する過程で自然知能（ナチュラル・インテリジェンス）を最高水準にまで進化させることに成功しました。

博物学者チャールズ・ダーウィンの『種の起源』に触発されたという経済学者ヘックマンは、

「強いものが生き残るのではない。環境にあわせて自分を柔軟に変えることができたものだけが生き残れる」と述べています。

しかしながら、われわれ人間は最高水準まで進化した自然知能をはたらかせ、環境に合わせて自分を変えるだけではなく、自分や未来の子どもに合わせて環境を変え、新たな価値を主体的に創造しつつ生きています。

人工知能（ＡＩ）が、いかに優れた「学習能力」をもったとしても人間に勝つことはないと思われます。人間に特有な力、それは……？

第一に、「クリエイティビティ」を発揮して新たな価値を創造し続け、

第二に、「ホスピタリティ」によって、他者に共感と敬意の念を懐《いだ》きつつ、

第三に、状況依存的に自分勝手なふるまいを「マネージメント」しながら他者と折り合いをつけて共存・協働して生きる力、人間はそういった力をもつ存在なのです。われわれ人間は、ＡＩを開発し、使いこなし、われわれ人間に資する「学習能力」すらもたせることにも成功しています。

「これにもお豆がなるの？」

植物学者の渡辺万次郎さんが孫二人と郊外に散歩にでかけたときのエピソードをご紹介しましょう。

私はかつて幼稚園の二児を近郊に伴った。彼らは〝みやこぐさ〟の花に注意を引かれたが、

その名を問うほかに能がなかった。当時、私どもの菜園には、同じ豆科の〝えんどう〟の花が咲いていたので、私は名を教えるかわりに、その花を持って帰りおうちでそれによく似た花を見出すようにと指導した。彼らが帰宅後両者の類似を見出した時には、小さいながらも自力に基づく新発見の喜こびに燃えた。やがて一人は〝みやこぐさ〟について、〝これにもお豆がなるのか〟と尋ねた。それは誰にも教えられない独創的な質問であった。私はそれにも答えず、次の日曜に彼らに現場で確かめることを提案した。彼らがそこに小さな〝お豆〟を見出した時、そこには自分の推理の当った喜こびがあった。秋が来た。庭には萩の花が咲いた。彼らが萩にも豆のなることを予測した。彼らは過去の経験から、いかなる花に豆がなるかを自主的に知り、その推論を独創的にまだ見ぬ世界に及ぼしたのである。〔高橋 一九六二、一四九—一五〇頁より〕

祖父は、孫に「みやこぐさ」の名前は何かと質問されました。しかし祖父は孫の質問に答えず、自分で考えるよう足場（scaffolding）を架けてあげたのです。庭に戻った子どもたちは自力でみやこぐさに似た花、同じ豆科のえんどうの花を見つけだしました。大人の力を借りずに自分たちで探し出せた喜びがどれほど大きいものかは、おさえた筆の行間からも伝わってまいります。

突然、もう一人が「これにもお豆がなるの？」と祖父に尋ねました。大人は質問には答えられるとしても「質問の仕方」を教えることはできません。だからこそ、祖父は「誰にも教えられない独創的な質問」と評価しました。またしても、この質問には答えを出さずに、実際に目で確かめるよう足場を架けました。

次の日曜日に、子どもたちが小さな「お豆」を見いだしたときの喜びはいかばかりだったでしょう。すぐに花の名前を教えてしまわずに、子どもたちに推理・類推・確認という経験を踏ませてあげたからこそ、秋になって萩の花を見た子どもたちは、萩にも豆がなるであろうことを予測することができたのです。幼児であっても「まだ見ぬ」世界を確実に想像し、「マメ科の花には豆がなる」というルールを発見できたのです。

科学の生命は、まだ見ぬ「もの」や「こと」について予測し、想像世界をつくり出すところにあります。幼い子どもであっても大人の関わり方しだいで、科学者が行うのと同じ思考をたどり、同じ想像世界に到達することができるということをこのエピソードは教えてくれます。

創造的想像者として生きる

子ども時代の想像の世界を庇護しているものは、ただたんに自然物でありさえすればその資格があるというわけではありません。自然のものであれ、人間が作ったものであれ、子どもがそれと創造的な相互作用をひきおこすようなものでなくてはならないのです。

子ども自身が、遊びの中で、身近なものと相互作用し、五官と想像力を働かせて世界を創りかえる創造的想像力を潜在させているのです。

もちろん、子どもにとっては未知の領域は大人に比べてはるかに大きいものです。子どもの描き出す表象には、不確かな領域が多く残されていると思われます。そこで、大人の援助が必要になります。身近な大人がそのような相互作用を橋渡しし、自然物に関わる仕方を伝えること、しかも、押しつけではなく、子どもの自発性を大事にしながら、自然物とのやりとりに誘うことができるか否かが創造的想像力を育む鍵を握っているのです。

大人とて同じようなことが言えるでしょう。子どもも大人も、生き生きと活動しているときには、想像力のはたらきが活発になります。「生き生きと活動する」ということは、「からだが動いている」ということと同義ではありません。たとえからだはじっとしていても、目が「もの」や「こと」を見つめ、聴き入っていることもあります。目を閉じていても、頭の中に描き出した世界をじっと凝視し内省していることがあるのです。創造的想像を保証するものは、自分自身と向き合い、整合性ある世界を求めて、じっくり内省できるときなのです。

"Learn from yesterday,
live for today,
hope for tomorrow.
The important thing is not to stop questioning."

―― *Albert Einstein*

〔「歴史に学び、今日をていねいに精一杯生きよう。そうすれば希望の明日が拓かれる。肝心なのは問うのをやめないことである」(アインシュタイン博物館の書斎の壁に独・仏・英語で掲げられたことばより。筆者訳)〕

生活者としての人間の前にある社会は、各世代間で受け継がれ変容を遂げてきた客観的世界です。アインシュタインが述べたように、私たちは、歴史に学び、たえず問い続けながら、希望の明日に向かって、今日一日をていねいに精一杯生きてまいりましょう。

あとがき

今、ふたたび創造の泉に佇んで、ふたたび想像力について考えてみました。

二〇二二年（令和四）八月一五日は七七回目の終戦記念日です。日本はこの七七年は戦争をせず、巻き込まれず過ごしてきました。しかし、二月から始まったロシア、いや、プーチンによるウクライナ侵攻は勢いを増すばかりです。プーチンは「これは〝戦争〟ではない。ウクライナからロシア人を護るための抵抗」とウクライナ各地で罪のない市民や子どもを殺し続けています。平和な日本から見ると「戦争」に見える、プーチンいわくの「抵抗」がウクライナの人々の生活を壊し続けています。恐ろしいことです。

蝉しぐれの猛暑の八月は日本列島全土が平和への祈りに包まれる月間です。八月六日、私は七七回目の広島の平和記念式典に、テレビ画面越しに「参加」し、ウクライナの人々にも思いをはせながら平和への祈りを捧げました。平和記念式典では、松井一實《かずみ》広島市長による格調高い「広島平和宣言」に続いて、子ども代表に選ばれた広島市立幟《のぼりちょう》町小学校六年のバルバラ・アレックスさん（一二歳）と、同中島小学校六年の山崎鈴《りん》さん（一一歳）が「平和への誓い」を読みあげました。

ふたりは、被爆者に話を聞いて原爆について学び、「過去に起こったことを変えることはできません。しかし、未来は創ることができます」と力強く宣言しました。二歳から広島に住むアレックスさんは歴史を学び、「けんかも戦争。自分の考えを押しつけ合うところからけんかが起こる」と考えています。インタビューに答えて「ロシアによるウクライナ侵攻がいつまでたっても終わらない今の状況を見て核兵器が使われるのではないかと不安に感じている」と顔を曇らせていました。子どもたちは被爆者一人ひとりのがんばりがあって、平和な広島、平和な長崎、そして平和な日本がつくられたことを実感しています。

二人の平和宣言にあるように、私たちも力をあわせれば、希望の未来、平和の未来を創造することができるのです。世界中で理不尽な暴力に苦しんでいる人々に、安心して暮らせる日常が取り戻せるように！　今こそ、創造的想像力とメタ的想像力を発揮して、たえず問い続けながら、“Think Globally, Act Locally”を実践していきたいものです。

想像力が今こそ求められるときです。創造の泉に今ふたたび佇んで、見えてきたのは人間の素晴らしさでした。人間存在への敬意と信頼でした。私たちが力をあわせれば、平和の明日を、きっと、たぐりよせることができると確信しています。

想像力の不思議をさぐる旅も終わりに近づいた三年前に、ふたたび創造の泉に佇むことにしました。コロナ禍で講義や講演などすべてオンラインになったおかげで、パソコンに向かう時間が増えました。若いころに読んだ文献も読み返し、違う景色が見えてきて思わぬ発見もありました。五月の連休までに半分ほどしあげたところで対面会議も増えてきて、執筆活動を一時中断しました。

お約束したのに原稿が仕上がらない私に、春秋社の手島朋子さんから励ましのメールが届きました。手島さんが励ましてくださったおかげで、執筆を再開し、七七回目の終戦記念の日の朝に原稿をすべて書き上げました。

手島さんは、前著『子どもの見ている世界――誕生から6歳までの「子育て・親育ち」』でお世話になったときと同様に、いや、それ以上に（と言ってもよいかもしれません）、丁寧に、心を込めて、拙稿を閲読してくださいました。文字遣いから文章表現やレイアウトにいたるまで、適切で的確な、まごころのこもる校閲をしてくださいました。本書が少しでも読みやすくなったとしたなら、最初の読者、手島さんのおかげと心から感謝しております。本当にありがとうございました。

最後に、想像力をさぐる旅に最後までおつきあいくださった読者のみなさまに、私の好きな詩を捧げたいと思います。

To see a World in a Grain of Sand
And a Heaven in a Wild Flower,
Hold Infinity in the palm of your hand
And Eternity in an hour.
——William Blake, 'Auguries of Innocence'

一粒の砂に　ひとつの世界を見、
一輪の野の花に　ひとつの天国を見、
手掌《てのひら》に　無限をのせ
一瞬《ひととき》のうちに　永遠を感ずる
——ウィリアム・ブレイク（英国の詩人）〔筆者訳〕

この詩にあるように、大人も子どもも、一粒の砂や一輪の野の花にも無限の世界の広がりを見ることができるような、創造的想像力を磨いていきたいものと願って筆をおきます。

二〇二二年（令和四）十一月八日　皆既月食と天王星食の「ダブル食」のゆうべに

著者　内田伸子

引用・参考文献

●第1章　想像力とは何か

Arieti, S. (1976). *Creativity: The magic synthesis.* New York: Basic Books.〔S・アリエティ／加藤正明・清水博之訳（一九八〇）『創造力――原初からの統合』新曜社〕

E・コッブ／黒坂美和子・滝川秀子訳（一九八六）『イマジネーションの生態学――子ども時代における自然との詩的交感』新思索社

V・E・フランクル／霜山徳爾訳（一九五六）『夜と霧――ドイツ強制収容所の体験記録』みすず書房

河田宣世（一九九七）『あこがれはマンガ家――14歳のある少女のノートから』偕成社

J・P・サルトル／平井啓之訳（一九五五）『想像力の問題――想像力の現象学的心理学』人文書院

内田伸子（一九八六）『ごっこからファンタジーへ――子どもの想像世界』新曜社

内田伸子（一九九〇）『想像力の発達――創造的想像のメカニズム』サイエンス社

内田伸子（一九九四）『想像力――創造の泉をさぐる』講談社現代新書

内田伸子（一九九六）『子どものディスコースの発達――物語産出の基礎過程』風間書房

内田伸子（一九九九）『発達心理学――ことばの獲得と教育』岩波書店

L・S・ヴィゴツキー／福井研介訳（一九七四）『子どもの想像力と創造』新読書社

●第2章　想像の神経学的基盤

仁木和久（二〇一二）「人間の学びと成長、Well being を支える三つの「脳の原理」」『チャイルドサイエンス』

第二三巻、一〇一一二頁
内田伸子（二〇一七a）『発達の心理――ことばの獲得と学び』サイエンス社
内田伸子（二〇一七b）『子どもの見ている世界――誕生から6歳までの「子育て・親育ち」』春秋社
内田伸子（二〇二〇）『AIに負けない子育て――ことばは子どもの未来を拓く』ジアース教育新社
内田伸子・浜野隆（二〇一二）『世界の子育て格差――貧困は超えられるか』金子書房
L・S・ヴィゴツキー／柴田義松訳（一九六二）『思考と言語』明治図書

●第3章　想像のメカニズム

Bartlett, F.C.（1932）. *Remembering: A study in experimental and social psychology*. London: Cambridge University Press.〔F・C・バートレット／宇津木保・辻正三訳（一九八三）『想起の心理学――実験的社会的心理学における一研究』誠信書房〕
G・ロダーリ／窪田富男訳（一九七八）『ファンタジーの文法』筑摩書房
内田伸子（一九八六）『ごっこからファンタジーへ――子どもの想像世界』新曜社
内田伸子（一九九四）『想像力――創造の泉をさぐる』講談社現代新書
内田伸子（一九九九）『発達心理学――ことばの獲得と教育』岩波書店
内田伸子（二〇一七）『発達の心理――ことばの獲得と学び』サイエンス社
L・S・ヴィゴツキー／福井研介訳（一九七四）『子どもの想像力と創造』新読書社

●第4章　想像力とことばの発達

Bruner, J.（1993）. Explaining and interpriting: Two ways of using mind. In G. Harman（Ed.）, *Conceptions of the human mind: Essays of George A. Miller*. Hillsdale, N.J.: Laurence Erlbaum Associates.

Bruner, J. & Lucariello,J.（1989）. Monologue as narrative recreation of the world. In K.Nelson（Ed.）, *Narratives from the crib*. Cambridge, Massachusetts, London; Harvard University Press.

Caudill, W., & Weinstein, H.（1969）. Maternal care and infant behavior in Japan and America. *Psychiatry*, 32, 1, 12-45.

Dore,J.（1989）. Monologue as reenvoicement of dialogue. In K. Nelson（Ed.）, *Narratoves from the crib*. Cambridge, Massachusetts, London: Harvard University Press.

Nelson, K.（Ed.）,（1989）*Narratives from the crib*. Harvard University Press., p. 84.

高橋享（一九九〇）「現代とおとぎ話」『誠信プレビュー』第三六号、六―一〇頁

内田伸子（一九八九）「子どもの想像世界――物語ること・生きること」、黒坂三和子編『自然への共鳴――子どもの想像力と創造性を育む』思索社

内田伸子（一九九〇）『子どもの文章――書くこと・考えること』東京大学出版会

内田伸子（一九九六）『子どものディスコースの発達――物語産出の基礎過程』風間書房

内田伸子（一九九九）『発達心理学――ことばの獲得と学び』岩波書店

内田伸子（二〇一七）『発達の心理――ことばの獲得と学び』サイエンス社

L・S・ヴィゴツキー／柴田義松訳（一九六二）『思考と言語』明治図書

●第5章　想像と会話

秋田叢書刊行会［編］（一九三二）『菅江真澄集』第五、秋田叢書刊行会

Bartlett, F. C.（1932）. *Remembering: A study in experimental and social psychology*. London: Cambridge University Press.〔F・C・バートレット／宇津木保・辻正三訳（一九八三）『想起の心理学――実験的社会的心理学における一研究』誠信書房〕

本田和子（一九九三）『NHK人間大学　少女へのまなざし』日本放送出版協会

ジョン・M・エリス／池田香代子・薩摩竜郎訳（一九九三）『一つよけいなおとぎ話――グリム神話の解体』新曜社
片桐洋一［校注］（一九七一）『伊勢物語』明治書院
松山巌（一九九三）『うわさの遠近法』青土社
野村純一（一九八五）「囲炉裏端のストーリーテラー」、野村純一・佐藤涼子・江森隆子編『ストーリーテリング』弘文堂
内田伸子（一九九〇）『想像力の発達――創造的想像のメカニズム』サイエンス社
内田伸子（一九九六）『子どものディスコースの発達――物語産出の基礎過程』風間書房
内田伸子（一九九九）「第二言語学習における成熟的制約――子どもの英語習得の過程」、桐谷滋編『ことばの獲得』ミネルヴァ書房、一九五―二二八頁
L・S・ヴィゴツキー／福井研介訳（一九七四）『子どもの想像力と創造』新読書社
Watanabe, M. (1998). *Styles of reasoning in Japan and the United States: Logic of education in two cultures*. Unpublished doctral dissertation, Columbia University, N. Y.
渡邉雅子（二〇〇四）『納得の構造――日米初等教育に見る思考表現のスタイル』東洋館出版社

●第6章　ウソとだましのからくり

青木みのり（一九九三）「二重拘束的コミュニケーションが情報処理および情動に与える影響」『教育心理学研究』第四一巻、第一号、三一―三九頁
Bartlett, F.C. (1932). *Remembering: A study in experimental and social psychology*. London: Cambridge University Press.〔F・C・バートレット／宇津木保・辻正三訳（一九八三）『想起の心理学――実験的社会的心理学における一研究』誠信書房〕

Bateson, G., & Jackson, D. (1956). Toward a theory of schizophrenia. *Behavioral Science*, 1, pp. 251-261.

Bruer, J. T. (1993). *Schools for thought: A science of learning in the classroom*. Cambridge, MA: The MIT Press.〔J・T・ブルーアー／松田文子・森敏昭監訳（一九九七）『授業が変わる――認知心理学と教育実践が手を結ぶとき』北大路書房〕

Clancy, P. M. (1982). Written and spoken style in Japanese narratives. In D. Tannen (Ed.), *Exploring orality and literacy*. ABLEX Publishing Corporation, pp. 145-148.

Ekman, P., & Friesen, W. V. (1975). *Unmasking the face*. Englewood Cliffs, NJ: Prentice-Hall.

フロイト／高田珠樹訳（二〇〇七）『日常生活の精神病理学　１９０１年』フロイト全集七、岩波書店

Grice, H. P. (1975). Logic and conversation. In P. Cole, & J. L. Morgan (Eds.), *Syntax and semantics, Vol. 13. Speech acts*. New York: Academic Press, pp. 83-102.

浜田寿美男（一九八六）『証言台の子どもたち――甲山事件園児供述の構造』日本評論社

Hebb, D. O. (1972). *Textbook of psychology. 3rd Edition*. W.B. Saunders Company.〔D・O・ヘッブ／白井常・鹿取広人・平野俊二・金城辰夫・今村護郎訳（一九七五）『行動学入門〈第三版〉――生物科学としての心理学』紀伊國屋書店〕

カント／坂部恵・平田俊博・伊古田理訳（二〇〇〇）『実践理性批判　人倫の形而上学の基礎づけ』カント全集七、岩波書店

Karmiloff-Smith, A. (1990). Constraints on representational change: evidence from children's drawing. *Cognition*, 34, pp. 57-83.

加用文男（一九八一）「子供の遊びにおける現実と虚構の認識的分化」『東京大学教育学部紀要』第二〇巻、三四三―三五一頁

加用文男（一九九二）「ごっこ遊びの矛盾に関する研究」『心理科学』第一四巻、第一号、一―一九頁

Miller, G. A.（1981）. *Language and speech*. San Francisco and Oxford: W.H. Freeman and Company.〔G・A・ミラー／無藤隆・久慈洋子訳（一九八三）『入門ことばの科学』誠信書房〕
Neisser, U.（1981）. John Dean's memory: A case study. *Cognition*, 9, pp. 1-22.
大橋靖史（一九八九）「甲山事件の供述の鑑定について」、日弁連刑事弁護センター編『甲山裁判の目撃証言と取調べ――刑事弁護と心理学の対話』六〇―六八頁
J・ピアジェ／波多野完治・滝沢武久訳（一九八九）『知能の心理学』三和書房
J・ピアジェ／滝沢武久訳（一九九九）『思考の心理学』みすず書房
Spiro, R. J.（1980）. Accommodative reconstruction in prose recall. *Journal of Verbal Learning and Verbal Behavior*, 19, pp. 84-95.
内田伸子（一九八五）「幼児における事象の因果的統合と産出」『教育心理学研究』第三三巻、一二四―一三四頁
内田伸子（一九八六）『ごっこからファンタジーへ――子どもの想像世界』新曜社
内田伸子（一九九〇）『想像力の発達――創造的想像のメカニズム』サイエンス社
内田伸子（一九九二）「子どもは感情表出を制御できるか――幼児期における展示ルール（display rule）の発達」『「感情の基礎メカニズムの検討」平成二、三年度科学研究費補助金（一般B）研究成果報告書』六―二五頁
内田伸子（一九九三）「会話における性差」『日本語学』第一二巻、第六号、一五六―一六八頁
内田伸子（一九九四）『想像力――創造の泉をさぐる』講談社現代新書
内田伸子（一九九六）『子どものディスコースの発達――物語産出の基礎過程』風間書房
内田伸子（一九九七）「会話行動に見られる性差」、井出祥子編『女性語の世界』明治書院、七四―九三頁
内田伸子（一九九九a）「第二言語学習における成熟的制約――子どもの英語習得の過程」、桐谷滋編『ことば

の獲得』ミネルヴァ書房、一九五―二二八頁
内田伸子（一九九九b）『発達心理学――ことばの獲得と教育』岩波書店
内田伸子（二〇〇六）「嘘とだましの発達――子どものウソは「嘘」？」、箱田裕司・仁平義明編『嘘とだましの心理学――戦略的なだましからあたたかい嘘まで』有斐閣、一三〇―一五六頁
内田伸子（二〇〇七）「子どもと大人のコミュニケーション――二重拘束によるコミュニケーション障害」、内田伸子・坂元章編『リスク社会を生き抜くコミュニケーション力』金子書房、三―二一頁
内田伸子（二〇一七a）『発達の心理――ことばの獲得と学び』サイエンス社
内田伸子（二〇一七b）『子どもの見ている世界――誕生から6歳までの「子育て・親育ち」』春秋社
内田伸子（二〇二〇）『AIに負けない子育て――ことばは子どもの未来を拓く』ジアース教育新社
内田伸子（二〇二一）「子どもの嘘の生起――語り・想起・会話に潜む嘘の発生因」、太幡直也・佐藤拓・菊地史倫編著『「隠す」心理を科学する』北大路書房、六八―九三頁
内田伸子・坂元章［編］（二〇〇七）『リスク社会を生き抜くコミュニケーション力』金子書房
Wertheimer, M.（1945）. *Productive thinking*. New York: Harper.〔M・ウェルトハイマー／矢田部達郎訳（一九五二）『生産的思考』岩波書店〕

●第7章　フェイクがリアルに転ずるとき

朝倉喬司（一九八九）「あの「口裂け女」の棲み家を岐阜山中に見た！」『うわさの本』別冊宝島九二、JICC出版局
Brown, P., & Levinson, S.（1987）. *Politeness: Some universals in language usage*. New York: Cambridge University Press.
Bruner, J. S.（1993）. Explaining and interpriting: Two ways of using mind. In G. Harman（Ed.）, *Conceptions of the human mind: Essays in honor of George A. Miller*. Hillsdale, NJ: Laurence Erlbaum Associates.

Clancy, P. M. (1982). Written and spoken style in Japanese narratives. In D. Tannen (Ed.), *Exploring orality and literacy*. ABLEX Publishing Corporation.

大坊郁夫（一九八二）「男性と女性のコミュニケーションパターンの比較」『日本心理学会第四六回大会発表論文集』四三一頁

江原由美子（一九八六）「現象学的社会学における性差別研究の方向性」『お茶の水女子大学女性文化資料館報』第七巻、四一―四八頁

江原由美子・山崎敬一・好井裕明（一九八四）「性差別のエスノメソドロジー――対面的コミュニケーション状況における権力装置」『現代社会学』第一八巻、一四三―一七六頁

Fishman, P. M. (1978). Interaction: The work women do. *Social Problems*, 25, pp. 397-406.

Fravell, J. H. (1974). The development of inferences about others. In T. Mischel (Ed.), *Understanding other persons*. Oxford: Blackwell.

Grice, H. P. (1975). Logic and conversation. In P. Cole, & J. L. Morgan (Eds.), *Syntax and semantics. Vol. 13. Speech acts*, 41-58. New York: Academic Press.

Halliday, M. A. K. (1973). *Explorations in the functions of language*. London: Arnold.

井出祥子（一九七八）「大学生の話しことばにみられる男女差異」『昭和五四年度　科学研究費一特定研究「言語」報告書』。

井出祥子（一九八二）「言語と性」『言語』第一一巻、第一〇号、四〇―四八頁

木下冨雄（二〇一六）『リスク・コミュニケーションの思想と技術――共考と信頼の技法』ナカニシヤ出版

Lakoff, R. (1975). *Languge and woman's place*. Harper & Row Publishers.〔R・レイコフ／かつえ・あきば・レイノルズ、川瀬裕子訳（一九八五）『言語と性――英語における女の地位』有信堂高文社

野村純一（一九八四）「話の行方――「口裂け女」その他（日本）」、川田順造・徳丸吉彦編『口承文芸の比較

研究1』好文堂

Sacks, H., Scegloff, E. A., & Jefferson, G.（1974）. A simplest systematics for organization of turn-taking for conversation. *Language*, 50, 696-735.

Searle, J. R.（1969）. *Speech acts: An essay in the philosophy of language*. London: Cambridge Unversity Press.

Searl, J. R.（1975）. Indirect speech acts. In P. Cole, & J. L. Morgan（Eds.）, *Syntax and semantics, Vol. 13. Speech acts*. New York: Academic Press, pp. 59-82.

下條信輔（二〇一九）『潜在認知の次元——しなやかで頑健な社会をめざして』有斐閣

壮厳舜哉（一九八六）『ヒトの行動とコミュニケーション——心理生物学的アプローチ』福村出版

高橋秀元（一九八八）「幻想的時空間と物語構造——世界観共有装置としての物語」、清水博監修『解釈の冒険』ＮＴＴ出版

内田伸子（一九八六）『ごっこからファンタジーへ——子どもの想像世界』新曜社

内田伸子（一九九三）「会話における性差」『日本語学』第一二巻、第六号、一五六—一六八頁

内田伸子（一九九七）「会話行動に見られる性差」、井出祥子編『女性語の世界』明治書院、七四—九三頁

内田伸子（二〇〇六）「嘘とだましの発達——子どものウソは「嘘」？」、箱田裕司・仁平義明編『嘘とだましの心理学——戦略的なだましからあたたかい嘘まで』有斐閣、一三〇—一五六頁

内田伸子（二〇一七）『発達の心理——ことばの獲得と学び』サイエンス社

内田伸子（二〇二一）「子どもの嘘の生起——語り・想起・会話に潜む嘘の発生因」、太幡直也・佐藤拓・菊地史倫編著『「隠す」心理を科学する』北大路書房、六八—九三頁

内田伸子・坂元章［編］（二〇〇七）『リスク社会を生き抜くコミュニケーション力』金子書房

L・S・ヴィゴツキー／柴田義松訳（一九六二）『思考と言語』明治図書

Watanabe, M.（1998）. *Styles of reasoning in Japan and the United States: Logic of education in two cultures*. Unpublished doctral dissertation, Columbia University, N. Y.

West, C., & Zimmerman, D. H.（1977）. Woman's place in everyday talk: Reflections on parent-child interaction. *Social Problems*, 24, pp. 521-529.

山口仲美（二〇一一）『言葉から迫る平安文学１　源氏物語』山口仲美著作集第１巻、風間書房

Zimmerman, D. H., & West, C.（1975）. Sex roles, interruption and silence in conversation. In B. Thorone, & N. Henley（eds.）, *Language and sex: Difference and dominance*. Newbury House.

●第８章　描くこと・想像すること

Bryant, p. & Alegria, J.（1987）. The transition to wrriten language. In A. Karmiroff-Smith, Constraints on representational change: Evidence from children's drawing. *Cognition*, 34, pp. 57-83.

波多野誼余夫（一九九一）「日常的認知活動の社会文化的制約」『認知科学の発展』第四巻、一〇五－一三一頁

加納隆至・加納典子（一九八七）『エーリアの火――アフリカの密林の不思議な話』どうぶつ社

遠藤めぐみ・斉藤こずゑ（一九九一）「遊びと描画に見られた３歳男児の「電車」知識」『東京大学教育学部紀要』第三〇巻、一四一－一五三頁

Karmiroff-Smith, A.（1990）. Constraints on representational change: Evidence from children's drawing. *Cognition*, 34, pp. 57-83.

松沢哲郎（二〇一一）『想像する力――チンパンジーが教えてくれた人間の心』岩波書店

松沢哲郎［編］（二〇一九）『心の進化を語ろう――比較認知科学からの人間探究』岩波書店

Morais, Alegria, & Content,（1987）. The relationships between segmental analysis and alphabetic literacy: An interactive view. *Chiers de Psychologie Cognitive*, 7, pp. 415-438.

齋藤亜矢（二〇〇八）『ヒトはなぜ絵を描くのか――芸術認知科学への招待』岩波書店

Saito, A., Hayashi, M., Takeshima, H., & Matsuzawa, T.（2014）. The origin of representational drawing: A comparison of human children and chimpanzees. *Child Development*, 85（6）, pp. 2232-2246.

Saito, A., Hayashi, M., Ueno, A., & Takeshima, H.（2011）. Orientation-indifferent representation in children's drawings. *Japanese Psychological research*, 53（4）, 378-390.

内田伸子（二〇一一）『子どもは変わる・大人も変わる――児童虐待からの再生』お茶の水学術事業会

内田伸子（二〇一七）『発達の心理――ことばの獲得と学び』サイエンス社

●第９章　想像にひそむ破壊力

Arieti, S.（1976）. *Creativity: The magic synthesis*. New York: Basic Books.〔S・アリエティ／加藤正明・清水博之訳（一九八〇）『創造力――原初からの統合』新曜社〕

Bexton,W.H., Heron, W., & Scott, T. H.（1954）, Effect of decreased variation in the sonsory engironment. *Canadian Journal of Psychology*, 8, pp. 70-76.

E・コッブ／黒坂美和子・滝川秀子訳（一九八六）『イマジネーションの生態学――子ども時代における自然との詩的交感』新思索社

ドン・C・ギフォード／藤本陽子訳（一九八九）「想像力に潜在する破壊的な力」、黒坂三和子編『自然への共鳴――子どもの想像力と創造性を育む』思索社

長谷川眞理子（二〇二〇）「新型ウイルスにどう立ち向かうか？」『学術の動向』第二五巻、第五号、七―八頁

Hebb, D. O.（1972）. *Textbook of psychology. 3rd Edition*. W.B. Saunders Company.〔D・O・ヘッブ／白井常・鹿取広人・平野俊二・金城辰夫・今村護郎訳（一九七五）『行動学入門〈第三版〉――生物科学としての心理学』紀伊國屋書店〕

P・ジョルダーノ／飯田亮介訳（二〇二〇）『コロナの時代の僕ら』早川書房

久保ゆかり・無藤隆（一九九二）「気持ちの理解における類似経験の想起の効果――共感的理解の発展的検討」『教育心理学研究』第三二巻、二九六―三〇五頁
J・P・サルトル／平井啓之訳（一九五五）『想像力の問題――想像力の現象学的心理学』人文書院
寺田寅彦（一九五〇）『寺田寅彦全集』第二巻、岩波書店
内田伸子（一九九〇）『子どもの文章――書くこと・考えること』東京大学出版会

●第10章　創造的想像者として生きる

Ghiselin, B.（1952）. *The creative process*. New York, Scarborough, Ontario: University of California.
Guilford, J. P.（1967）. *The nature of human intelligence*. New York: McGrow-Hill.
Hatano, G., & Inagaki, K.（1986）. Two courses of expertise. In H.A.H. Stevenson, & K. Hakuta（Eds.）, *Child development and education in Japan*: New York: Freeman, pp. 262-272.
今井むつみ・楠見孝・杉村伸一郎・中西ゆうこ・永田良太・西川一二・渡部倫子（二〇二二）『算数文章題が解けない子どもたち――ことば・思考の力と学力不振』岩波書店
Johnson-Laird, P. N.（1993）. How the mind thinks. In G. Harman（Ed.）, *Conceptions of the human mind: Essays in honor of George A. Miller*. Hilsdale, NJ:Lawrence Erlbaum Associates.
北原靖子（一九九三）「創造性をめぐる話」、中谷洋平・藤本浩一編『美と造形の心理学』北大路書房
A・N・レオンチェフ／松野豊・木村正一訳（一九六七）『認識の心理学』世界書院
Osborn, A. F.（1953）. *Applied imagination*. New York: Scribner's.
高橋金三郎（一九六二）『授業と科学』麦書房
鶴田清司（二〇一〇）『対話・批評・活用の力を育てる国語の授業――ＰＩＳＡ型読解力を超えて』明治図書
E・P・トーランス／佐藤三郎訳（一九六六）『創造性の教育』誠信書房

富山尚子（二〇〇三）『認知と感情の関連性――気分の効果と調整過程』風間書房
内田伸子（一九八九）「子どもの推敲方略の発達――作文における自己内対話の過程」『お茶の水女子大学人文科学紀要』第四二巻、七五―一〇四頁
内田伸子（一九九〇）『子どもの文章――書くこと・考えること』東京大学出版会
内田伸子（一九九九）『発達心理学――ことばの獲得と教育』岩波書店
内田伸子（二〇一五）「考える力を育むことばの教育――メタ認知を活かした授業デザイン「論理科」の開発と実践効果の検証」『読書科学』第五八巻、第三号、一〇九―一二二頁
内田伸子・鹿毛雅治・河野順子・熊本大学教育学部附属小学校（二〇一二）『「対話」で広がる子どもの学び――授業で論理力を育てる試み』明治図書
内田伸子（二〇一七）『発達の心理――ことばの獲得と学び』サイエンス社
Vinacke, W. E. (1952). *The psychology of thinking*. New York: McGrow-Hill.
L・S・ヴィゴツキー／柴田義松訳（一九六二）『思考と言語』明治図書
Vygotsky, L. S. (1963). Learning and mental development at school age. In B. Simon, & T. Simon (Eds.), *Educational psychology in the USSR*. London: Routledge & Kagan Paul.
Wallas, G. (1926). *The art of thought*. New York: Harkourt Brace.
渡邉雅子（二〇〇四）『納得の構造――日米初等教育に見る思考表現のスタイル』東洋館出版社
Wertheimer, M. (1945). *Productive thinking*. New York: Harper.〔M・ウェルトハイマー／矢田部達郎訳（一九五二）『生産的思考』岩波書店〕

■著者紹介
内田伸子（うちだ　のぶこ）

IPU・環太平洋大学教授、お茶の水女子大学名誉教授、十文字学園女子大学名誉教授。学術博士。文化功労者。

専門は、発達心理学、認知科学、保育学。

著書に、『発達心理学――ことばの獲得と教育』（岩波書店）、『発達の心理――ことばの獲得と学び』（サイエンス社）、『子どもの見ている世界――誕生から6歳までの「子育て・親育ち」』（春秋社）、『AIに負けない子育て――ことばは子どもの未来を拓く』（ジアース教育新社）など、他多数。

社会活動に、ベネッセ「こどもちゃれんじ」の監修に立案時から31年以上携わるほか、NHK Eテレ（旧NHK教育テレビ）『おかあさんといっしょ』の番組開発、知育玩具の開発、絵本の監修など。

想像力

生きる力の源をさぐる

2023年1月25日　第1刷発行

著者――――内田伸子
発行者――――神田　明
発行所――――株式会社 **春秋社**
〒101-0021東京都千代田区外神田2-18-6
電話03-3255-9611
振替00180-6-24861
https://www.shunjusha.co.jp/
印刷所――――株式会社 太平印刷社
製本所――――ナショナル製本協同組合
装丁――――鎌内　文

©Nobuko Uchida 2023, Printed in Japan
ISBN978-4-393-37332-3　C0011
定価はカバー等に表示してあります

内田伸子

子どもの見ている世界

誕生から6歳までの「子育て・親育ち」

1760円

身体・心・言葉・個性・知能。子どもの認知世界を紹介し乳幼児期の接し方の要点を発達心理学から指南。大人の価値観の押しつけではない真に「子どものため」の育児を考える書。

皆本二三江

「お絵かき」の想像力

子どもの心と豊かな世界

1980円

子どもはなぜ「頭足人」を描くのか。世界中の子どもの絵を長年研究してきた著者がその豊饒な世界を案内。絵に秘められた子どもの心と可能性を探り、子ども理解を深める書。

J・T・ウェブ他／角谷詩織訳

わが子がギフティッドかもしれないと思ったら

問題解決と飛躍のための実践的ガイド

3300円

突出した能力をもつ一方、多くの課題・困難をかかえるギフティッド児への教育・育児の有効な対処法を伝授。育てづらく、生きづらいギフティッド児と親、教育者のバイブル。

花丘ちぐさ

その生きづらさ、発達性トラウマ？

ポリヴェーガル理論で考える解放のヒント

1980円

一生つきまとう「不適切養育」の呪縛。生きづらさや心身の不調を抱える発達性トラウマをポリヴェーガル理論に基づく神経システムから解きほぐしトラウマ後成長を説く。

M・デラフーク／花丘ちぐさ訳

発達障害からニューロダイバーシティへ

ポリヴェーガル理論で解き明かす子どもの心と行動

2640円

困っている子を救うニューロセプションの視点。発達のちがいや自閉症スペクトラム、トラウマをもつ子どもたちの“問題行動”を神経多様性から捉え直し社会情動的発達を促す。

S・クドゥバ／穂積由利子訳

こどものスモールトラウマのためにできること

内面で何が起きているのか

2420円

行動には理由がある。日常で繰り返されるちょっとした「害になる体験」の重大な影響とは？　最新科学と九千時間のチャイルド・セラピーから導かれた、こどもとの関わり方。

信田さよ子、S・キャンベル、上岡陽江

被害と加害をとらえなおす

虐待について語るということ

1980円

虐待とDVと依存症を生きのびた女性、長年支援の現場にたずさわった専門家だからこそ伝えることができる暴力の真実とは。被害・加害の固定観念を覆し、希望について語る。

花丘ちぐさ（編）、宮地尚子、S・W・ポージェス他

なぜ私は凍りついたのか

ポリヴェーガル理論で読み解く性暴力と癒し

2090円

トラウマ的出来事が引き起こす凍りつき反応。ポリヴェーガルのレンズを通じ、様々な専門家・当事者が性暴力への生理学的視点の重要性、可能性について論じる希望の書！

※価格は税込（10%）